U0566763

中国经济科学前沿丛书

中国金融服务理论前沿（7）

Frontiers of the Theoretical Development of
China:Financial Services

汪红驹　王朝阳/主编

社会科学文献出版社
SOCIAL SCIENCES ACADEMIC PRESS (CHINA)

总 序

中国社科院财贸所自组建以来，一直重视学术前沿和基础理论研究。2011年12月，按照社科院党组的统筹安排，在原"财贸所"基础上组建了"财经战略研究院"。这不是一个简单的更名，而是被赋予了更多的内涵和更高的要求。自此，财经战略研究院便担负起坚强的马克思主义财经科学阵地、财经理论研究重镇和高端财经智库等多重功能。这些年，在一般人看来，财经战略研究院在智库建设方面用的力气较多。财经战略研究院的战略定位，是学术型财经智库。更准确地讲，是以马克思主义理论和方法为指导、根植于中国国情、立足于全球视野、拥有坚实学术基础的财经智库。换句话说，在我们的工作思路中，学术研究和智库建设是同等重要的。夯实学术研究、把握理论前沿，是搞好财经智库建设的重要基础，是智库是否有学术积淀和思想深度的"压舱石"。为此，我们即便用相当一部分精力从事财经智库建设，也从未放松过学术研究和理论探讨，我们始终鼓励财经院的学者，特别是青年学者致力于财经理论前沿问题研究。

从1999年我们推出第一辑"中国经济科学前沿丛书"至今，已经跨越了18个年度。按照当时每隔2~3年编撰一辑丛书并形成一个连续性系列的计划，2016年春天开始，我们就启动了"中国经济科学前沿丛书"。2017年该是推出第八辑前沿丛书的时候了。

第八辑前沿丛书的编撰正值中国站在新的历史起点、全面深化供给侧结构性改革和推动新一轮对外开放的关键时期。改革开放是实践层面的制度变迁，是经济社会发展的重要动力。改革开放也是一个复杂的系统工程，迫切需要科学的理论指导。作为理论工作者，特别是作为国家级学术型智库机构的理论工作者，理所当然要以天下为己任，始终奋进在时代前列，应不辱使命，在中国经济社会发展进程的每一个环节，竭力留下深深的理论和实践印记。经过近40年的发展，今天的财经院，已经成为拥有财政经济、贸易经济和服务经济等主干学科板块、覆盖多个经济学科领域的中国财经科学的学术重镇。在全面深化改革开放的大潮中，对近些年财经理论前沿进行梳理、总结和进一步研究，既挖掘学术研究前沿的重大理论问题，又以财经学术前沿知识支撑我们伟大改革事业的理论基础，既是一件极为重要的学科建设工作，也是智库建设的基础支撑。我们以此为当仁不让的责任和使命，做出一个理论工作者应有的贡献。

我们这次编撰出版的"中国经济科学前沿丛书"由四本理论文集构成。这就是《中国流通理论前沿》、《中国国际经济理论前沿》、《中国服务经济理论前沿》和《中国金融服务理论前沿》。

做一件事情也许不难，但近二十年都坚持下来做好做精一件事，着实不易。近二十年，前沿丛书能连续出版，这其中的艰辛和付出实在难以言语表达。在这里，我要特别感谢作者把最优秀的理论研究成果贡献出来。同时，这部丛书能够连续出版，与广大读者的关注、鼓励和支持是分不开的。我也表达对他们的感谢之意。随着时代的发展和研究的深化，我们这套经济科学前沿丛书的某些内容也许会逐渐变得不再"前沿"。这种动态的变化，只会激励我们攀登新的理论高峰。我们期待广大读者能够继续关注前沿丛书的发展与进步，对我们可能存在的不足和缺憾提出宝贵的意见。让我们共同努力，把"中国经济科学前沿丛书"持续地做下去，做得更加完美、更具影响！

中国社会科学院财经战略研究院
何德旭
2017年12月10日

目 录

综合篇

货币政策"新共识"与我国货币政策转型及创新 …… 汪红驹　汪　川 / 3

国家资产负债表视角下的金融稳定 …………………… 张晓晶　刘　磊 / 37

专题篇

中国普惠金融发展：理论、现状与对策 ……………… 何德旭　苗文龙 / 59

互联网金融与金融科技：发展、影响与监管 ………………… 郑联盛 / 89

交易制度、投资者结构与股票市场波动 ……………… 王朝阳　王振霞 / 117

深化中国金融监管改革的若干思考 …………………… 席月民　徐立达 / 150

金融统计内涵、外延与定位的演变趋势 ……………………… 秦　栋 / 191

综述篇

人民币国际化：定量研究述评及政策建议 …………… 邹静娴　张　明 / 215

经济新常态下中国货币金融学研究进展

——基于2011～2016年经济类重要学术杂志的

统计分析 ……………………………………… 李　原　汪红驹 / 233

CONTENTS

General Topic

The New Normal Monetary Policy and China's Policy Transition and Innovation
Wang Hongju and Wang Chuan / 3

Financial Stabilities from the Perspective of China's National Balance Sheet
Zhang Xiaojing and Liu Lei / 37

Special Topic

The Development of China's Inclusive Financial System:
 Theory, Current Situation and Suggestions   *He Dexu and Miao Wenlong* / 59

Internet Finance and Fintech in China: Development,
 Influences and Supervision   *Zheng Liansheng* / 89

Trading System, Investor Structure and Volatility in China's Stock Market
Wang Chaoyang and Wang Zhenxia / 117

A Review of China's Deepening Reform of Financial Supervision
Xi Yuemin and Xu Lida / 150

The Connotation, Extensionand Orientations of China's Financial Statistics
　　　　　　　　　　　　　　　　　　　Qin Dong / 191

Literature Review

The Internationalization of RMB: A Review from Quantitative
　Literatures and Policy Suggestions　　*Zou Jingxian and Zhang Ming* / 215
The Development of China's Monetary and Financial Economics in New Normal
　Economy: A Statistical Study Based on the Publication Records from China's
　Academic Journal during 2011 - 2016　　*Li Yuan and Wang Hongju* / 233

综合篇

货币政策"新共识"与我国货币政策转型及创新

汪红驹 汪 川*

摘 要 本文概括介绍了货币政策"新共识"的内容和理论基础,并结合国际金融危机之后部分发达国家负利率货币政策实践,评价了负利率政策后果;梳理了我国经济新常态下货币政策操作框架以及宏观审慎监管框架的演进和创新。中国经济进入新常态后,我国经济面临长期结构性调整任务,未来需要协调货币政策多元化目标,创新货币政策工具,理顺货币政策传导机制,完善宏观审慎监管框架。

关键词 货币政策新共识 负利率政策 利率走廊 宏观审慎监管

一 货币政策"新共识"

战后初期,凯恩斯主义经济学占据主流,宏观经济政策以熨平经济周期为主要任务,其政策工具主要以财政政策为主,这一时期的货币政策主要通过改变金融机构流动性来调节利率和信贷,并通过利率平稳化维持投资。然而,从长期的政策效果来看,相机抉择的政策模式不仅导致货币政策效果被削弱,还加剧了产出与通货膨胀的波动性。尤其是货币政策在通货膨胀目标与就业目标之间进行频繁摇摆引发了通货膨胀和工资水平的螺

---

* 汪红驹,中国社会科学院财经战略研究院综合经济战略研究部副主任、研究员;汪川,中国社会科学院财经战略研究院副研究员。

旋上升,纵观整个20世纪70年代,全球通货膨胀率呈现持续上升局面。

面对通货膨胀和货币政策有效性等问题,宏观经济学界开展了一系列深入讨论,有关货币政策的理论分析得到极大丰富。至20世纪90年代,宏观经济学逐渐形成一系列赢得广泛共识的基本原则,这些基本原则被称为货币政策的"新共识"(Mishkin,2010)。"新共识"货币政策又被称为"新凯恩斯主义"、"新维克赛尔主义"或"新新古典综合"。"新共识"的货币政策可以总结为以下四个方面。

第一,在价格黏性存在的前提下,货币政策不仅对真实经济有影响,而且影响往往会持续较长时间。

第二,即使存在价格调整成本,长期内通货膨胀和真实经济活动之间也不存在替代关系。

第三,降低通货膨胀能够提高交易效率,减少相对价格扭曲,从而提升社会福利。

第四,政策可信性对于货币政策的执行和效果有着重要影响。

根据"新共识",宏观经济学也提出了一整套货币政策的基本原则和操作指南。

第一,货币政策应该以稳定价格为最终目标。

第二,中央银行应独立地执行货币政策,以增强货币政策的透明性、可信性。

第三,中央银行更关注货币政策的最终目标,货币政策中介目标的地位相对下降。

第四,金融稳定纳入金融监管职能。

总的来看,"新共识"下的货币政策也可以总结为四个方面,即单一目标(通货膨胀预期)、单一工具(政策利率)、通过稳定通货膨胀稳定产出缺口以及区分货币政策和金融监管职能(Blanchard,2010)。

二 "新共识"货币政策的理论基础

(一)真实经济周期及新凯恩斯主义模型

"新共识"货币政策形成过程本身就是货币政策理论不断突破的过程。

早在20世纪七八十年代，货币主义、理性预期以及动态不一致等理论的研究促使美联储采取了紧缩的货币政策抑制通货膨胀；其后，理性预期计量经济学、真实经济周期理论以及有关通货膨胀和失业的动态研究都极大地促进了货币政策理论的发展（Goodfriend，2007）。

在技术方法上，随着计算机求解动态随机宏观模型方法的进步，在真实经济周期模型的基础上，动态随机一般均衡技术（DSGE）逐渐成为现代货币政策分析的主流模式。在真实经济周期模型（Kydland and Prescott，1982；King，Plosser and Rebelo，1988 等）的基础上，Calvo（1983）提出的交错定价模型得到了广泛应用；Blanchard 和 Kiyotaki（1987）将不完全竞争、黏性工资与价格加入真实经济周期模型当中，从而为货币政策的 DSGE 分析奠定了基础。

所谓"动态随机一般均衡模型"，指该模型具有三大特征。"动态"指经济个体考虑的是跨期最优选择（intertemporal optimal choice）。因此，模型得以探讨经济体系中各变量随时间变化而变化的动态性质。"随机"指经济体系受到各种不同的外生随机冲击影响。举例来说，可能的冲击有：技术性冲击（technology shock）、货币政策冲击（monetary shock）或是偏好冲击（preference shock）等。"一般均衡"则意指在宏观经济体系中，消费者、厂商、政府与中央银行等每一个市场参与者，在根据其偏好及对未来的预期下，所作出最优选择的总和。总体来说，DSGE 模型主要有以下三个优点：第一，可以避免卢卡斯批判，使得政策实验具有现实意义；第二，通过冲击反应函数，可以让经济体系各个外生冲击的动态传导过程透明化，进而了解不同的冲击（尤其是货币政策冲击）对于经济体系的动态影响；第三，模型以一致（coherent）的方式呈现，所有的经济个体都根据偏好做出最优决策，而没有任何任意或武断的设定。

早期新凯恩斯主义模型是建立在真实经济周期模型（Real Business Cycle，RBC Model）的基础上。真实经济周期模型的研究始于 Brock 和 Mirman（1972）。他们在研究中，最早将随机冲击的概念引入新古典最优增长模型（neoclassical optimizing growth model）。其后，Kydland 和 Prescott（1982）将该概念引入真实经济周期理论的研究。虽然最初的真实经济周期模型只强调技术性冲击的重要性，但 1980~2000 年的相关研究范围得到了极大扩展。在动态随机一般均衡、价格完全调整与市场出清等古典架构下，探讨的主题（或是说引入模型的设定）非常广泛，包括货币与货币政策（King and Plosser，1984；Cooley and Hansen，1989，1995），劳动市场（Christiano and Eichenbaum，1992；den Hann et al.，2000），财政政策（Aiyagari et al.，1992；Baxter and King，1993），政府债务问题（Aiyagari and McGrattan，1998）以及国际经济景气循环（Mendoza，1991；Backus et al.，1992；Stockman and Tesar，1995）等。总体而言，真实经济周期模型具有如下特点：第一，考虑跨期最优选择与一般均衡；第二，理性预期；第三，假设完全竞争市场，价格可以完全调整，市场供给与需求随时出清（market clearing），从而达到均衡。其中，最后一个特点显示出真实经济周期模型具有十足的"古典性格"。

在真实经济周期模型基础上，Gregory N. Mankiw，Olivier Jean Blanchard，Nobuhiro Kiyotak 以及 George Moore 等人摒弃了完全竞争市场与市场出清的假设，经由不完全竞争市场的设定在 DSGE 模型中加入了价格与工资刚性（stickness/rigidity）等凯恩斯元素后，构建出所谓的新凯恩斯学派 DSGE 模型（New Keynesian DSGE Models）。而这样的结合（动态随机一般均衡加上凯恩斯元素）被 Goodfriend 和 King（1997）称为"新的新古典综合"（New Neoclassical Synthesis），其特点为：（1）跨期最优选择与一般均衡相结合，（2）理性预期，（3）不完全竞争市场以及（4）价格刚性。

就其在货币政策上的应用看，早期 DSGE 模型，无论是经济周期模型还是带有凯恩斯色彩的 DSGE 模型在 2000 年前就已经发展成熟，但各国央行并未以其作为制定货币政策的分析与参考工具。究其原因，因为早期的 DSGE 模型与生俱来的"古典性格"，使它们无法得到政策制定者的青睐。比如，对于实际经济周期模型而言，在原始的真实经济周期模型中，价格可以完全调整，市场供给与需求随时出清，达到均衡；而产出与消费的波动只是人们在外生冲击下的最优选择，亦即经济的扩张与衰退都是具有经济效率的结果。除此之外，无论是以货币效用函数（money utility function）、货币先行（cash in advance），还是以金融市场参与限制（limited participation）等方式将货币加入 DSGE 模型，货币政策冲击均十分微小（King and Rebelo，1999）。因此，直觉上央行的政策制定者应该不会对这样一个对货币政策近乎中立的模型感兴趣。

即使就新凯恩斯 DSGE 模型而言，虽然其通过价格黏性设定，使得货币政策冲击在景气波动中得以扮演重要的角色，亦即货币政策对于实体经济活动具有非中立的影响（Hairault and Portier，1993），但在分析方法上，新凯恩斯主义 DSGE 模型与真实经济周期模型均使用了"模型校准"（calibration）的方法，即利用刻画景气波动的各项特征，使模型所得到的理论特征能够与实际资料所求得的典型化事实（stylized facts）相符合。但利用参数的模型校准，使用 DSGE 做政策模拟分析，或是推导"最优货币政策"，对于货币政策制定者来说并不具有太大的政策参考价值。总而言之，由于在 2000 年之前，DSGE 模型无法提供准确的结构式预测（structural forecasting），货币政策制定者不得不继续沿用饱受批评的大型宏观计量模型。

（二）DSGE 模型的发展

相比早期新凯恩斯主义模型，现阶段 DSGE 模型在模型设定上更为复杂。以 Smets 和 Wouters（2003，2007）的模型为例，一个中等规模的 DSGE 模型，不仅要考虑数个市场摩擦，包括消费的习惯养成（habit formation in consumption）、价格刚性（黏性）、名义工资刚性、投资调整成本以及产能利用缓慢调整，另外，模型中还假设存在许多外生冲击用来捕捉景气波动现象，如消费者偏好冲击、投资冲击、技术冲击、价格冲击、工资冲击、政府支出冲击，以及货币政策冲击。在价格及工资缓慢调整设定上，则采用 Calvo 定价法。根据上述模型的假设，以个体最优化为分析基础，可求导各部门的最优跨期决策行为，进一步通过线性化转换，可推导出最优的宏观经济行为方程。

近年来，DSGE 模型后续研究主要可分为三个部分。

（1）加入劳动力市场摩擦（labor market friction）以解释非自愿性失业的存在以及刻画技术冲击对失业与通货膨胀的持续性影响。如 Blanchard 和 Gali（2010）将 Diamond – Mortensen – Pissarides 劳动搜寻模型引入劳动市场。Christoffel 和 Kuester（2008）以及 Christoffel 等（2009）引入劳动搜寻模型并进一步假设劳动力维持现有工作必须支付固定成本。Lechthaler 等（2010）假设劳动力市场存在劳动调整成本，即雇佣成本与解雇成本，用于改善一般新凯恩斯 DSGE 模型无法刻画货币政策冲击下，产出与失业率的持续性反应。Blanchard 和 Gali（2007）进一步在实际工资刚性的假设下讨论稳定通货膨胀与稳定产出缺口（output gap）之间的替代关系，以改善一般新凯恩斯 DSGE 模型中稳定通货膨胀异于稳定产出缺口的性质。

（2）加入金融市场摩擦（financial market friction）以捕捉金融市场信息不对称下货币政策对宏观经济的影响。如 Christiano 等（2010）将银行部门加入 DSGE 模型，并建构较完整的金融市场，并进一步假设金融市场存在信息不对称（asymmetric information）以及代理人问题（agency problems）。Christiano et al.（2010）企图利用该模型观察近期金融危机发生对宏观经济的影响，结果发现加入金融市场摩擦能够增加实证模型的拟合度。Nolan 和 Thoenissen（2009）更进一步考虑金融冲击机制（financial shock system），将金融冲击加入企业净值方程式中。

（3）建立开放经济模型以观察国与国之间经济冲击对宏观经济变量的影响。如 Adolfson et al.（2007，2008）试图建立一个小型开放经济 DSGE 模型（small open economy DSGE model），该模型假设进出口价格存在名义刚性，亦即模型假设允许不完全汇率转嫁（incomplete exchange rate pass-through）。由欧洲中央银行发展出的 NAWM 模型便是以 Smets 和 Wouters（2003）与 Adolfson et al.（2007）模型为基础建立的。

（三）实证 DSGE 模型

早期新凯恩斯主义模型与现阶段 DSGE 模型的另一个区分在于确定参数方法。比如，早期新凯恩斯主义模型大多使用模型校准（calibration）；而目前来看，估计方法在 DSGE 模型中已广为使用。在这方面，Smets 和 Wouters（2004，2007）最早利用 DSGE 模型做预测，并指出其表现优于一般的向量自回归（VAR）模型或是贝叶斯向量自回归（BVAR）模型。如同 Smets 和 Wouters（2003，2004，2007）这种兼具模型校准、结构性估计与预测的新凯恩斯 DSGE 模型，就被称为实证 DSGE 模型（empirical DSGE models）。简单地说，现在宏观经济学中最新的、使用最为广泛的 DSGE 模型就是这种"兼具贝叶斯估计与结构预测的新凯恩斯 DSGE 模型"（Woodford，2009）。此后，实证 DSGE 模型开始受各国央行重视，并以此作为预测的新基石。表 1 简单比较大型宏观计量模型、结构性向量自回归模型（SVAR）以及实证 DSGE 模型。

表 1 大型宏观计量模型、结构性向量自回归（SVAR）模型以及实证 DSGE 模型的比较

特性	大型宏观计量模型	SVAR 模型	实证 DSGE 模型
（1）动态性	满足	满足	满足
（2）随机性引入方式	回归模型残差	结构冲击	结构冲击
（3）模型设定基础	武断设定	经济结构或理论	基于最优选择的微观基础
（4）不合理的外生假设	存在	不存在	不存在
（5）政策实验可行性	可行	可行且精准可信	可行且精准可信
（6）预测功能	可用于预测	可用于预测	可用于预测

资料来源：Smets and Wouters（2003，2004，2007）。

需要指出的是，在众多估计方法中，目前实证 DSGE 模型大多青睐贝叶斯估计（如 Smets and Wouters，2003，2004，2007；Adolfson et al.，2007；Sala et al.，2008；De Graeve，2008；Riggi and Tancioni，2010；Christiano et al.，2010；Justiniano et al.，2010 等）。究其原因，主要是贝叶斯估计法（Bayesian Estimation）在操作上，相对于传统估计方法简单且符合直觉。最大似然估计法（MLE）是借由最大化似然函数求解参数估计量，然而，DSGE 模型的似然函数通常是一个复杂的多维度矩阵式，其中似然函数可能包含许多局部极大值、极小值或平面（flat surfaces），这些缺点将造成最大似然估计法的参数估计式失去正确性。相比于最大似然估计法中一个复杂且具有多维度的似然函数，贝叶斯估计法在操作上显然简单许多。贝叶斯估计法是利用贝叶斯理论，亦即利用新信息修改旧有的看法从而求解参数估计量，通过马尔科夫链蒙特卡洛（MCMC）方法求得贝叶斯后验概率分布，进一步得到贝叶斯估计式，无论多复杂的模型，贝叶斯估计法在操作上都相同，除此之外，贝叶斯估计式即使是在小样本下亦具有无偏性（unbiased）。表 2 给出了这三种估计方法的优劣比较。

表 2 最大似然估计法、广义矩估计方法与贝叶斯估计法的比较

特性	最大似然估计法	广义矩估计方法	贝叶斯估计法
（1）参数性质	固定值	固定值	随机变量
（2）参数估计基础	似然函数与样本数据	矩条件与样本数据	贝氏定理与样本数据

续表

特性	最大似然估计法	广义矩估计方法	贝叶斯估计法
(3) 小样本条件下偏误	存在偏误	存在偏误	无偏误
(4) 假设条件	需假设总体分布	无假设条件	需假设先验分布

资料来源：An and Schorfheide (2007)。

(四) DSGE 模型在货币政策中的应用及其局限

近二十年来，动态随机一般均衡模型（DSGE 模型）发展迅速，其在货币政策研究中已经成为主流的分析范式。由于 DSGE 模型强调数量分析，通过估计（estimation）与模型校准（calibration），使得理论模型可以与现实宏观经济数据结合，一方面可以判别模型的良莠，另一方面通过量化结果的呈现，进一步提供对未来经济发展的预测。此外，模型中具有微观基础的最优化决策，不但可以免于卢卡斯批评（Lucas critique），使得政策实验较为精准，不会因预期的改变影响政策分析的结论，再加上模型中具体的消费者效用与偏好，我们可进一步进行福利分析，并思考最优政策（optimal policy）的执行。

基于上述的优点，无论是学术界还是货币政策制定机构，莫不对 DSGE 模型的未来发展深具信心，部分学者甚至认为在可预见的未来，它将能取代广为世界各国政策制定机构所使用的大型宏观经济计量模型（large-scale macroeconometric model）。因此，构建一个能够进行政策分析与经济预测的 DSGE 模型，在世界各国央行蔚为风潮。目前无论是发达国家还是发展中国家的央行，都已经构建一套自己的 DSGE 模型，用以进行经济预测与政策分析。比如说，欧洲中央银行（European Central Bank, ECB）以 Smets 和 Wouters（2003，2007）模型为基础，并发展出 New Area-Wide Model（NAWM）；美国联邦储备理事会（Federal Reserve System, FRS）有 Edge 等（2008）模型及 Erceg et al. (2006) 模型；瑞典中央银行（Sveriges Riksbank）则采用了 Adolfson 等（2008）模型。我国也建构了自己的 DSGE 模型，该模型主要参照 CMR 模型建立，并在此基础上根据中国实际情况进行了修正。此外，一些国际机构如国际货币基金组织（International Monetary Fund, IMF）也建构了相关的 DSGE 模型，包括 Global Economy Model（GEM），Global Fiscal Model（GFM），以及 Global Integrated Monetary and Fiscal Model（GIMF）。各个国家的 DSGE 模型见表 3。

表 3　世界各国央行 DSGE 模型

央行名称	DSGE 模型
European Central Bank（欧洲）	Smets and Wouters（2003，2007）模型 New Area-Wide Model（NAWM） Christiano et al.（2010）模型
Federal Reserve Bank（美国）	Edge et al.（2008）模型 Erceg et al.（2006）模型
Sveriges Riksbank（瑞典）	Adolfson et al.（2008）模型
Bank of Canada（加拿大）	Terms-of-Trade Economic Model（ToT Model）
Bank of England（英国）	Bank of England Quarterly Model（BEQM）
Norges Bank（挪威）	Models for Monetary Policy Analysis（MMPA）
Reserve Bank of New Zealand（新西兰）	Kiwi Inflation Targeting Technology（KITT）
Bank of Spain（西班牙）	BEMOD 模型
Central Bank of Brazil（巴西）	Stochastic Analytical Model with a Bayesian Approach（SAMBA）
Central Bank of Chile（智利）	Model for Analysis and Simulations（MAS）
Central Reserve Bank of Peru（秘鲁）	Aggregate General Equilibrium Model with Dollarization（AGEM-D）
Bank of Thailand（泰国）	Bank of Thailand DSGE Model
The People's Bank of China（中国）	Liu（2008）模型

资料来源：Chan and Tong（2011）。

正当各国货币政策制定机构纷纷投入大量人力、物力与其他资源，试图建立自己的 DSGE 模型，美国于 2007 年第三季度所爆发的次贷危机（subprime mortgage crisis），迅速席卷全球各个国家，造成世界各国陷入景气衰退的阴影，其中，尤以美国与欧洲等地的西方国家受创最大，根据美国国家经济研究局（NBER）对于景气循环基准日的认定，美国此次经济衰退区间为 2007 年 12 月至 2009 年 6 月。这次长达 18 个月的衰退期，为第二次世界大战结束以来最为严重的一次衰退。在这次严重衰退中，一如大型宏观经济计量模型因无法成功预测 20 世纪 70 年代的滞胀（stagflation）而受到人们诟病，DSGE 模型也因无法预测此次金融危机及其所带来的衰退而受到批评。美国众议院科技委员会（CST，U. S. House of Representatives）甚至在2010年7月20日举行听证会，以检讨DSGE模型作为宏观经济研究模型的适用性，以及其对政策制定是否有所帮助，以作为未来国家科学基金会（NSF）是否应该继续支持DSGE模型研究的决策参考。

总体来看，实证DSGE模型在货币政策分析方面仍然问题重重。具体表现在以下三个方面。

第一，卢卡斯批判的批评。在这方面，新凯恩斯主义DSGE模型中的菲利普斯曲线是一个典型。在DSGE模型中，理性预期的存在使得通胀呈现完全前瞻性特征，难以解释现实通货膨胀序列所表现出的持久性。为了将滞后的通货膨胀重新引入新凯恩斯主义的菲利普斯曲线，Gali和Gertler（1999），Christiano（2005）以及Sbordone（2005）等文献提出了更为一般性的能够描述内在持续性的通货膨胀动态方程，即混合型新凯恩斯主义的菲利普斯曲线（HNKPC）。混合型的新凯恩斯主义菲利普斯曲线模型虽然回应了通货膨胀持久性对新凯恩斯主义通货膨胀动态方程提出的挑战，但对混合型新凯恩斯主义菲利普斯曲线的实证研究存在着激烈争论。例如，Rudd和Whelan（2005，2006）发现混合型的新凯恩斯主义菲利普斯曲线模型之所以能较好地拟合通货膨胀动态过程，主要是因为引入了通货膨胀滞后，前瞻性的通胀预期则作用很小。Cogley和Sbordone（2008）则更直接地批评HNKPC模型为了描述通胀持久性直接引入通胀滞后的做法无论如何都具有任意性。

第二，过度依赖外生冲击。DSGE模型本身并没有足够的内在传导机制来复制宏观经济数据的动态变化，其依赖的都是外在的高度持续性的结构冲击。以Smets和Wouters（2007）为例，技术冲击、政府支出冲击、投资冲击的AR（1）系数高达0.95、0.97、0.71。此外，为了"制造"出通货膨胀的持续性，更进一步将价格冲击与工资冲击设定为ARMA（1，1），且AR（1）系数分别为0.89与0.96；而MA（1）系数分别为0.69与0.84。因此，有学者指出这就像魔术师把兔子从帽子中变出来的魔术一样，事实上兔子早就已经藏在帽子中（Morley，2010）。

第三，预测能力有限。实证DSGE模型在估计时，只会挑选一小部分的变量当作可观测变量（observable variables），以Smets和Wouters（2007）为例，该理论模型中包含14个内生变量，估计与预测时却只使用其中7个变量。Guerron-Quintana（2010）就指出，挑选不同的内生变量作为可观测变量会导致参数估计与预测上存在极大差异的结果，亦即实证 DSGE 模型的优良预测能力不具有实证稳健性（robustness）。

需要指出的是，在 2008 年全球金融危机之后，美国等主要发达经济体偏离了上述的货币政策框架，均采取了非常规货币政策以防止危机的蔓延。以美联储的非常规货币政策为例，在金融危机期间，美联储突破了传统货币政策工具的限制，通过定期拍卖工具（TAF）和一级交易商信用工具（PDCF）为整个金融市场提供流动性支持，还通过定期资产担保证券贷款工具（TALF）、资产支持商业票据和货币市场共同基金流动性工具（AM-LF）直接向信贷市场的借款人和投资者提供流动性，充当"最后贷款人"的角色；此外，美联储还通过大规模购债计划和扭转操作影响中长期利率，为企业和金融机构提供中长期流动性，最终实现维护金融稳定和促进经济复苏的目标（Lloyd，2013）。

三　货币政策操作及政策效果

（一）美国货币政策操作及其效果

根据《联邦储备法》，美联储是美国货币政策的制定和执行机构。就货币政策目标来看，美联储最初的政策目标比较宽泛，其中包括经济增长、充分就业、物价水平稳定和国际收支平衡。自 20 世纪 80 年代开始，美联储逐渐将货币政策目标锁定为保持物价稳定，目前，其将目标归结为"促进物价稳定和经济的可持续增长"，并在货币政策执行中更侧重前者，其通货膨胀目标通常控制在 1.5% ~2% 的范围内。

在货币政策执行层面，美联储主要通过控制利率和货币供应量来实现货币政策的最终目标。在战后早期的货币政策执行中，美联储一直把利率调控作为货币政策的主要工具。具体而言，美联储采用公开市场操作影响贴现窗口借贷规模和自由准备金水平来实现这一目标：当自由准备金很高时，市场利率倾向于下降，而银行信贷和货币供给则相应增加；相反，当自由准备金很低或为负时，即净准备金借入，市场利率倾向于上升，而银行信贷和货币供给则相应减少。因此，在 20 世纪 50 年代至 60 年代中期，通过使用贴现率和借入准备金，美联储直接瞄准了联邦基金利率。

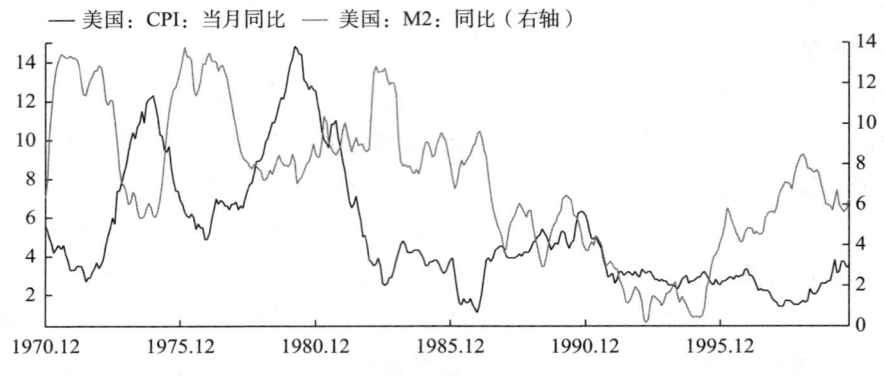

—— 美国：CPI：当月同比 　—— 美国：M2：同比（右轴）

图1　美国的通货膨胀和货币供应量

但从20世纪60年代以来，不断上升的通货膨胀以及对通胀的担忧使得利率呈不断上升趋势，而利率的上升又伴随着高的货币增长，美联储并不能有效地控制货币供给：利率一旦达到利率目标范围的上限，货币的额外需求仍将推动货币存量的增长，从而使得货币供给内生变动，由此造成该时期较大的货币供应量波动（见图1）。为了应对高通货膨胀，1970年1月，美联储转而将货币增长作为目标，每年公布一个货币增长的目标区间。与此同时，美联储还维持了对联邦基金利率的调控，将联邦基金利率的变动控制在25个基点之内。但货币供应量目标与联邦基金利率目标之间存在一定冲突，尤其在高通胀时期，为了维持联邦基金利率目标，美联储不得不顺应货币需求的变化，向市场上提供一定数量的准备金，从而加剧了通货膨胀的发展。由图1可见，在整个20世纪70年代，美国的货币供应量是极不稳定的。

1979年，为了应对国内通胀，美联储强化了货币增速目标，以非拆入准备金取代了联邦基金利率成为货币政策的重要手段。这意味美联储放弃了之前的利率熨平政策，而新的货币政策旨在实现银行系统总准备金的平均水平，以实现目标的货币增长率。具体而言，在每一次议息会议上，美联储将估计一个银行系统的总准备金路径，将其减去估计的借贷准备金数量，即得到一个非借贷准备金路径。基于这一路径，美联储确定公开市场购买目标，并寻求在两次议息会议之间保持非借贷准备金的平均水平位于目标的非借贷准备金平均路径之上。

然而，控制准备金的货币政策也并未达到预期效果。尤其是当总准备金超过目标路径时，非借贷准备金路径水平或贴现率就会被调整，以减少货币总量对其目标水平的偏离。但是，当美联储降低非借贷准备金时，银行往往提升准备金的借入水平，结果往往造成联邦基金利率的上升。不仅如此，利率市场化的快速发展使得银行能够通过多种途径来（如通过节约可用资金、利用企业闲置现金余额、联邦基金市场和国际市场甚至贴现窗口）应对美联储的货币收缩政策，美联储仍不能控制货币存量的增长。

在非借贷准备金目标制下，M1 增速虽然放慢了，但与之前相比其波动性却增加了三倍以上，且联邦基金利率也变得高度波动（Friedman，1984；Gilbert，1994）。鉴于此，1982 年 10 月，美联储放弃了非借贷准备金目标制，转向借贷准备金目标制。在这一货币政策操作下，为了将借贷准备金降低到目标水平，非借贷准备金就不得不增加，其结果是降低了联邦基金利率。同时，为了让银行借贷准备金总额维持目标水平，联邦基金利率与贴现率之间的差额也必须保持在使得银行有动机借贷这一准备金的程度，而这可以通过改变贴现率或联邦基金利率来实现，即当借入准备金不足时，美联储公开市场交易室以贴现窗口补充资金，进而实现以贴现窗口利率影响联邦资金利率。

直到 1987 年 10 月股市崩盘期间，美联储暂时放弃上述操作方式，转而盯住联邦基金利率目标水平，并确保银行体系能够获得足够的流动性，此后，联邦基金利率的目标水平成为美联储公开市场操作的短期目标。

（二）英国货币政策操作及其效果

英国的货币政策也经历了一个较长的转型期。战后，英国的货币政策受到凯恩斯主义的深刻影响，货币政策最主要的目标定位于实现充分就业，同时在固定汇率制下保持国际收支平衡，而充分就业和战后经济重建的需要共同决定了低利率和金融管制政策。

同美国的情况类似，金融管制催生了非银行金融中介的迅速发展，金融管制的有效性被削弱；同时，1970 年布雷顿森林体系的固定汇率制度瓦解使得英国摆脱了固定汇率对其货币政策的束缚。在此情况下，1971 年，英格兰银行通过《竞争和信贷管理报告》（Competition and Credit Control，CCC），用控制货币和信贷扩张的办法取代过去直接干预市场的做法，并使用最低贷款利率取代央行利率作为货币政策的重要手段。然而，长期扩张的货币政策、连续减税和公共部门债务的上升造成了国际收支急剧恶化、货币供应量和通货膨胀空前增长。1976年,为了控制严重的通胀形势,英国政府开始削减公共支出和限制国内信贷扩张,并使货币供应量(M3)增速保持在9%~13%的目标范围内。自此,货币供应量目标在英国正式确立。

进入20世纪80年代,金融自由化和利率市场化模糊了货币供应量与其他宏观经济变量之间的关联,英国以M3衡量的货币流通速度呈下降趋势,这削弱了货币控制目标的有效性,1986年,英格兰银行正式宣布终止货币供应量目标。放弃货币供应量目标之后,为了消除货币政策方向上的不确定性,英国货币政策转而关注英镑与德国马克汇率的变动。然而,固定汇率制度下的"三元悖论"凸显了英国货币政策的内在矛盾:1988年,英国国内的信贷扩张迅速,这就需要英格兰银行提升利率来进行调控;但在英镑与德国马克的固定汇率制度下,提高利率必然会使得资金不断流入英国,紧缩性货币政策效果有限。1992年,英国出现了经济衰退的迹象(见图2),货币政策独立性的矛盾更加突出,英国政府陷入维持固定高利率和放弃固定汇率的两难选择,并最终在9月中旬宣布放弃固定汇率制,此后利率呈现稳步下降态势,国内经济形势逐步好转。

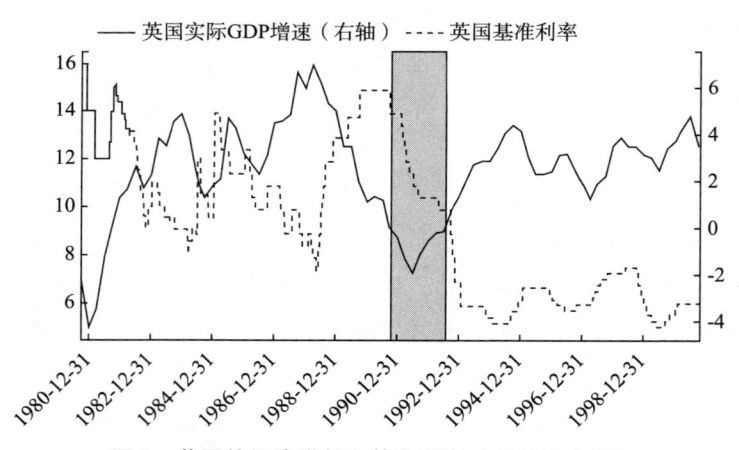

图2 英国的经济增长和基准利率(阴影为衰退)

资料来源:Wind资讯。

退出欧洲货币体系的固定汇率制度后,英国于1992年10月宣布了新的货币政策框架,货币政策目标瞄准具体的通货膨胀水平,也就是将原来作为货币政策中介目标的价格因素直接作为最终目标,同时监测基础货币、利率、汇率等指标。在货币政策具体操作上，英格兰银行最主要的货币政策工具是短期官方利率，1996 年以后，英格兰银行引入了回购操作，期限为两周的回购利率（Repo-rate）便成为英格兰银行的主要货币政策操作手段。英格兰银行通过对这一利率的操作，向货币市场提供流动性并改变市场利率。

（三）欧美国家的货币政策操作框架

总体来看，20 世纪七八十年代之后，发达国家货币政策操作都经历了从多目标到通货膨胀单一目标的演变，不仅如此，其货币政策工具手段也经历了曲折反复的过程，最终，建立了完整的货币政策框架。

从货币经济学角度来看，所谓货币政策框架主要包括货币政策目标以及实现该目标的一系列制度安排（包括货币政策规则、政策工具、操作目标、中介目标和最终目标）。在 2008 年金融危机之前，欧美国家的货币政策已经形成比较明显的框架（见表 4）：其货币政策调控目标从之前追求增长、就业、物价和国际收支平衡的多目标逐渐转向价格稳定的单一目标，即使对于仍追求多目标的美联储而言，稳定通货膨胀也是其货币政策的首要任务；从货币政策内容和中介目标来看，20 世纪 80 年代之后各国纷纷放弃货币数量的中介目标，转向对通货膨胀、货币信贷增速等更多宏观经济变量的监测；同时，欧美国家普遍使用短期市场利率作为货币政策的操作目标，通过短期利率引导货币市场利率围绕中央银行宣布的基准利率运行，从而影响长期利率、汇率以及货币信贷增速等中介指标，最终实现调控经济主体的生产支出活动的作用；最后，欧美国家的货币当局都建立了较为完善的货币政策沟通机制，以定期发布货币政策报告、公布货币政策委员会会议记录和投票情况以及国会听证等途径就货币政策执行情况对公众进行充分的政策沟通（Bofinger，2001；Bain and Howells，2009）。

表 4　欧美国家货币政策框架

货币政策框架内容	美国	欧元区	英国
最终目标	价格稳定和就业	价格稳定	价格稳定
最终目标的量化	无	欧央行管理委员会的数量规定	政府的通胀目标

续表

货币政策框架内容	美国	欧元区	英国
政策内容	无	两个支柱（M3和广泛的评估）	通货膨胀目标制
中介目标及重要指标的公布	对货币和信贷增长的监测范围	M3增长的参考值	通货膨胀的预测值
操作目标	联邦基金利率	主导再融资利率	为期两周的回购利率
通胀预测值及对偏差的解释	一年两次	欧央行成员国公布的通货膨胀预测值	一季度一次
政策沟通	货币政策报告、会议记录、国会听证	货币政策报告、国会听证	货币政策报告、会议记录、国会听证

四 负利率货币政策的理论与实践

金融危机之后，为了突破零利率下限对货币政策的束缚，丹麦、瑞典、瑞士、日本以及欧洲央行等中央银行进一步将基准利率下调为负，实施了负利率的货币政策，这可被视作对传统货币政策的偏离以及货币政策操作方式的创新。

（一）负利率货币政策的逻辑

与扩张性货币政策的逻辑一致，各国央行推行负利率政策是为了避免全球范围内结构性通缩而导致的通胀下行和需求萎缩，起到刺激需求、支撑通胀预期和缓解本币贬值压力等作用。但负利率政策与传统的货币政策有很大差别，这主要表现在政策的形式和作用机制上。

1. 负利率的政策特征

在表现形式上，负利率政策突破了传统货币政策的零下限限制，给予了货币政策更大的发挥空间。但与传统理解不同，负利率政策是调整名义利率为负，而并不是指实际利率；就政策的实践而言，负利率政策的标的是银行间存款便利和超额准备金利率，而非日常的存贷款利率；不仅如此，在政策实施中，负利率构成利率下限，而非整个利率通道都处于零利率之下。

第一，负利率政策下实际利率可为正。在通常意义上，负利率指的是在某些经济情况下，存款利率小于同期通胀的上涨幅度，这时剔除通货膨胀率后储户或投资者得到的利息回报为负。但负利率政策是指央行将名义利率下调为负，而非因通胀导致的实际利率为负。由此带来的问题是，如果名义利率为负，是否会导致存款需求下降或者消失。事实上，即便在名义利率为负的情况下，如果经济中的通货紧缩率高于负的利率水平，扣除通缩效果后仍然存在正的存款收益。同时，如果考虑到金融机构所提供的交易支付和其他服务，零附近的负利率政策也并不会导致（银行间）存款市场的消失。

第二，负利率政策下存贷款利率非负。与通常情况下的利率不同，负利率的政策标的并非存贷款利率，而是央行调整银行间时差的存款便利和超额准备金率，因此，负利率的政策后果是调整银行间隔夜存款市场利率为负。这虽然通过降低金融机构的资金成本来降低存贷款利率，但即使在负利率政策下，居民存贷款利率一般仍高于零下限。

第三，负利率下利率中枢非负。在政策的实施当中，被下调为负的利率往往是利率工具中的下限利率，一般情况下，利率的中枢仍非负。就欧洲央行而言，欧央行常规的货币政策工具包括基准利率（MROs）、存款便利利率（Deposit Facility）和边际贷款便利利率（Marginal Lending Facility）三种，三种利率构成了典型的利率走廊。而欧洲央行的负利率政策，主要是将利率工具的下限存款便利利率下调为负，而作为利率中枢的主要再融资利率（MROs）仍保持在零利率水平上，并未降为负利率。

2. 负利率的政策机制

负利率政策不代表商业银行的存款、贷款利率为负，而是指基准利率为负，主要表现在商业银行的同业存款和短期国债的负收益率上，即负的无风险收益率，并以此驱使银行向实体放贷。与传统的扩张性货币政策的逻辑一致，负利率政策意味着央行通过货币政策工具调整银行间市场利率，最终引导金融机构将资金投放在信贷市场上，并降低信贷市场上的利率水平。从这个意义上讲，负利率政策需要借助金融机构和银行间市场来发挥作用。

就欧洲央行的负利率政策来看，欧央行常规的货币政策工具包括基准利率、存款便利利率和边际贷款便利利率三种，三种利率构成了典型的利率走廊。其中基准利率是欧央行对商业银行的再贷款利率，处于核心地位；

存款便利利率是商业银行对央行的存款利率,相当于超额储备金利率,是利率走廊的下限;而边际贷款便利利率是商业银行对央行的贷款利率,是利率走廊的上限。而欧洲央行的负利率政策是将作为存款下限的存款便利利率降到零利率之下:实际上,早在2014年6月欧洲央行就首次将其下调到负区间至-0.1%,目前,该利率下限已调至-0.4%;而基准利率和存款便利利率同期下调为0和0.25%。

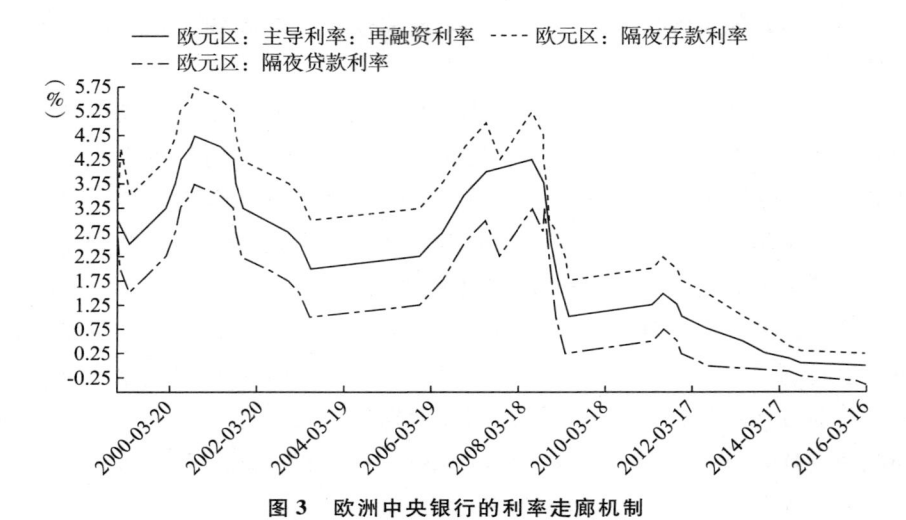

图3 欧洲中央银行的利率走廊机制

由此可见,负利率政策是将利率走廊的下限调整为负,如果将银行间市场看作金融机构的资金来源,负利率政策有助于降低金融机构的资金成本;同时,更低的银行间市场利率会激励金融机构将更多资金投放到信贷市场,从而实现货币政策的扩张性目标。

另外,相比传统的扩张性货币政策,负利率的货币政策更有助于释放金融体系内的流动性,其针对性更为明显。在传统的货币政策逻辑下,无论是调整准备金、降低贴现率、公开市场购买还是非传统的货币政策本质上都是通过扩大中央银行对金融机构的负债来实现的,但这种扩张性货币政策却不能控制中央银行的负债结构,尤其是在信贷市场不确定性较高的情况下,金融机构可以将扩张性货币政策释放出的资金以超额准备金的形式存回中央银行,而并未将资金投放到信贷市场当中,从而影响了货币政策的扩张效果。但在负利率政策下,中央银行对银行间市场的存款便利和超额准备金存款给予负利率,对金融机构而言,这将起到资产再分配的效果，从而鼓励其将更多资金配置到信贷市场当中。

(二) 负利率货币政策的理论分析

1. 弗里德曼法则与最优名义利率

货币是对流动性与财富收益的权衡。就作用而言，古典经济学家就将货币的功能概括为价值尺度、流通手段、支付手段和价值贮藏，而其中流通手段和支付手段代表着对流动性的需求，而贮藏意味着对收益性的需求。因此，在理论意义上，任何既能提供流动性和收益性的商品都可以成为货币，比如金属货币体系下黄金白银均具有较好的流动性，但黄金在财富收益维度较白银更佳，比如在现代信用货币体系下，现金成为法定货币，具有很高的流动性，但收益性不如存款、股票、债券等资产，而定期存款、股票、债券和不动产等资产虽然具有较好的收益性，但在提供流动性方面却远不如现金和存款。如图4所示，在各种资产当中，现金和存款具有最好的流动性，但其收益性较股票、债券和不动产更低，因此持有现金和存款形式的货币就意味着放弃了部分的收益性，这也就是持有货币所付出的成本。考虑到持有现金和活期存款的收益很低可忽略不计，定期存款所获的收益（即名义利率）可以被视为持有货币的机会成本。

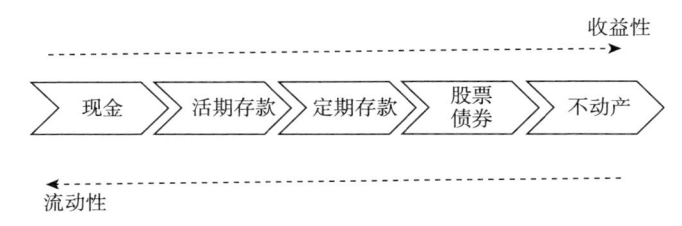

收益性 →

现金 → 活期存款 → 定期存款 → 股票债券 → 不动产

← 流动性

图 4 资产的流动性和收益性

弗里德曼法则认为个人持有货币的成本（即名义利率）应与货币的社会边际成本（即货币的制造成本）相等，由于货币制造的边际成本为零，因此，在理论意义上，社会最优的名义利率应为零。直观来看，由于持有货币带来的流动性便利可以增进个人福利，效用最大化的结果必然就是个人最大限度地持有货币，直至持有货币的零成本下限，因此，最优的货币持有就必然要求名义利率下降为零。

从弗里德曼法则的角度来看，负利率政策并非最优。这是因为，在名义利率为负的情况下，相比定期存款等财富形式，持有货币会带来额外收益，个体会过多地持有货币。如果进一步考虑到金融机构运行所需的成本，即使在弗里德曼法则下，最优的名义利率也应稍高于零。从这个意义上看，负利率政策虽然可以带来更多的流动性便利，但仅仅是短期的刺激性政策，而非长期的最优政策。

2. 负利率是深度流动性陷阱

负利率虽非最优的利率水平，但它是对全球经济"低增长、低通胀"弱势均衡的政策反映。根据费雪等式，名义利率是通货膨胀率与实际利率之和，而当前全球经济的"低增长、低通胀"不仅造成了通胀率的不断下降，还通过经济中的投资回报率萎缩降低了实际利率水平，最终导致名义利率不断下调。尤其近年来全球范围内结构性通缩加剧，一方面，全球大宗商品价格的暴跌造成了生产领域的通货紧缩；另一方面，结构性通缩伴随着的需求萎缩也削弱了企业盈利能力。从这个意义上讲，全球经济的弱势均衡下通缩压力和投资回报率下降造就了负利率政策。

在政策实践方面，欧洲和日本央行推行的负利率政策主要作用在银行间市场，因此，负利率的影响主要集中于金融机构：负利率降低了银行间市场的利率水平，隔夜存款利率普遍为负。但从金融机构角度来看，在企业盈利能力不足和全球经济不确定性加剧的环境下，信贷市场的风险加剧，避险需求将促使金融机构将资金投放在负利率的银行间市场。因此，在低增长和结构性通缩的环境下，银行间市场上的负利率成为次优选择。

值得指出的是，无论是对经济个体还是对金融机构而言，负利率均已构成深度的流动性陷阱。传统意义上，流动性陷阱是指政府债券价格的上限和利率的零下限对扩张性货币政策的限制；负利率虽然突破了利率的零下限限制，但由于金融机构资产构成的多元化，负利率政策会促使金融机构转向购买国外债券等其他收益率较高的资产，从而限制了利率的下降空间，因此，即使利率突破了零利率的下限，货币政策仍面临流动性陷阱制约。不仅如此，如考虑到结构性通缩环境下全球经济不确定性增大，即使银行间市场出现负利率，金融机构也不会将大量资金配置到信贷资产中，负利率的政策效果也将十分有限。从这个意义来看，负利率政策已然成为深度的流动性陷阱。

（三）负利率的政策实践

虽然负利率政策是对全球经济"低增长、低通胀"弱势均衡的政策反映，但在短期中，负利率政策确实起到了拉低银行间市场利率，并刺激了金融机构资金配置到信贷市场中的作用。但长期来看，负利率政策不仅政策效果有限，还会增加金融体系的风险。

1. 负利率的政策设计

正如前文所述，负利率政策是通过压低利率走廊的下限来带动银行间市场利率下限，其本身并不意味着利率中枢和存贷款利率降为负。因此，在政策设计上，负利率政策的实施需要在较为完善的货币政策框架下进行。以欧洲央行的负利率政策为例，在政策实践中，不仅需要下调存款便利利率为负，同时还需要将作为利率中枢的主要再融资利率和利率上限的边际借款便利下调，负利率政策才会有效引导利率走廊整体下行。

相比欧洲央行所执行的利率走廊模式的负利率政策，日本央行的负利率政策更加体现了数量宽松（QQE）的特点。在政策设计上，从日本央行的负利率政策来看，日本没有直接全面采用负利率，其负利率政策引入了三级利率体系。这一方面是为了增加金融机构的存款成本，从而变向执行量化宽松的政策；另一方面，目前日本金融机构在央行的准备金已经高达230万亿日元，接近所有存款额的35%。全面负利率的打击面太广，会造成金融机构不必要的收入损失。而三级利率下的负利率只会提高小部分增量准备金的成本，对金融机构现有准备金不会带来很大影响。日本央行对当前金融机构在央行存放的准备金进行划分：第一级为 Basic Balance，即 QQE 期间各金融机构在央行累积存放的准备金，这部分准备金继续适用 0.1% 的利率；第二级为 Macro Add-on Balance，该部分包括央行要求的金融机构法定存款准备金以及一些救助项目为金融机构提供的准备金，该部分施行零利率；第三级则是除 Basic Balance 和 Macro Add-on Balance 以外的其他增量准备金，这部分资金利率为 -0.1%。这意味着，日本央行通过直接对部分超额准备金给予负利率来压低银行间市场的利率下限。

2. 负利率的政策效果

就政策效果来看，负利率政策是量化宽松政策的加强版，能够推动货币市场利率显著下行，尤其对长期利率确实有明显压低效果。以欧洲央行的负利率政策为例，自 2013 年实施负利率以来，欧洲长端国债收益率也一路下行，并且成功将欧元区银行间隔夜拆借利率也降至负利率水平。

同样，对于日本央行而言，负利率政策也取得了较为明显的效果。如图 5 所示，自 2016 年日本央行下调超额准备金利率为负之后，银行间市场隔夜拆借利率也随之为负，同时带动了国债收益率下降，尤其是 10 年期等长期国债品种的收益率降幅明显。

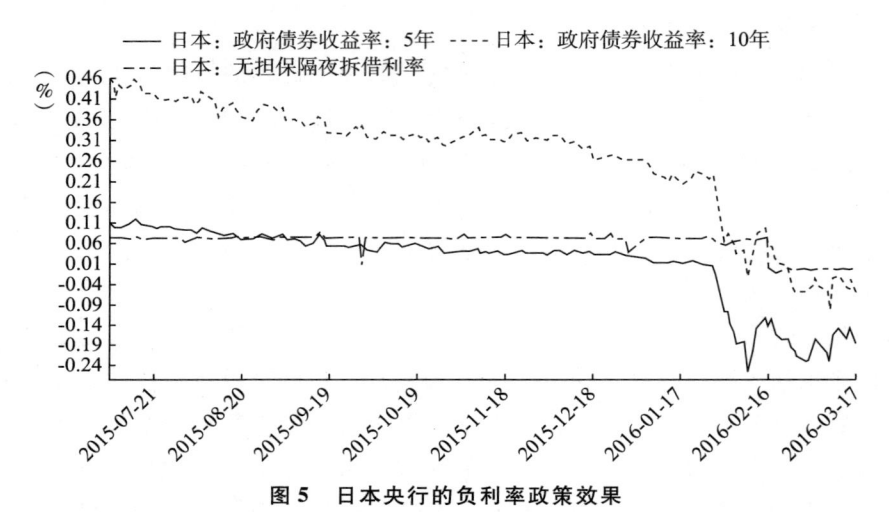

图 5　日本央行的负利率政策效果

负利率政策不仅可以促进长期利率的下降，同将刺激金融机构向信贷市场上投放资金。以日本为例，2010 年以来，虽然日本央行通过宽松的货币政策释放了大量货币，但其中大量资金被金融机构以超额准备金形式存回中央银行，金融机构的超额准备金和法定准备金之比率从最低的 0.01 飙升至 25 的水平。受此影响，2010 年之后广义货币（M2 和 M3）持续扩张，但相应的货币乘数出现明显下降：M2 和 M3 的货币乘数分别从 12 和 8 下降到了 2.5 左右。扩张性货币政策的效果大打折扣。目前日本金融机构在央行的准备金已经高达 230 万亿日元，接近所有存款额的 35%。

而在负利率政策下，日本央行下调超额储备金率（IOER）至 -0.1%，金融机构若继续将资金以超额准备金形式存在中央银行，其资产将明显缩水。因此，负利率货币政策会通过刺激金融机构重新组合其资产，加大对信贷市场的资金投放。

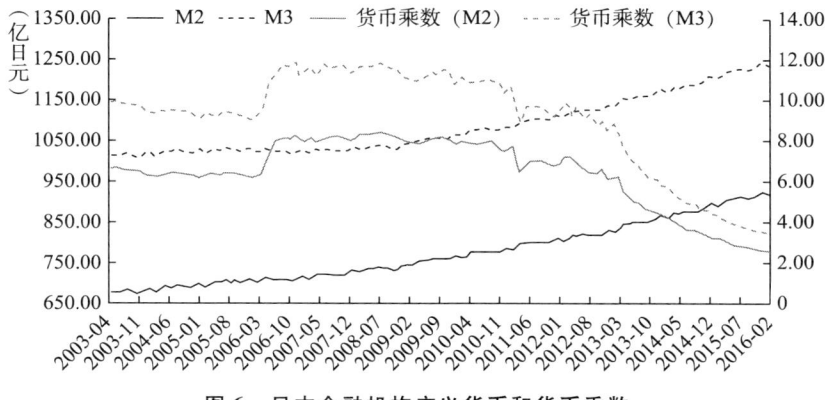

图 6　日本金融机构广义货币和货币乘数

（四）负利率货币政策的局限

综上，负利率政策本质上是通过对超额准备金罚息来促使金融机构更多地向信贷市场配置资源，因此其效果取决于是否能带动利率尤其是长期利率水平的下行，以及是否有助于实现信贷规模扩张。若以该标准判断，并非所有央行在负利率政策上都取得了成效：欧央行和瑞典央行在实施负利率后信贷出现了明显的增长，实施负利率后长期实际利率也显著下降；相比之下，丹麦央行和瑞士央行在实施负利率后信贷增长反而放缓，这两家央行实施负利率后长期实际利率也不降反升，其实施负利率政策的效果十分有限。

即便如欧洲央行的负利率政策在短期内取得了较好的政策效果，但负利率本身并非长期最优的利率水平，长期执行负利率政策会加重金融体系负担，而且在金融自由化的趋势下，金融机构还会通过购买收益率为正的国外政府债券（如美国国债）等资产来规避本国央行的负利率政策，负利率政策将显著改变金融机构的资产构成，从而加剧金融系统的不确定性。另外，负利率政策的实施还依赖于宏观经济环境，若未来经济形势继续恶化，投资信贷市场的风险溢价会相应提高，即使银行间市场的利率下行，金融机构也不会将过多资金配置到信贷市场当中。而且，负利率政策并非意味着没有利率下限，如若负利率政策最终传导到存贷款市场，尤其在结构性通缩的背景下，存贷款的负利率将显著改变个人和机构的行为，这也将大大加剧当前货币政策调控的不确定性。

五 我国货币政策转型及创新

2012年以来，我国经济增长告别过去两位数高增长模式，进入中高速增长阶段，同时，宏观经济还面临着产业结构、区域结构、收入结构的多重结构失衡的局面。经济增速下调和经济结构调整已成为"新常态"下中国经济需长期面对和解决的问题。

面临如此的内外部经济形势，我国货币政策亟须转型。这一方面是由于经济环境的变化暴露出原有货币政策调控的弊端，尤其在面临产能过剩、地方债务以及房地产泡沫等多重经济风险时，如若继续保持传统的依靠政府主导刺激经济的经济增长方式，不仅不可能实现经济转型，反而会延误、推迟经济结构调整，最终带来更大的风险和隐患。另一方面，随着国内金融创新与利率市场化的推进，加之外部经济形势发生变化，原有货币政策的操作手段和实施工具受到削弱，货币政策执行效果大打折扣。在"新常态"经济下，我国经济的结构性调整这一项长期而艰巨的任务也为货币政策提出了新的目标要求，这远非传统的货币政策所能胜任。正因如此，作为宏观调控的重要手段的货币政策亟须转型。

就转型的内容和方向而言，在特殊的背景下，我国货币政策面临双重转型任务：一方面，市场化的大环境要求我国货币政策转型应重在形成完善的货币政策框架，即形成明确的货币政策目标、手段和工具；另一方面，在"新常态"形势下，为承担"新常态"经济下经济结构调整的重任，我国货币政策则要进一步发挥结构性货币政策的作用。

（一）明确货币政策目标，由总量调控向结构调控转型

"新常态"下我国货币政策转型首先需要进一步明确货币政策目标。一般而言，一国政府经济的宏观调控目标主要有四个：经济增长、物价稳定、充分就业和国际收支平衡。在美英两国货币政策转型过程中，其货币政策经历了由多目标向突出物价稳定目标的过程。相比之下，我国货币政策调控较多地强调经济增长和充分就业的目标，而对于物价稳定和国际收支平衡目标重视程度较弱。在经济"新常态"格局下，由于宏观调控的政策权衡空间缩小，高速的经济增长不宜再成为货币政策追求的主要目标；相反，"新常态"经济下的货币政策调

控则应强调稳定和均衡目标，尤其应致力于稳定通货膨胀和促进经济结构均衡。

与新的货币政策目标相适应，我国货币政策的调控方式也亟待深刻转型。"新常态"下我国的货币政策调控方式转型主要体现在由传统的全面宽松到预调微调、区间调控和定向调控的转变。具体而言，在宏观经济"新常态"的局面下，我国货币政策转型应遵循"区间调控"总体思路，由传统的只关注经济增长变为"保增长"和"稳通胀"的上下限管理。其中，"下限"就是稳增长、保就业，"上限"就是防范通货膨胀。而"定向调控"是指货币政策的目标除了要实现保增长、促就业的目标外，还要进行结构性调整，实现内外部均衡。货币政策的结构调整作用是我国货币政策转型的重要内容，究其原因，在"新常态"的经济下，企业特别是小微企业融资难、融资成本较高的问题日趋凸显，而传统的货币政策虽然实现了总体上的流动性调节，但无助于改变中小企业尤其是小微企业的融资困境。因此，不同于传统货币政策，我国货币政策转型需要发挥结构性货币政策的作用，引导资金流向和降低企业融资成本。

（二）构建利率走廊框架，由数量调控向价格调控转型

就执行手段而言，货币政策可以分为数量型货币政策和价格型货币政策。目前，我国的货币政策主要通过调节存准和发行央票等工具来控制金融机构的流动性，从而实现信贷和货币规模的调控，从这个意义上讲，我国的货币政策是一种数量型货币政策。回顾过去，数量型货币政策的执行基本实现了稳定国内货币数量、保持经济增长等宏观调控目标；但在新的经济形势下，数量型货币政策的弊端也逐步显现：不仅其政策效果过于激烈，且我国金融市场和金融创新的发展使得金融机构能够有效规避央行对货币总量的控制。在此背景下，单纯依靠数量型货币政策已经难以实现宏观调控目标，未来我国货币政策向价格型货币政策转型已成为趋势。

表5 不同模式下的货币政策工具

政策工具		数量型调控	价格型调控
"利率走廊"模式下的政策工具	再融资便利	不适用	适用
	吸收便利	不适用	在外汇市场强大干预的情况下适用

续表

政策工具		数量型调控	价格型调控
公开市场操作模式下的政策工具	现券公开市场操作	适用，但会对债券价格造成波动并带来隐性政府融资风险	适用，但交易成本较高
其他政策工具	回购协议	适用于可变利率招标	适用于固定利率招标
	贴现贷款	适用	适用
	法定存款准备金	适用	不需要

不同于数量型货币政策，价格型货币政策的核心是利率调控。具体而言，中央银行的利率调控模式大体上分为两类：第一类是公开市场操作模式，通过改变金融体系的流动性来影响利率；第二类是"利率走廊"模式。前者为我们所熟知，而后者是指中央银行通过向商业银行等金融机构提供存贷款利率便利机制，依靠设定的利率操作区间来稳定市场拆借利率的调控方法，短期市场利率只能在再贴现利率和超额存款准备金利率形成的操作区间内波动。

相比公开市场操作模式，"利率走廊"模式下，中央银行只要通过调节利率走廊的上下限就可以达到稳定市场利率的预期目标，而不需要频繁地使用公开市场操作来调节市场流动性，这不仅简化了中央银行的利率操作过程，而且降低了操作成本。更重要的是，与公开市场操作相比，"利率走廊"调控模式除了无须依赖高度成熟的国债市场外，在新常态经济下，还可以更好地结合宏观调控的"上下限管理"理念：应用到货币政策领域，"利率走廊"调控的上限是要引导资金流向，避免资金"空转"而不断提高杠杆率，而下限就是不能引发系统性金融风险，也不要危及实体经济的弱复苏。从这个意义上讲，构建"利率走廊"更加适合当前中国的情况。

未来中国式利率走廊机制可采取如下的基本框架：以常备借贷便利利率为上限，以超额准备金存款利率为下限，形成以 SHIBOR 利率为核心的市场化利率体系。考虑到长期以来，法定存款准备金率是我国货币政策调控的手段，并且要对准备金付息，超额存款准备金利率可能成为未来中国利率走廊的下限。相比之下，"常备借贷便利"工具（Standing Lending Facility, SLF）采取"按需供给"原则，这意味着 SLF 利率将成为利率走廊的上限。在确定"利率走廊"的上下限后，还需通过基准利率来影响存贷款等其他利率，从而通过影响金融中介的信贷行为来间接调控宏观经济变量。为此，应发挥SHIBOR在利率体系中的基准作用，不断完善中央银行利率调控体系，疏通利率传导渠道，引导金融机构不断增强风险定价能力。

（三）完善货币政策框架，增强货币政策独立性

当前纷繁复杂的国际形势凸显了宏观调控国际协调的重要性，尤其在我国宏观经济进入新常态时期，为了确保宏观调控保增长和调结构的总体目标，我国充分利用G20、IMF等国际治理平台，在宏观调控方向和手段上与发达国家和新兴市场国家做好充分有效沟通，适时调整宏观调控政策以抵消外部冲击对于我国宏观经济环境的负面影响。

另外，在注重宏观调控的国际协调的同时，我国凸显了自身货币政策的独立性。在全球化日益加剧的当今，全球金融一体化趋势客观上削弱了各国对资本账户的限制，从"三元悖论"的角度分析，保持货币政策的独立性要求放弃固定汇率制度或者资本账户限制，在此情况下，为了确保我国货币政策的独立性，就必然需要对人民币汇率形成机制进行改革。就目前来看，我国已将每日人民币兑美元的浮动范围增至2%，这标志着我国汇率形成机制向以市场供求为基础、更具弹性和市场驱动的汇率制度进一步靠拢，我国货币政策的独立性也随之增强。未来，我国的货币政策转型需要更加灵活的汇率形成机制，应促进人民币汇率向均衡水平进一步调整，以保证货币政策目标的实现。

（四）创新货币政策工具，适应经济新常态

存款准备金率、再贷款和公开市场操作是传统货币政策的主要手段，由于其规模庞大、影响范围广泛往往被视为全面宽松（紧缩）的货币政策。在我国宏观经济进入"新常态"的局面下，货币政策应该着力对经济进行"微调"和"喷灌"，从而需要改变传统货币政策大收大放的调控效果，打造"升级版"的货币政策工具。2014年以来，我国央行创新性地使用了"定向降准"、再贷款、公开市场操作等货币政策工具，通过灵活运用传统货币政策对货币市场利率实现了区间管理，较为成功地引导了资金价格和流向，达到了定向释放流动性和引导资金投向的调控效果。

在"新常态"经济下，不仅需要对传统货币政策进行改造，还需要创

新货币政策工具以达到结构性调控的效果。尤其在金融脱媒和利率市场化的大背景下，社会融资规模的信用扩张造成基础货币需求和商业银行存款极为不稳定，传统的货币投放渠道会导致金融市场的短期波动，这就迫切需要创新货币政策调控的工具。就目前来看，央行在创新货币政策工具方面已做出了积极尝试。2013年1月，中国人民银行宣布启用公开市场"短期流动性调节工具"（SLO）作为公开市场常规操作的必要补充，在银行体系流动性出现临时性波动时相机使用；同时创设"常备借贷便利"（SLF）对金融机构提供流动性支持。从两者的执行情况来看，2013年以来，常备借贷便利（SLF）在央行的货币政策工具中的作用不断提升，通过其实现的货币净投放规模已经超越同期公开市场业务实现的货币投放规模。就实施效果而言，两者已成为央行调控银行体系流动性和短端利率的常规工具，在平抑银行体系流动性临时波动和实现短端利率区间管理方面均发挥了较为积极的作用，使得央行货币政策的调控能力得以增强。

除此之外，抵押补充贷款（PSL）和中期借款便利（MLF）是近期央行货币政策创新的重要举措。其中，抵押补充贷款（PSL）是在再贷款基础上的货币工具创新：在抵押补充贷款机制下，商业银行以符合央行要求的抵押品为担保，向央行获取一定数量的基础货币；并为此支付相应的利息成本，该成本即为抵押补充贷款的基准利率。中期借款便利（MLF）是常备借款便利的中期版本，可以起到向银行等金融机构提供中长期流动性的作用，同时还可以有效把利率往中长端传导，并起到定向降息的作用。以此看来，抵押补充贷款（PSL）和中期借款便利（MLF）等货币政策工具创新不仅可实现货币政策的数量调控，同时也带有价格调控型货币政策的特征，并有利于引导资金流向政策重点扶持领域，具有明显的结构性货币政策特征。

（五）宏观审慎监管与金融稳定

国际金融危机之后，宏观审慎政策受到国际组织、中央银行、监管当局和学术界的广泛关注。英格兰银行认为宏观审慎监管是填补宏观经济政策与传统的金融机构微观审慎监管之间的空白，其主要目标是降低风险传导对宏观经济和金融稳定造成的冲击，以防范系统性风险（Bank of England，2009）。由于市场定价一般采用市场敏感性的估值技术，不但放大了金融体系的杠杆率，而且使杠杆率具有顺周期性。在 2010 年 11 月的 20 国集团领导人峰会上，各成员国对宏观审慎的定义达成共识，即"宏观审慎政策"主要是指利用审慎性工具防范系统性金融风险，从而避免实体经济遭受冲击的政策。2016 年 8 月 31 日，IMF、FSB 和 BIS 联合发布了《有效宏观审慎政策要素：国际经验与教训》的报告，对宏观审慎政策进行了定义：宏观审慎政策利用审慎工具来防范系统性风险，从而降低金融危机发生的频率及其影响程度。

全球已初步形成可操作的宏观审慎政策工具体系和治理架构。一般而言，有效的宏观审慎政策框架应包括时间维度和结构维度两个层面，核心是必须具备逆周期调节杠杆的能力和手段。针对金融机构的顺周期加杠杆问题，巴塞尔协议Ⅲ在最低监管资本要求之上增加了逆周期资本缓冲、系统重要性附加资本等新的要求，并对金融机构流动性提出了更高要求。针对金融市场，各国也在尝试采用逆周期和跨市场的杠杆管理，如房地产市场的贷款价值比（LTV）、股市和债市的杠杆率/折扣率规则等。从政策思路上看，一方面，通过控制金融产品（如股票、债券等）持有主体的加杠杆行为，对非银机构的债务风险进行控制；另一方面，通过适度抑制加杠杆的资金来源，对银行的信用创造能力进行控制。一些新兴市场经济体也在研究引入宏观审慎措施，针对资本跨境流动实施逆周期和跨市场的管理。美国、欧洲、英国等主要经济体在危机后都对构建宏观审慎政策管理架构进行了一些尝试，但在具体操作实施方面有所不同。宏观审慎监管的职能可被授予单一的监管机构，也可由不同机构共同承担（如货币和财政当局）。比如，美国于 2010 年成立了金融稳定监督委员会（FSOC），集中管理系统性风险，FSOC 由美国财政部主导，其成员包括美联储主席和所有美国其他监管机构的负责人。欧洲也于 2010 年在欧洲中央银行的支持下成立了欧洲系统性风险委员会（ESRB），与美国的 FSOC 不同，ESRB 没有直接的行政执行权。

宏观审慎政策和货币政策的充分协调有助于实现有效的金融调控，共同实现金融稳定目标。2008 年国际金融危机爆发后，中央人民银行根据中央和国务院的有关部署并结合 G20、FSB 对国际金融危机教训的总结，在宏观审慎政策框架建设方面进行了全面深入的探索。从 2009 年年中开始研究强化宏观审慎管理的政策措施，并于 2011 年正式引入差别准备金动态调整机制。这也是为了配合危机期间刺激政策逐步退出的重要举措。该机制实施了五年，与利率、公开市场操作、存款准备金率等货币政策工具相配合，有力地促进了货币信贷平稳增长，提升了金融机构的稳健性。随着经济形势和金融业的发展变化，中央人民银行不断完善政策框架，自2016年起将差别准备金动态调整机制升级为宏观审慎评估体系（MPA），从资本和杠杆、资产负债、流动性、定价行为、资产质量、跨境融资风险、信贷政策执行情况七大方面对金融机构的行为进行多维度的引导。此外，自2016年5月起将全口径跨境融资宏观审慎管理扩大至全国范围的金融机构和企业，对跨境融资进行逆周期调节，控制杠杆率和货币错配风险。

当前中国宏观审慎政策的核心内容是金融机构适当的信贷增速取决于自身资本水平以及经济增长的合理需要，与货币政策相辅相成。信贷投放要与宏观审慎要求的资本水平相联系，宏观审慎资本充足率是核心指标，各金融机构的系统重要性、稳健状况以及经济景气状况是辅助指标。宏观审慎资本充足率与巴塞尔协议Ⅲ提倡的逆周期资本缓冲思想在本质上是一致的，都是通过调节资本缓冲来抑制信贷顺周期的过快扩张和收缩，但在具体设定方法上略有不同。一是在考察信贷偏离程度时，中国更重视信贷增长要满足实体经济发展的合理需要。国际上主要通过考察整体信贷和GDP比值与趋势值的偏离程度来确定逆周期资本缓冲，而中国考察的是信贷增速与名义目标GDP增速的偏离。二是国际上逆周期资本缓冲的比例对所有金融机构都是一样的，而中国还要考察每个金融机构对总体信贷偏离的影响，对总体偏离程度影响大的金融机构要求更多的逆周期资本缓冲。由此可以看出，MPA将信贷增长与资本水平、经济发展需求紧密挂钩，使其具有了双重属性，既是宏观审慎政策工具，也有货币政策工具的性质；既可以通过抑制信贷的顺周期过快扩张起到防范系统性风险的作用，也可以起到引导广义信贷平稳增长的作用，促进总供求的平衡（张晓慧，2017）。

（六）我国货币政策转型的未来展望

综上，我国货币政策转型有两个特点：一是在金融创新和市场化调控的背景下确立货币政策框架，货币政策不仅需要更为明确的政策目标、规则，还要建立由数量型货币政策向价格型货币政策转变的操作手段和工具；二是在"新常态"经济下，经济增长方式转型要求我国货币政策更多地发挥结构性调控功能，这就需要央行进一步创新货币政策工具，并协调传统货币政策与结构性货币政策的职能。

具体而言，未来我国货币政策转型应首先着力于构建完善的货币政策框架。就目前来讲，我国货币政策调控尚未形成明确的政策目标和规则，同时，新的经济环境削弱了传统货币政策工具的有效性。在此情况下，我国的货币政策转型亟须建立从政策目标到监控指标、从政策规则到操作工具的一系列政策调控框架，以避免政策失误带来的宏观经济风险。其次，未来我国货币政策转型应注重发挥结构性货币政策的作用。在我国现有的金融体系下，传统的总量型货币政策虽能改善商业银行的放贷能力，但对信贷可得性和资金流向缺乏影响。相比之下，结构化货币政策可以将基础货币注入，与商行的放贷行为更紧密地挂钩，以提升对经济发展中的重点和薄弱环节的金融支持。从这个意义上讲，当前央行使用结构化的货币政策进行宏观调控有其必要性和合理性，尤其面对经济"新常态"，未来我国货币政策的转型需要央行不断创新货币政策工具，使用结构性货币政策引导资金价格和流向，以实现结构调整的目标。再次，货币政策转型应注重协调传统货币政策与结构性货币政策。我国货币政策不仅面临结构性难题；新形势下外汇占款的急剧减少和货币乘数的大幅下降使得国内基础货币出现了较大幅度的缺口，货币政策同样面临总量上的挑战。在此情况下，央行需明确不同类型货币政策的分工，既要发挥"降准"、"调息"等传统货币政策的总量调控作用，同时，也要发挥常备借款便利、抵押补充贷款等结构性货币政策在经济结构调整中的作用，以实现总量性货币政策与结构性货币政策的协同。最后，需要继续完善宏观审慎监管，与货币政策形成相辅相成的货币金融调控框架，通过货币政策进行宏观经济和总需求管理，实现经济增长和稳定物价水平的目标，通过宏观审慎政策抑制杠杆过度扩张和顺周期行为，维护金融稳定。

参考文献

[1] 刘斌：《我国 DSGE 模型的开发及在货币政策分析中的应用》，《金融研究》2008 年第 10 期。

[2] 马骏、徐剑刚：《人民币走出国门之路》，中国经济出版社，2012。

[3] 汪洋：《中国货币政策工具研究》，中国金融出版社，2009。

[4] 张健华：《利率市场化的全球经验》，机械工业出版社，2012。

[5] 周小川：《逐步推进利率市场化改革》，《中国金融家》2012年第1期。

[6] 张晓慧：《宏观审慎政策在中国的探索》，《中国金融》2017年第11期。

[7] Adolfson, M., Laseen S., Linde J., Villani M. Bayesian Estimation of An Open Economy DSGE Model with Incomplete Pass-through [J]. *Journal of International Economics*, 2007, 72 (2): 481 - 511.

[8] Adolfson, M., Laseen S., Linde J., Villani M. Evaluating An Estimated New Keynesian Small Open Economy Model [J]. *Journal of Economic Dynamics and Control*, 2008, 32 (8): 2690 - 2721.

[9] Bank of England (2009). The Role of Macroprudential Policy. Bank of England Discussion Paper, November.

[10] Bain Keith, Peter Howells, *Monetary Economics: Policy and Its Theoretical Basis*. Macmillan Publishers, 2009.

[11] Blanchard, O., Gali J. Real Wage Rigidities and the New Keynesian Model [J]. *Journal of Money, Credit and Banking*, 2007, 39 (s1): 35 - 65.

[12] Blanchard, O., Gali J. Labor Markets and Monetary Policy: A New Keynesian Model with Unemployment [J]. *American Economic Journal: Macroeconomics*, 2010, 2 (2): 1 - 30.

[13] Bofinger P., Goals, *Monetary Policy: Institutions, Strategies, and Instruments*. Oxford University Press, 2001.

[14] Brock, W. A., Mirman L. J. Optimal Economic Growth and Uncertainty: the Discounted Case [J]. *Journal of Economic Theory*, 1972, 4 (3): 479 - 513.

[15] Calvo, G. A. Staggered Prices in a Utility-maximizing Framework [J]. *Journal of Monetary Economics*, 1983, 12 (3): 383 - 398.

[16] Chari, V. V., Kehoe P. J., McGrattan E. R. New Keynesian Models: Not Yet Useful for Policy Analysis [J]. *American Economic Journal: Macroeconomics*, 2009, 1 (1): 242 - 266.

[17] Christiano, L. J., Eichenbaum M. Current Real Business Cycle Theories and Aggregate Labor Market Fluctuations [J]. *American Economic Review*, 1992, 82 (3): 430 - 450.

[18] Christiano, L. J., Eichenbaum M., Evans C. L. Nominal Rigidities and the Dynamic Effects of A Shock to Monetary Policy [J]. *Journal of Political Economy*, 2005, 113

(1): 1 - 45.

[19] Christiano, L., Motto R., Rostagno M. Financial Factors in Economic Fluctuations. Working Paper Series 1192, 2010, European Central Bank.

[20] Christoel, K., Kuester K. Resuscitating the Wage Channel in Models with Unemployment Fluctuations [J]. *Journal of Monetary Economics*, 2008, 55 (5): 865 - 887.

[21] Christoel, K., Kuester K., Linzert T. The Role of Labor Markets for Euro Area Monetary Policy [J]. *European Economic Review*, 2009, 53 (8): 908 - 936.

[22] Cogley, T., Nason J. M. Output Dynamics in Real Business Cycle Models [J]. *American Economic Review*, 1995, 85 (3): 492 - 511.

[23] Diebold, F. X. The Past, Present, and Future of Macroeconomic Forecasting [J]. *Journal of Economic Perspective*, 1998, 12 (2): 175 - 92.

[24] Del Negro, M., Schoreide F. Priors From General Equilibrium Models for VARs [J]. *International Economic Review*, 2004, 45 (2): 643 - 673.

[25] Del Negro, M., Schoreide F., Smets F., Wouters R. On the Fit of New Keynesian Models [J]. *Journal of Business and Economic Statistics*, 2007, 25: 123 - 143.

[26] Goodfriend, M., King R. The New Neoclassical Synthesis and the Role of Monetary Policy [J]. *NBER Macroeconomics Annual*, 1997, 231 - 296.

[27] Guerron-Quintana, P. A. What You Match Does Matter: the Effects of Data on DSGE Estimation [J]. *Journal of Applied Econometrics*, 2010, 25 (5): 774 - 804.

[28] Kocherlakota, N. R. Modern Macroeconomic Models as Tools for Economic Policy [J]. *The Region*, 2010 (May): 5 - 21.

[29] Kydland, F. E., Prescott E. C. Time to Build and Aggregate Fluctuations [J]. *Econometrica*, 1982, 50 (6): 1345 - 70.

[30] Lechthaler, W., Merkl C., Snower D. J. Monetary Persistence and the Labor Market: A New Perspective [J]. *Journal of Economic Dynamics and Control*, 2010, 34 (5): 968 - 983.

[31] Lloyd B. Thomas, *The Financial Crisis and Federal Reserve Policy*. Palgrave Macmillan, 2013.

[32] Mishkin F., Stanley Eakins, *Financial Markets and Institutions*. Prentice Hall, 2014.

[33] Nolan C., Thoenissen C. Financial Shocks and the U. S. Business Cycle [J]. *Journal of Monetary Economics*, 2009, 56 (4): 596 - 604.

[34] Smets, F., Wouters R. An Estimated Dynamic Stochastic General Equilibrium Model of the Euro Area [J]. *Journal of the European Economic Association*, 2003, 1 (5): 1123 - 1175.

[35] Smets, F., Wouters R. Forecasting with a Bayesian DSGE Model: An Application to the Euro Area [J]. *Journal of Common Market Studies*, 2004, 42 (4): 841-867.

[36] Smets, F., Wouters R. Shocks and Frictions in U. S. Business Cycles: A Bayesian DSGE Approach [J]. *American Economic Review*, 2007, 97 (3): 586-606.

[37] Sahuc, J. G., Smets F. Differences in Interest Rate Policy at the ECB and the Fed: An Investigation with a Mediumscale DSGE Model [J]. *Journal of Money, Credit and Banking*, 2008, 40 (2): 505-521.

[38] Taylor, J. B. Aggregate Dynamics and Staggered Contracts [J]. *Journal of Political Economy*, 1980, 88 (1): 1-23.

国家资产负债表视角下的金融稳定

张晓晶 刘 磊[*]

摘 要 本文从国家资产负债表的视角考察金融稳定。2008年国际金融危机之后,国家资产负债表的编制和应用受到越来越多的重视,中国部分研究机构也在积极编制中国国家资产负债表。国家资产负债表与国民财富分析密切联系,二者对金融稳定的研究提供了三个新的视角:无效投资与金融危机的延时预警、风险损失的过高估计、对风险的过度反应。对于中国而言,运用国家资产负债表的数据研究中国的金融稳定问题,需要强调SNA偿付能力对应付危机的"压舱石"作用;在防范和应对金融风险时,应把重点放在实体经济中,尤其是企业部门;在监管方面,需要完善宏观监管框架,在真实银行坏账率上升前预警风险;既要宏观审慎,又要防止对风险反应过度。

关键词 国家资产负债表 国民财富方法 SNA偿付能力 金融稳定

本轮国际金融危机以来,对于金融稳定性的关注可以说超出了以往。人们从不同角度、运用不同方法来审视金融稳定性,由此所带来的对于宏观经济学、金融学以及二者关联的反思亦是前所未有的(或许只有大萧条所产生的理论冲击可与之相提并论)。本文拟从国家资产负债表的视角来讨

---

[*] 张晓晶,中国社会科学院国家金融与发展实验室副主任、国家资产负债表研究中心主任;刘磊,国家资产负债表研究中心研究员。

论金融稳定。

一 资产负债表方法（BSA）

所谓资产负债表研究方法（Balance Sheet Approach，简称 BSA），就是利用国家（及部门）资产负债表来从事经济金融分析的方法。这一方法由 IMF 首倡，随着主权债务危机的爆发而蔚然成风。

国家资产负债表的主要功能，是依靠一系列处理数据的方法，用精心设计的理论框架，表列整个国家的"家底"，并依托这一框架，揭示各经济主体主要经济活动之间的对应关系，借以勾画一国经济运行的机制。这套框架不仅有助于我们准确把握国家经济的健康状况，了解可能产生的冲击的来源及强度，而且，在危机期间，它可为政府探讨对策空间提供基本依据。进一步，对这些存量指标（有别于作为流量指标的 GDP 等）进行时间序列分析，比较其年度间变化，还有透视一国多年经济增长"累积效应"的功能。如果更深入地分部门考察资产负债结构、变动趋势及其同其他部门的关联，我们还可从存量视角对各国经济的结构特点与体制特征进行解构，从而揭示发展方式转型面临的问题，启示未来经济发展的方向。

尽管对资产负债表等存量分析方法的关注只是近年来骤然升温，但在学术研究领域，编制、研究国家资产负债表已经有较长历史。早在 1936 年，就有美国学者提出把企业资产负债表编制技术应用于国民经济的构想（Dickingson and Eakin，1936）。资产负债核算作为一种成熟的宏观经济核算方法，形成于 20 世纪 60 年代。作为此领域的开创性工作，Goldsmith 等人曾编制美国自 20 世纪初至 1980 年若干年份的综合与分部门的资产负债表（见 Goldsmith and Lipsey，1963；Goldsmith，1982）。Revell（1966）试编了 1957~1961 年英国的国家资产负债表。自 1975 年始，英国的国家资产负债表正式由官方发布（见 Holder，1998）。在加拿大，以账面和市场价值计算的国家资产负债表，从 1990 年开始编制。至今，大部分 OECD 成员都至少公布了不含有实物资产的金融资产负债表。

资产负债表方法的兴起是与金融危机紧密相连的。早在 1979 年，克鲁格曼的一篇研究支付危机的论文中就采用了资产负债表方法分析财政赤字的货币化对固定汇率的影响（Krugman，1979）。这可以看作现代经济学应用资产负债表方法的研究开端。需要指出的是，在相当长的时期中，资产负债表一直在国民经济核算的大框架下，仅仅作为一种统计方法进入人们的视野。而自 20 世纪 90 年代拉美（如墨西哥、巴西等国）和亚洲地区相继爆发大规模金融危机以来，关于国家资产负债表编制和研究方法的讨论日趋活跃，其功能也超越单纯的统计核算，逐渐显示出成为宏观经济分析基本方法之一的强劲势头。其中尤为值得注意的是，2003~2005 年的短短 3 年间，国际货币基金组织便发表了十余篇国别资产负债表分析，并极大地推动了相关研究的发展（见 Mathisen & Pellechio，2006）。2007 年金融海啸席卷全球，资产负债表分析方法进一步得到了学界、政府以及国际机构的广泛重视与认可，国内也有学者敏锐地跟上潮流，并用之对中国经济问题展开了初步分析（易纲，2008；李扬，2009）。

总体上说，近年来在讨论金融危机的学术创新浪潮中，应用国家与部门资产负债表展开的研究已取得了重要进展。如 Allen 等人（2002）指出的，资产负债表方法的特点与优势在于，通过这一方法，可以清晰地界定出四类主要的金融风险，即期限错配、货币错配、资本结构错配以及清偿力缺失[①]，而分析考察这四类问题，则是揭示危机根源、认识危机的传导机制、理解微观经济主体应对危机的行为方式，以及研判应对政策的关键所在。其核心政策建议为宏观审慎和微观审慎监管。具体到各部门的资产负债表上，则明确建议采用审慎性原则：少计资产、多计负债。这一政策建议深入人心，并在实际监管过程中成为指导性原则。

理论界最初对于资产负债表的应用，大部分局限于金融部门、政府部门、企业部门等独立的分部门研究中。虽然偶尔也有一些研究将国民经济整体综合到一起来分析，但本质依然是基于各部门自身的。由于这种分析方法基于微观企业的资产负债表，具有比较直观的经济学含义，也更容易被大众和政策制定者所理解。

这类研究主要有三个方向。第一个研究方向集中于政府资产负债表对货币危机的影响，国债中内债与外债的结构是影响金融稳定性的重要指标。除了上文提到的克鲁格曼开创性论文外，还有一些学者也对这一研究方向做出了贡献（如 Flood & Garber，1984）。第二个方向是在原有分析中加入人

---

① 其中，前三项错配，即期限错配、货币错配和资本结构错配，又可统称为资产负债表错配。

们的行为因素，一些基于资产负债表的自我实现预言会引发或者加速危机。Cole & Kehoe（1996）在分析墨西哥比索危机时认为，国外的短期债务大量到期以及外汇资产短缺造成了投资者的自我恐慌，从而使危机的预期成为现实。这类分析方式实际上是 Diamond & Dybvig（1983）银行挤兑模型的另一种表达，之后大量分析金融危机的文章也是基于这种思想（如 Chang & Velasco，1999；伯南克，2010）。第三个方向则是将私人部门的资产负债表和政府资产负债表放到一起做综合研究。辜朝明在分析日本经济衰退时，即采用企业资产负债表衰退这一思路（辜朝明，2009）。

二　国民财富方法（NWA）

如果说第一阶段的资产负债表方法是侧重于依据审慎原则对分部门的资产负债表进行分析，那么，第二个阶段的方法就可以被称作"国民财富方法"（National Wealth Approach，即 NWA）。这是资产负债表方法的一个最新研究分支。IMF 对其研究和应用进行了系统性总结和推广（Frecaut，2016）。与前一个阶段的研究相区别，这种研究方法主要以国家资产负债表（而不是各部门独立的资产负债表）为基础，或者说不是各部门独立资产负债表的简单加总。

由欧盟委员会统计办公室、国际货币基金组织、经济合作与发展组织、联合国统计司和地区委员会以及世界银行这 5 个组织共同发布的国民统计账户体系（System of National Accounts，即 SNA）"是一套基于经济学原理的严格核算规则进行经济活动测度的国际公认的标准建议"，其目标在于"提供一套综合的概念和核算框架，以便建立一个适于分析和评估经济表现的宏观经济数据库。该数据库的存在是制定明智、合理的政策并进行决策的先决条件"（联合国等，2012）。其特点是全面性（包含全部经济体）、一致性（特定活动对所有参与主体采用相同规则）和完整性（对流量和存量同时测度）。目前这一体系已经更新至第 5 个版本，即 SNA2008。其基本框架是一个账户序列，从经常账户到积累账户，再到资产负债表，囊括了宏观经济中最重要的存量和流量指标。

IMF 的大量宏观金融分析框架都是建立在 SNA 体系之上的（IMF，2007），其中包括 2014 "政府财政统计手册"（GFSM2014）、2009 "收支平衡与国际投资头寸手册,第六版"(BPM6)以及2000"货币与金融统计手册"等。IMF的这些文件主要用于宏观框架内的政策分析,而不是金融部门的审慎性监管。

基于SNA体系的国家资产负债表,有许多不同于所有者权益的特点,对表中数据的理解和应用也不能直接从商业资产负债表的概念出发。

我们在分析研究中所用到的资产负债表分为两种类型:企业资产负债表(business balance sheet)和国家资产负债表(national balance sheet),分别基于的是企业会计原则和国民账户统计体系SNA原则。二者在许多科目上并不一致,例如"利润"这一企业会计中的科目,在国民账户体系中并不存在对应项。有一些科目虽然在二者中同时存在,却有完全不同的含义。更进一步,对这两种资产负债表的运用方向,存在本质区别:企业资产负债表基于会计上的审慎性原则,主要作用于对金融部门的审慎性监管;而国家资产负债表基于国民账户统计中的一致性原则,主要作用于宏观经济政策的制定及对其效果的预期。

SNA体系是由一系列账户顺序排列而成的,主要包括经常账户、积累账户和资产负债表。经常账户又包括生产账户、收入分配账户和收入使用账户,描绘了某个部门生产过程所产生的增加值、对增加值的收入分配以及对分配部分的消费与储蓄;积累账户主要包括资本账户和金融账户,分别描述了对储蓄部分的实物积累和金融积累。这部分实物积累相对应的是资产负债表中实物资产的变动,金融积累则对应了金融资产和负债的变动。这一系列账户从头到尾一一对应,形成一个逻辑上完全严密的统计体系。这个方法的重要特点在于每一期的金融净积累数额恒等于零(暂不考虑国外部门),即在任何时点金融资产都等于负债[①],全社会的金融资产与负债相加为零。这一重要原则是在企业资产负债表中所无法体现的,即使将全社会所有部门的企业资产负债表相加,也无法保证金融资产与负债相加为零的性质。

这里需要特殊说明的是股权和股票资产。众所周知,每个部门的融资都可以通过两种方式进行:股权和债权,而资产负债率即这个部门债权总额与债权加股权总额之比。这在企业资产负债表中,是显而易见的关系。

---

① SNA体系中不存在实物负债的概念,全部负债为金融负债。

但在 SNA 体系中并不能这样划分。举例来说，政府持有国有企业的股份，对于政府来说属于金融资产的一部分，根据 SNA 金融资产恒等于负债的原则，这部分股权对于企业来说只能划分为负债。这一划分方式，初看起来并不符合逻辑，也会影响到对全社会资产负债率的估算，但这里始终强调的是国家资产负债表主要用于宏观经济政策以及对金融危机的预防，而不是对各部门的审慎性监管。因此这种方式具有其重要的优势，我们将在后文展开表述。

为了坚持这一金融资产恒等于负债的原则，在记账中也要对普通商业会计记账方式进行改进。在一般的会计原则中，普遍采用的是复式记账原则，即"有借必有贷，借贷必相等"。举例来说，在银行危机中，银行需要减记一笔不良贷款。那么商业银行的资产负债表需要在资产和负债两方同时记录这笔操作：资产方记录一笔贷款余额下降，负债方要将自有资本减记相应金额，这才能达到资产负债表的平衡。但在 SNA 体系中，这两步操作显然是不够的。除了银行账户发生相应变化之外，还要在这笔不良贷款所对应的企业资产负债表中记录下这一行为。也就是在企业的负债方减掉相应的银行贷款负债，同时在所有者权益中加进这一数额。这一操作体现了国民经济的整体性：我们可以将其视为一个封闭的水管，任何一笔资金流动都有相应的流出方和流入方，在这个大水管中不存在黑洞。由此形成了 SNA 记账中的"四步体"（quadruple entries），一笔交易需要在资产负债表的四处有所体现。相应的"借"和"贷"概念也被国民账户体系中的"来源"和"运用"所替代。

三　国家资产负债表编制与研究的最新进展

就国内而言，中国的资产负债表编制与研究起步较晚，但也取得了不少成就，在新兴经济体中是佼佼者。

中国国家统计局在 20 世纪 90 年代就引进了国家资产负债表，并在 2004 年发布了 1998 年的国家资产负债表。且在 1997 年和 2007 年两次出版《中国资产负债表编制方法》，但之后统计局的国家资产负债表的编制一直处于试编阶段，且未公开发布。

2012 年，关于国家资产负债表研究，几乎是同时出现了三批力量。一个是曹远征牵头，另一个是马骏牵头，分别编制了一些年份的中国国家资产负债表（曹远征、马骏，2012）；还有就是李扬牵头的中国社会科学院课题组（李扬等，2012）。再后来，又有新生力量加入，如杜金富等（2015）、余斌（2015），他们更侧重于政府资产负债表的编制。国家统计局计划在2017年底发布中国2015年的国家资产负债表。

目前，坚持编制与定期发布国家资产负债表数据的就只有中国社会科学院国家资产负债表研究中心[①]。该中心估算了自2000年以来的中国国家资产负债表以及自1996年以来的债务杠杆率（李扬等，2013，2015），相关数据成为分析研判国家能力、财富构成与债务风险的权威依据，并被国际货币基金组织（Li and Zhang，2013；Frecaut，2017）、世界财富与收入数据库（WWID）（Piketty等，2017）以及国际主流学术期刊（Naughton，2016）所引用，由此奠定了中心在该领域的国际话语权。主要研究成果囊括了首届"孙冶方金融创新奖"在内的国内诸多重要学术奖项。

就国际而言，全球主要发达国家都有定期公布的国家资产负债表。但由于学术界对存量经济指标的理解和应用尚缺乏共识，各国编制资产负债表的目的也不尽相同，因此各国的国家资产负债表仍没有形成如GDP这类流量指标一般的统一标准。2008年的全球金融危机推动了全球各国资产负债表编制的进展。金融危机之后，美联储和欧央行对国家资产负债表和资金流量表所体现出的指标更为重视[②]。由欧央行几位经济学家编写了两卷本的从资金流量表分析金融危机的著作（Winkler等，2013），这标志着中央银行学者从国家资产负债表角度理解这次金融危机的尝试。

除经济学家外，国民账户统计专家也开始对这一问题产生兴趣。由OECD组织的"金融统计研讨会"是一年一度探讨改善金融统计指标质量的学术会议。2016年10月，这一会议的年度主题定为"资产负债表数据的汇编与运用"。来自IMF、国际清算银行（BIS）、6个国家（智利、德国、印度、日本、墨西哥和葡萄牙）的央行以及澳大利亚国家统计局的专家学者参与了这次会议。IMF也在2015年3月举办过类似的深度会议研讨"资

---

① 由隶属中国社会科学院国家金融与发展实验室的国家资产负债表研究中心负责编制发布。
② 根据SNA体系，金融资金流量表与资产负债表中的金融资产和负债指标一一对应，可以将资金流量表看作资产负债表中相应项目的单期变化量。

负债表及各部门账户",召集全球学者对这一问题进行讨论。对国家资产负债表的编制普遍有三点共识。第一,各国标准尚未统一,基于各国特殊情况的不同假设为资产负债表的国际比较造成困难,因此急需建立具有可操作性的国际统一标准。第二,各国国家资产负债表存在一些普遍的缺陷,例如时效性较差、频繁修正、缺乏与企业资产负债表的比较以及实物资产估值标准不统一等,这些困难需要全球统一的标准来解决。第三,越来越多的政府与学者开始对国家资产负债表进行研究,取得的进步越来越大(Frecaut,2017)。

对国家资产负债编制规范的进一步统一,是当前各国需要解决的重要问题。IMF 也在呼吁建立一个跨国合作"全球资产负债表项目",召集相关的专家学者分享经验并统一各国间的假设标准和统计规范,从而使国家资产负债表对金融危机和金融稳定性研究产生更重要的作用。这需要宏观经济学家、国民账户统计专家和金融专家的密切配合。

四 NWA 视角下的金融稳定

在国家资产负债表视角下,对许多经济行为的认识会增加一个角度,对问题的观察也更为全面。与传统资产负债表方法相比,NWA 为我们提供了三个增强金融稳定性的途径:危机的预警、损失的估算与政策反应。在这三个方面,采用国家资产负债表更有可能得出正确的结论。

(一)无效投资与金融危机的延时预警

当银行发现并减记一笔非金融企业的违约贷款时,在国家资产负债表中所反映的是一笔净资产从银行部门向非金融企业部门的转移。国民净财富并未发生变化,而只是在部门间转移了。在现实中,违约贷款是造成金融危机的重要导火索。我们在讨论杠杆率、债务率等指标时,本质也是在担心违约贷款大规模爆发对国民经济和金融体系的系统性影响。这里将违约贷款看作一笔财富转移,有利于对金融危机的提早预警、加强金融稳定性。

银行减记贷款发生在一瞬间,一般是与确认这笔贷款无法偿还的某一事件相伴随的。但在实际经济过程中,这一财富转移过程并非瞬间完成,一笔贷款成为违约贷款在很长一段时间内逐步经历了量变到质变的过程。因此，之前在国民经济账户中所记录的各项经济指标是有"水分"的，需要进行调整。最终确认的这笔财富转移，应该在经济运行过程中分步记录下来，但实际的国民账户统计中并没有记录。由此得出的一个重要结论是，由生产过程所记录的经济增加值被高估了，这部分表面上看来是由企业生产所产生的增加值，实际上仅仅是由银行部门的财富转移产生的。多记增加值的一个主要途径在于将无效投资确认为真实投资。这部分无效投资并未带来总产出和总资产的上升，而仅仅是经济活动中的中间消费。借鉴 Frecaut（2016）提供的数值范例，我们简要复述如下。

表1 无效投资对国民统计账户的影响

	非金融企业	统计指标	现实经济指标
	1. 生产账户		
1	产出	5000	5000
2 = 3 + 4	中间消费	2000	2300
3	正常成本	2000	2000
4	无效投资	0	300
5 = 1 - 2	增加值（GDP）	3000	2700
	2. 收入分配账户		
6	劳动者报酬	2600	2600
7 = 5 - 6	经营剩余	400	100
8	利息支付	120	120
9	股息支付	70	70
10 = 7 - 8 - 9	初次分配收入	210	-90
11	收入税	110	110
12 = 10 - 11	储蓄	100	-200
	3. 积累账户		
12	储蓄	100	-200
13 = 14 + 15	固定资本形成	1000	700
14	实际经济价值	700	700
15	无效投资	300	0
16 = 12 - 13	净借出（+）/借入（-）	-900	-900

续表

	非金融企业	统计指标	现实经济指标
17 = −16	银行贷款净增额	900	900
	4. 资产负债表		
18	固定资产	1000	700
19	银行贷款	900	900
20 = 18 − 19	所有者权利	100	−200
	银行资产负债表		
21	对企业贷款	900	900
22	存款	800	800
23 = 21 − 22	所有者权益	100	100
	国民财富		
24	非金融企业	100	−200
25	银行	100	100
26 = 24 + 25	总体	200	−200

注：表中第 1 列中数字表示对应的第 2 列中的指标。

数据来源：Frecaut（2016）。

表 1 是一个典型的 SNA 账户序列，描述了非金融企业的生产账户、收入分配账户、积累账户和资产负债表。为了总结无效投资对整体经济的影响，后面还列出了银行资产负债表和整体国民财富。

在第一部分"生产账户"中，一笔 300 单位的无效投资使中间消费从 2000 变为 2300。这笔中间消费并未在统计账户中显示出来，因此相应拉高了统计数据上显示的 GDP。实际生产过程中所产生的增加值只有 2700，却被误记为 3000。无效投资（中间消费）被误记为投资是导致 GDP 虚高的重要原因。

第二部分"收入分配账户"不受影响。但由于整体增加值下降了，储蓄也相应由正转负。

第三部分"积累账户"中从银行的 900 单位贷款不受影响，但这部分贷款的用途需要重新解释。统计指标显示的是这 900 贷款加上企业的 100 储蓄共同转化为当期的 1000 投资，从而使固定资本也增加 1000。但真实情况是这 900 贷款仅形成了 700 的净投资，其余部分则是用于弥补 200 单位的储蓄缺口，这部分缺口是由无效投资所带来的。

由此，在"资产负债表"中虽然显示了100单位的所有者权益，但真实情况是：这笔净股权是负的。

银行的资产负债表并未受到影响，这与企业资产负债表分析方法有重大区别。按照传统审慎性原则，当银行发现一笔疑似不良贷款后，会提取相应的准备金，这又会影响到银行的资本金。但从国家资产负债表角度看，问题的起源在于企业，问题的发展也全部表现在企业部门。增加金融稳定性更应该从问题的源头入手，而这个源头并不是银行部门。只把监管重点放在金融部门，会忽视一些重要风险的积累，并使得对风险的预警产生延时。

总之，加强金融稳定性的重点在于对整个国家资产负债表进行全面监控，及时发现问题的源头，并提早从源头上进行监管，降低金融危机发生的可能。

（二）风险损失的过高估计

金融危机发生时，对整体经济损失的精确估算是重要的。这既会影响到政策制定者面对危机时的政策反应，也会影响到参与经济活动的各部门信心。然而，如果没有一个整体国家资产负债表框架的话，极容易在传统审慎性原则下高估危机所带来的损失。表1的例子中，非金融企业300单位的无效投资可能会对银行资产质量产生影响，一旦成为不良贷款就会使银行资本金遭受相应损失。但同时，由于这笔无效投资，GDP在过去虚增了300单位。现实经济并未遭受损失，这笔财富仅仅是从银行部门转移到了企业部门。银行受到资本金下降的影响会进一步缩减贷款，影响到宏观经济运行，但损失并不应包括这300单位的不良贷款。

在"四步体"记账法的框架内，任何金融资产的交易都是金融资产从一个部门流动到另一部门，既不会凭空产生，也不会蓦然消散。在对损失的估计中，只能计算一次，或者是企业部门，或者是银行，而不能二者同时重复计算。

只有一种情况，会使金融交易对实物资产和实际经济产生影响，那就是金融资产和负债的分布影响到了实际经济中的投资和生产。如上例中，银行不良贷款的增加会影响到其资本金，进而影响银行的放贷能力。不能获得充分融资支持的企业，无法实现理想中的投资规模，从而拉低了投资和产出，这才是真实的影响。企业部门也类似。当企业资产负债率恶化、利息支出过高，企业用新增储蓄偿还负债会减轻未来的财务压力，当这一效用超过了用储蓄进行投资所带来的收益时，企业便失去了投资意愿，而是将目标设定为修复其自身的资产负债表，投资和产出也被相应拉低了。这一循环就是辜朝明所描述的资产负债表衰退（辜朝明，2009）。

IMF 的经济学家也曾以 1990 年代末印尼金融危机为例，用国家资产负债表估算过金融危机所带来的实际损失。作者将 500 亿美元的银行违约贷款损失进行拆解和溯源，认为最终银行的损失应为 330 亿美元，而对 GDP 的影响应为 100 亿美元（Frecaut，2004）。这种精确的拆解与估算有利于政策制定者做出更准确的反应。

（三）对风险的过度反应

有了对风险的过度估计，就一定会产生政策的过度反应。甚至一些本不该造成系统性风险的事件，由于审慎性原则的过度监管，最终会通过自我实现预言而造成人为的金融危机。

举例来说，银行对房地产开发企业的一笔短期贷款，由于一些偶然的环境因素暂时成为不良贷款。银行究竟是应该减记这笔贷款并缩小未来的放贷规模，还是采用借新还旧的策略用一笔新增贷款来缓解企业财务压力，这是银行和监管当局所面临的选择。实行不良贷款减记，无疑会损害到经济增长，却是在经济增长本身已经面临瓶颈之时预防更大规模系统性风险的正确处理途径。然而，如果实体经济本身并没有出现问题，房地产企业无法按时还本付息仅仅是由于一些暂时性事件的影响（比如政府的地产调控政策），或者仅仅是由于房地产企业自身资产负债表的结构问题（比如大量短期负债对应着长期资产），那么审慎的监管政策便会伤害到实体经济的正常发展。更为严重的是，如果这一循环持续下去，银行的不良贷款会进一步增加，从而引发系统性金融危机。讽刺的是，这类金融危机恰恰是由审慎性监管原则所引发的。

因此，为加强金融稳定性，在实际政策反应中应尽量掌握整体宏观经济的状况，将实体经济和实物资产作为判断基准。例如，在分析银行不良资产时，应将审慎性标准下得出的不良资产再一分为二：一部分是借款者确实已经丧失还款能力，这部分资产已经实现财富从银行到企业的转移；

而另一部分仅仅是银行出于审慎原则的记账，这部分财富转移并未发生，在 NWA 原则下应该忽视这部分不良资产。

这里尤其需要强调的是流动性危机。外部市场变化、人们的心理影响、短期的政策变化等因素产生的流动性危机在发生之初，并没有对实体经济和实物资产产生任何影响。相比于真实的危机，其影响也小得多。但处理不当的流动性危机既有可能上升为系统性金融危机，也有可能在其他因素引发的金融危机之中使问题更严重。在处理这类问题时，应有更清醒的认识，做出与审慎性原则相反的处理方式。这次全球金融危机与大萧条的一个重要区别，就在于美联储对危机的反应和处理方式上。在面临流动性危机时，由政府背书的流动性供给很大程度上缩小了危机的规模和影响。

五 NWA 视角对分析当前中国金融稳定的含义

NWA 强调应以实物资产（净财富）作为国家资产负债表及金融稳定性分析的基石。既然金融资产的交易是财富中性的，其规模大小只能通过间接的方式影响净财富在国家部门间的分配，国家净财富的绝对数额及其在各部门间的分配比例才是在处理和预警危机时最重要的"锚"。起源于实体经济的危机，直到其爆发时对银行等金融部门所产生的作用只是由于实物资产与金融资产的不匹配。对危机的预警与应对，也应将重点放置于对实物资产和实体经济的影响上。

（一）SNA 偿付能力是应对危机的"压舱石"

所谓 SNA 偿付能力（SNA-solvent），是指在面临危机时，从国家资产负债表角度，尤其是从实物资产净值角度计算出的偿付能力。这种估算一般会比从基于审慎性原则的估算结果更为乐观。尽管偿付能力视角有时候会对资产的流动性或变现能力估计不足，但这种从全局考察危机的方法，能够处乱不惊，更有利于形成处置危机的有序方案。

结合中国的净资产数据，在面对金融风险问题时，我们相当于吃了定心丸，不必被一些危机的言论吓倒，或者出现一些局部性的风险就临大敌、过度紧张。我们最近的估算结果表明，2000~2016 年，中国主权负债从 19.3 万亿元上升至 126.2 万亿元，上升 5.5 倍；中国的主权资产也同步增长,从35.9万亿元上升至229.1万亿元,上升了5.4倍。这样,中国政府所拥有的资产净值在该时段显著上升,从16.5万亿元上升到102.9万亿元,上升了5.2倍。即使剔除掉变现能力较差的行政事业单位国有资产以及国土资源性资产,我们的政府部门资产净值也为20.7万亿元。无论宽口径还是窄口径,中国的主权资产净额都为正。这表明中国政府拥有足够的主权资产来覆盖其主权负债。因此,相当长时期内,中国发生主权债务危机的可能性极低。不过,包括养老金缺口、银行显性和隐性不良资产在内的或有负债风险,以及后融资平台时代地方政府新的或有负债风险值得关注。

(二) 在防范和应对金融风险时,应把重点放在实体经济中,尤其是企业部门

虽然在传统的企业资产负债表方法中,某些核算原则会导致全社会存在净财富损失;但在SNA体系中,金融资产是中性的,只存在财富转移,不存在金融损失。因此大部分反映在银行体系中的风险其实只是实体经济问题的二阶反应,其背后的核心问题在于企业的投资不善(无效投资)。传统应对金融风险的步骤按照顺序一般是对银行的紧急支持、债务重组、企业重组。这是以金融部门为核心的监管思路,对问题的处理是间接的。在SNA体系中,问题出在企业,那么对企业进行有效管理特别是企业资源的有效配置显得更为重要。这也是中国当前面临的重要问题。由于经济结构等因素,当前还存在大量只能靠政府或银行"输血"才能维持的"僵尸企业"。这些企业在经济活动中制造了大量的无效投资,浪费了财政补贴、银行贷款以及其他的实物和人力资源。这也是当前政府大力去产能的重要背景,只有化解产能过剩、清理"僵尸企业",才能从根本上增强中国金融的稳定性,并有助于缓解财政压力和道德风险问题。

(三) 完善宏观监管框架,在真实银行坏账率上升前预警风险

从实体经济的无效投资到银行的资产减记有一个过程,银行坏账往往是这个过程的最后一步。也就是说,在我们看到银行出现坏账之前,实体经济部门(企业)无效投资的损失早已发生了。银行资产减记只是对这一过程的最终确认,是延迟反应而已。当前我国的银行不良资产比率仍处于较低水平(见图1)。但随着经济增速下台阶以及大量"僵尸企业"的存

在，加上美国进入加息周期给中国利率上升带来的压力，未来企业还款付息能力将面临严峻考验。另外，我们的金融体系还面临影子银行、表外业务等问题，这些问题或者不在监管当局的视野之内[①]，或者已经纳入监管范围但对其还未有全面认识，这些都是我们在判断银行风险时需要格外注意的。中国目前正在建立一整套兼具宏观审慎政策性质和货币政策工具性质的监管框架，将国家资产负债表纳入考虑后将使这一框架更为完整。

此外，为加强在应对危机中的财政恢复能力，政府还可以对不良资产做出更积极的管理。例如，在当前监管规则下银行减记不良贷款不会影响到财政收入。而按照 NWA 方法这笔减记本质上是财富的转移，政府可以在这笔转移支付过程中适当征税，从而进一步加强财政恢复力以应对风险。

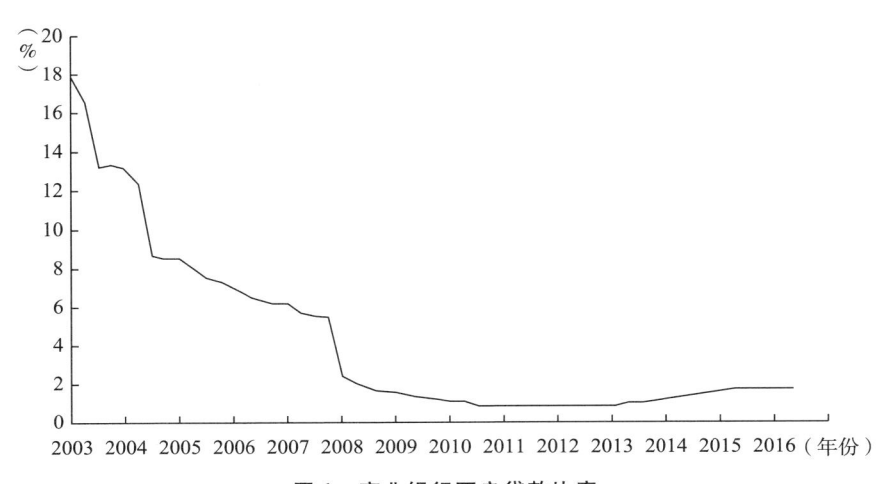

图 1　商业银行不良贷款比率

数据来源：中国银监会。

（四）既要宏观审慎，又要防止对风险反应过度

加强金融稳定，既要宏观审慎，时时刻刻把防范风险放在第一位，又要客观实际，对风险的范围和程度有清醒认识，避免过度反应。这是对政策当局的严峻考验。

---

① 银监会（2012）将影子银行定义为未纳入监管的金融活动。

本轮国际金融危机之后，国际组织、中央银行、监管当局和学术界都开始广泛关注宏观审慎政策。有效的宏观审慎政策框架一般包括时间维度和结构维度两个层面，核心是必须具备逆周期调节杠杆的能力和手段。针对金融机构的顺周期加杠杆问题，巴塞尔协议Ⅲ在最低监管资本要求之上增加了逆周期资本缓冲、系统重要性附加资本等新的要求，并对金融机构流动性提出了更高要求。针对金融市场，各国也在尝试采用逆周期和跨市场的杠杆管理，如房地产市场的贷款价值比（LTV）、股市和债市的杠杆率/折扣率规则等。中国人民银行自2016年起将差别准备金动态调整机制升级为宏观审慎评估体系（MPA），从资本和杠杆、资产负债、流动性、定价行为、资产质量、跨境融资风险、信贷政策执行情况七大方面对金融机构的行为进行多维度的引导。此外，自2016年5月起将全口径跨境融资宏观审慎管理扩大至全国范围的金融机构和企业，对跨境融资进行逆周期调节，控制杠杆率和货币错配风险。在具体方法上，人民银行的MPA具有鲜明的"中国特色"：一是在考察信贷偏离程度时，中国更重视信贷增长要满足实体经济发展的合理需要。国际上主要通过考察整体信贷和GDP比值与趋势值的偏离程度来确定逆周期资本缓冲，而中国考察的是信贷增速与名义目标GDP增速的偏离。二是国际上逆周期资本缓冲的比例对所有金融机构都是一样的，而中国还要考察每个金融机构对总体信贷偏离的影响，对总体偏离程度影响大的金融机构要求更多的逆周期资本缓冲（张晓慧，2017）。

影子银行和表外业务的过快发展，在不断拉长金融体系内部的资金运转链条，产生大量资金空转现象，这些资源未能实现有效服务于实体经济的目的。从图2中可以明显看出2009年以来我国金融部门内部的资金往来占比不断增加，这是影子银行不断发展的直接体现。在缺乏监管的环境下，金融部门内部的杠杆水平快速上升，很容易由局部风险引发金融部门的系统性风险。然而金融体系从整体上对实体部门的支持并未发生显著变化，新增存款、贷款和社融总量与GDP的比例在近20余年内基本保持稳定，金融危机后还略有下降（如图3所示）。由于金融部门内部链条加长，实体经济相应的融资成本也随之上升，大量无效投资也由此产生。加强MPA监管，实质是在金融部门内部去杠杆，防止金融部门内部的过度杠杆化，而在国家资产负债表层面则表现为更有效地为实体经济服务，降低实体经济的财务成本。

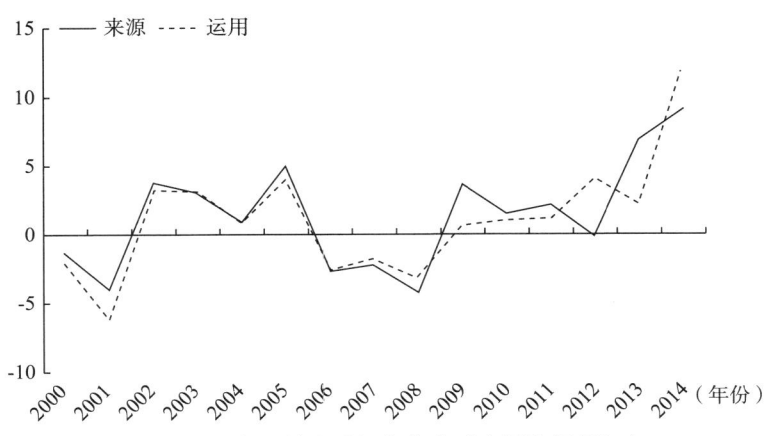

图2　金融部门的金融机构往来（来源和运用）与资金来源和运用合计的比例

注：数据为中国人民银行公布的资金流量表中金融部门的金融机构往来占金融部门资金来源和运用的比例。

数据来源：中国人民银行。

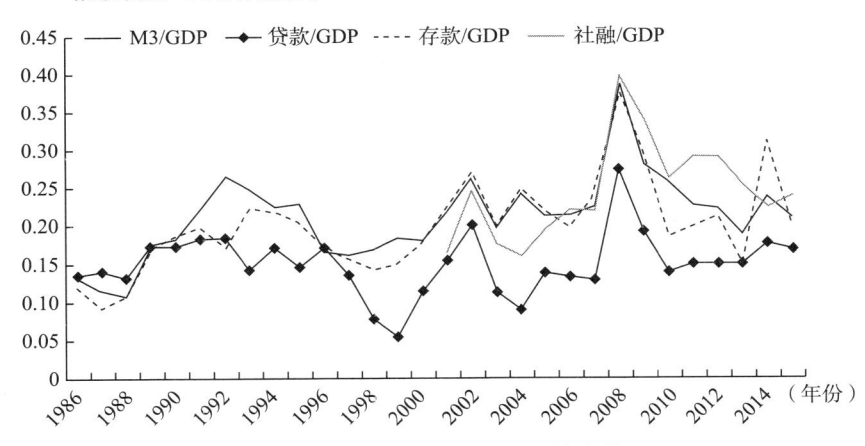

图3　金融资产增量与GDP的比值

数据来源：中国人民银行、国家统计局。

出于防范金融风险（或危机）的需要，人民银行的MPA（以及监管部门的"监管风暴"）是完全有必要的。问题只在于，宏观（甚至微观）审慎要做到什么程度，特别是这些政策怎样和保持稳定增长一致起来。前面提到，审慎原则下的不良资产可分成两部分：一部分是借款方确实没有还款能力（财务上破产），这部分资产（或财富）已经从银行转到了企业；另一部分是银行根据审慎原则（如 MPA）所形成的不良资产，这部分的财富转移事实上并未发生。比如一些企业还本付息困难可能只是短期的（如政府加强了调控、监管或短期负债对应长期资产形成的期限错配），这时候单纯强调 MPA 就可能会不利于实体经济正常发展。换言之，如果为实现金融部门去杠杆，单纯强调 MPA，就可能难以真的降低金融风险。相反，这种做法若伤及实体经济，还会恶化金融稳定。因此，我们需要在实施 MPA 的时候，兼顾 NWA 的视角，即实体经济的财富转移或减记是否真实发生，以及由此造成的对于金融稳定的实质性影响。

参考文献

[1] Allen, Mark, Rosenberg Christoph, Keller Christian, Setser Brad, and Roubini Nouriel, "A Balance Sheet Approach to Financial Crisis", IMF Working Paper, No. 02/210, 2002.

[2] Barry Naughton, "Is China Socialist?", *Journal of Economic Perspectives*. Vol. 31, No. 1. Winter. 2017.

[3] Chang, Roberto and Velasco, Andres, "Liquidity Crises in Emerging Markets: Theory an Policy", NBER Working Paper, No. 7272, 1999.

[4] Cole, Harold and Kehoe, Patrick, "A Self-Fulfilling Model of Mexico's 1994 - 1995 Debt Crisis", *Journal of International Economics*, Vol. 41, November, pp. 309 - 330, 1996.

[5] Diamond, Douglas and Dybvig, Philip, "Bank Run, Deposit Insurance, and Liquidity", *Journal of Political Economy*, Vol. 91, pp. 401 - 419, 1983.

[6] Dickinson, Frank, and Eakin, Franzy, A Balance Sheet of the Nation's Economy. University of Illinois. 1936.

[7] Flood, Robert and Garber, Peter, "Collapsing Exchange Rate Regimes: Some Linear Examples", *Journal of International Economics*, Vol. 17, pp. 1 - 13, 1984.

[8] Frecaut, Olivier, "A National Wealth Approach to Banking Crises and Financial Stability", IMF Working Paper, No. 16/128, 2016.

[9] Frecaut, Olivier, "Indonesia's Banking Crisis: A New Perspective on $ 50 Billion of Losses", *Bulletin of Indonesian Economic Studies*, Vol. 40, No. 1, 2004.

[10] Frecaut, Olivier, "Systemic Banking Crises: Completing the Enhanced Policy Respon-

ses", Working Paper, 2017.

[11] Goldsmith, R., W., and Lipsey, R. E., *Studies in the National Balance Sheet of the United States*, Princeton University Press. 1963.

[12] Goldsmith, Raymond W., *The National Balance Sheet of the United States, 1953 – 1980*, The University of Chicago Press. 1982.

[13] Holder, Andrew., Developing the Public-sector Balance Sheet, *Economic Trends*, No. 540, pp. 31 - 40. 1998.

[14] IMF Statistics Department, "The System of Macroeconomics Accounts Statistics—An Overview", Pamphlet Series No. 56, 2007.

[15] Krugman, Paul, "A Model of Balance of Payments Crises", *Journal of Money, Credit and Banking*, Vol. 11, pp. 311 - 325, 1979.

[16] Laeven, Luc and Valencia, Fabian, "Systemic Banking Crisis Database", *IMF Economic Review*, Vol. 61, No. 2, 2013.

[17] Li, Yang and Zhang, Xiaojing, 2013, "China's Sovereign Balance Sheet and Implications for Financial Stability", in *China's Road to Greater Financial Stability: Some Policy Perspectives* (editor: Udaibir S Das, Jonathan Fiechter and Tao Sun), IMF Press, 2013.

[18] Mathisen, Johan, and Pellechio, Anthony, Using the Balance Sheet Approach in Surveillance: Framework, Data Sources, and Data Availability, IMF Working Paper, WP/06/100, 2006.

[19] Piketty, Thomas, Li Yang and Gabriel Zucman, 2017, "Capital Accumulation, Private Property and Rising Inequality In China, 1978 - 2015", NBER Working Paper 23368.

[20] Sheng, Andrew and Ng, Chow Soon, "Shadow Banking in China: An Opportunity for Financial Reform", John Wiley & Sons Ltd., UK, 2016.

[21] Sheng, Andrew, 2016, *Shadow Banking in China: An Opportunity for Financial Reform*, Wiley; 1 edition.

[22] Winkler, Bernhard, van Riet Ad, and Bull Peter, "A Flow - of - Funds Perspective on the Financial Crisis", Palgrave Macmillan, UK, 2013.

[23] 伯南克:《行动的勇气:金融危机及其余波回忆录》,蒋宗强译,中信出版集团,2010。

[24] 曹远征、马骏:《问计国家资产负债表》,《财经》2012年6月11日。

[25] 杜金富等编著《政府资产负债表:基本原理及中国应用》,中国金融出版社,2015。

[26] 辜朝明:《大衰退》,东方出版社,2009。

[27] 李扬：《要从资产负债表来控制资产泡沫》，2009年夏季达沃斯论坛发言，见http://money.163.com/09/0910/15/5IS2VHQJ00253NDC.html。

[28] 李扬、张晓晶、常欣等：《中国国家资产负债表2013——理论、方法与风险评估》，中国社会科学出版社，2013。

[29] 李扬、张晓晶、常欣等：《中国国家资产负债表2015——杠杆调整与风险管理》，中国社会科学出版社，2015。

[30] 联合国、欧盟委员会、经济合作与发展组织、国际货币及基金组织、世界银行：《2008年国民账户体系》，中国统计出版社，2012。

[31] 庞巴维克：《资本实证论》，商务印书馆，1997。

[32] 易纲：《中国能够经受住金融危机的考验》，《求是》2008年第22期。

[33] 银监会：《中国银行业监督管理委员会2012年报》，2012。

[34] 余斌：《国家（政府）资产负债表问题研究》，中国发展出版社，2015。

[35] 张晓慧：《宏观审慎政策在中国的探索》，《中国金融》2017年第11期。

专 题 篇

中国普惠金融发展:理论、现状与对策

何德旭 苗文龙*

摘 要 发展普惠金融应明确普惠金融的功能、原因。本文在明确普惠金融功能体系的基础上,分析中国普惠金融的主要瓶颈问题,并理论分析金融适度竞争对普惠金融发展的促进。进而根据金融制度变革,归纳阻碍普惠金融发展的原因是金融排斥——主要类型是经济发展战略、金融制度安排、金融市场结构、社交关系支配、风险评估约束。解决金融排斥问题、提高金融包容度,本质上要有针对性地解决这些排斥问题、使金融体系具备这样的功能——突破现有的金融风险管理瓶颈,为对社会发展有价值、有贡献的资金需求项目提供一种公平的融资机会。真正实现普惠金融的发展,需要调整现有的金融制度、提升风险管理水平、提升金融市场分层和竞争程度,而这些方法有效实施的基础仍然是公平、高效的法律体系和信用体系。

关键词 普惠金融 金融排斥 金融包容

一 引言

金融制度演革到现在,尚未完全具备竞争市场的理想功能,交易主体

---

* 何德旭,中国社会科学院财经战略研究院院长、研究员、博士生导师;苗文龙,陕西师范大学国际商学院副教授。

仍无法自由进出金融市场，市场也不能为每个主体提供公平、公开的交易机会，资金借贷并不完全由资金需求者的预期偿还能力决定，金融排斥问题无处不在。即使一些市场主体预期具有良好的偿还潜力，但由于现有资产量较低、不具备必要的社会关系或不够缴纳"金融租金"门槛，难以改善当前的资金困局。这种机制不仅造成金融资源配置效率降低、金融风险积聚膨胀，而且正在成为经济发展和社会前进的桎梏。

为了解决金融排斥问题、深入推进包容性发展、实现经济成果共享，各国从不同层面推进普惠金融的发展。联合国在推广"2005国际小额信贷年"时提出构建"普惠金融体系"（inclusive financial sectors），这与各国金融、经济、社会发展的诸多问题息息相关，因而受到广泛关注。对于中国而言，这一理念与中国所提倡的"包容性（inclusive）发展"、"和谐发展"等战略思想一致。普惠金融旨在解决现实中"三农"、中小企业等弱势领域的金融支持问题，通过提供优质、高效的金融服务，帮助弱势群体充分利用金融资源，提升自身的经济能力和社会地位，促进经济和社会的协调发展。"在此背景下，小额信贷的发展经历了从以扶贫为宗旨到扶贫和机构自身可持续发展并重的转变过程"（张伟，2011）。在这一过程中，出现了一种专门为穷人提供小额贷款、储蓄、保险和汇款等一系列金融服务的机构，即"微型金融机构（Microfinance Institutions，简称MFIs）"（Imboden，2005）。随着微型金融的不断发展，参与主体呈现多样化特征，所提供的金融产品和服务也不断丰富。

同时，人们认识到普惠金融制度不应被边缘化。杜晓山（2006）认为，普惠性金融是国家主流金融体系的有机组成部分，能提供高质量的金融服务以满足大规模群体的金融需求，且主要致力于拓展更贫困和更偏远地区的客户群体、降低金融需求群体和服务提供者双方的成本。焦瑾璞、陈瑾（2009）从金融发展的角度来看，认为普惠金融体现了金融公平，强调全民平等享受现代金融服务的理念，是对现有金融体系的反思和完善。王曙光、王东宾（2011）从经济发展的角度来看，认为普惠金融能提高人民收入、消除贫困，进而扩大内需、改善城乡二元结构，对于中国经济增长方式的改变和可持续发展具有重要意义。

然而，普惠金融制度发展状况仍有不如人意之处。当前主要依赖国家政策的扶持和政府的推动，尚未形成一种效率更高的金融包容性机制。即便是国家政策引导、支持或拨付资金给金融中介，但金融中介为了降低管理成本，很少选择具备真正偿还能力的资金需求群体，而是"任务式"地一概而论，造成有普惠金融之名号、未实现金融普惠之功能，未能包容更多的有利于社会发展的、具备良好信用的资金项目。关于普惠金融制度的研究文献也尚未形成规范的理论体系，漏洞、错误时有所见，归纳起来主要体现在：一是未清晰界定普惠金融功能和体系。二是未系统研究金融排斥的情形和主因，因此发展普惠金融制度的建议就缺少针对性、实效性和系统性。三是未剖析普惠金融制度的实质和核心，因此将普惠金融和贫困救助混为一谈，造成现有普惠金融体系庞杂低效。四是未能根据普惠金融实质提出稳健性发展建议。本文主要从这四个方面进行研究和完善。

二 理论分析

（一）金融功能与金融约束

金融体系在整个经济体系中之所以发挥着资源配置的核心作用，原因在于金融具有"在时间和空间上转移资源、管理风险、清算和支付清算、储备资源和分割股份、提供信息、解决激励约束"等六大功能（Bodie 和 Merton，2000）。通过金融功能，降低各部门经济往来关系的交易成本、提高交易效率。在实际运行中，金融效率受制于金融制度规则、风险管理能力、基础设施网络等因素，有时成为经济交易的约束，反而提高了交易成本。具体表现在三个方面。

第一，信息技术网络制约，清算和支付清算运行范围和运行效率有限。一是支付清算体系和网络不能满足不同地区社会公众的商品、服务、资产等日常交易的资金支付清算需求，特别是已经具备网络通信技术和设施而缺少金融机构清算服务的地区。二是依据国家建设的通信网络，在提供清算服务时按照垄断价格收取各种费用，提高了公众的支付清算成本。

第二，管理风险能力较低，未能逐步降低风险管理成本、扩大金融服务对象，特别是贷款对象。管理风险功能是金融六大功能的综合能力体现，影响其他功能的发挥程度。按照银行的口径，金融机构管理的风险主要是信用风险、操作风险、市场风险，由于管理能力较低，未能逐步提高风险分析、风险评估、风险防范等技能方法并降低风险管理成本，较省力的方法就是将具备良好信用但不满足当前评估方法要求的群体排除在服务范围之外。具体表现就是贷款集中度居高不下。

第三，金融机构准入制度门槛较高，金融服务竞争程度较低，成为制约金融效率的重要原因。如果金融市场只有一家金融机构，众多的金融交易者只能选择这一家机构进行储蓄、申请贷款、办理支付清算，金融机构显然可以按照独家垄断的价格和公众进行金融交易，其效率必然是垄断厂商的效率，很少有提高风险管理能力和金融服务效率的动力。当金融市场有两家金融机构时，在面对社会公众时，无形中就有了一定的竞争，促使它们改进金融服务、提高风险管理能力和服务效率；即使可能形成寡头联盟，但联盟的稳定性和持续性都较低。当金融市场上金融机构数量增加，金融服务竞争程度提高，风险管理能力和交易效率提高，服务范围扩大，居民和企业可选择的余地就加大（见图1、图2）。

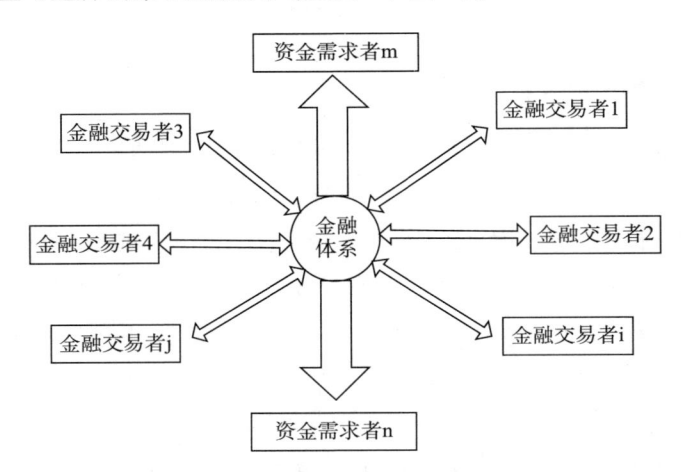

图1　少数垄断型金融体系融资关系

因此，金融体系理论上具有六大功能，但功能的实现程度被现实的金融资源所制约，例如金融网络资源约束、金融资金供给约束、金融资产管理约束等。这些金融制约使本来具备金融需求能力的群体无法通过金融体系实现经济交易。普惠金融本质上就是提高金融竞争能力和风险管理能力、突破现有资信评估瓶颈、降低金融服务成本、扩大受惠群体。但究竟如何推动普惠金融发展呢？我们认为关键是在提升风险监管能力的基础上降低金融审批门槛、提高金融有效竞争性。下文将从竞争视角研究单一机构与多机构金融制度对普惠对象（项目）选择、金融风险管理的影响。

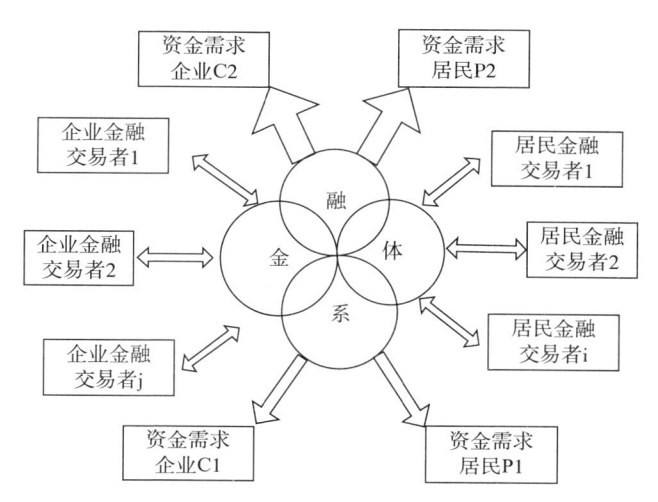

图 2　适度竞争型金融体系融资关系

（二）金融适度竞争加强与金融功能提升：单一机构与多个机构的比较分析

在沿用 Bolton & Freixas （2000）、Jian & Xu （2004） 假定和解释框架的基础上，构建一个简单的三阶段投资项目选择模型，对比单一金融机构与多个金融机构项目选择和风险管理内在机制差异。

1. 项目类型与投资阶段

为简化分析，本文根据现实情况提出如下简化条件。

假定1：企业投资资金分为内源性和外源性，假定内源性融资为0，投资全部为外源性融资。外源性融资主要有两种类型金融市场——单一机构市场和多机构市场。项目劳动投入为单位1。

假定2：项目有"好"、"坏"两种类型。好项目的概率为 q，坏项目的概率为 $(1-q)$。两种类型项目的收益不同，都可以表示为未来利润的现值。好项目的收入表示为：$Ag_t \sum_{\tau=t+1}^{\infty} (1+\rho)^{-(\tau-t)} \pi_\tau$。其中，$Ag_t$ 是项目在时期 $t+1$ 的收入，ρ 为折现率，π_τ 为项目每期收入的增长率。坏项目的收入表示为：$Ab_t \sum_{\tau=t+1}^{\infty} (1+\rho)^{-(\tau-t)} \pi_\tau$。好坏项目的成本不同。在时期 t，好项目经过两个阶段投资就可以完成，分别需要投入资金为 I_{1t}、I_{2t}，并且是盈利的。坏项目需要三个阶段投资才能完成，资金投入分别为 I_{1t}、I_{2t}、I_{3t}，投入的 I_{1t}、I_{2t}

为沉没成本,坏项目在阶段2结束时,价值为0。每阶段投资金额大小表示为 $I_{it} = I_i A_t$。显然如果成功,好项目预期收入显著大于坏项目预期收入,$Ag_t \sum_{\tau=t+1}^{\infty} (1+\rho)^{-(\tau-t)} \pi_\tau \gg Ab_t \sum_{\tau=t+1}^{\infty} (1+\rho)^{-(\tau-t)} \pi_\tau$。

假设3:投资分为三个阶段。阶段0:企业家提出项目,尽管企业家披露了很多关于项目的信息,但出资者仍难以准确判断项目好坏,他们的选择是要么接受、要么离开。如果签订投资协议,提出项目的主体就变为企业家,出资者在阶段I将投入 I_{1t} 资金到项目上。阶段I不需要花费时间和劳动投入。

阶段Ⅰ:企业家比较清楚项目的类型,两种类型市场上的金融机构仍不能准确判断项目类型,在阶段Ⅱ项目仍然推进,除非企业家主动停止项目,此时需要 I_{2t} 的资金投入和1单位劳动。如果企业家停止项目,他将获得较低的个人收益 $b_1 > 0$。

阶段Ⅱ:所有好的项目都已完成,项目类型不再是非对称信息。对于好的项目,所有出资者和企业家会获得较高的个人收益 b_g。所有坏的项目都没有完成,他们没有任何回报,他们清算的价值为0。出资者要么继续投资、要么清算项目。如果项目被清算,出资者得到回报为0,企业家收益 $b_2 < b_1$。如果这些被双方意识到,则会继续投资 I_{3t}。此时,不再需要劳动投入。

阶段Ⅲ:坏项目都能完成,出资者分为两种情况:一是获得回报,企业家获得比较折中的个人收益,$b_b \in (b_1, b_g)$;二是项目完全失败,净损失 L。

假定4:不同类型金融市场的运行具有不同的制度成本 σ,$\sigma \in [0,1]$,当具有完善的法律制度及执行体系时,$\sigma = 0$;现实中,一般法律制度及执行都有一定的缺陷,$\sigma > 0$;法律缺陷越多 σ 越高。

2. 投资决策的初步比较

单一机构(s)与多机构(m)的最大区别在于,对投资项目的预期判断和投资决策程序。单一机构 s 框架下,对项目好坏的判断由一个机构决定,选择好项目的概率为 q。多机构 m 框架下,对项目好坏的判断由多家机构自主决定,必须 n 个机构都选择时项目才能实施。n 个机构都选择这一项目并且筹资达到一定金额,项目融资才算成功,否则宣告失败。因此,多机构筛选好项目成功的概率为:$1-(1-q)^n$。并且 $n>1$,$1-q>(1-q)^n$,推理出 $1-(1-q)^n > q$。因此,对同一行业的项目进行筛选时,多机构筛选项目为"好"的概率要高于单一机构。

在阶段Ⅱ，根据假定3，可以简化认为：单一机构 s 下，出资者将继续对坏项目进行投资，预期到这一结果，坏项目的企业家在阶段Ⅰ选择撒谎，并从坏项目中持续获得收益。在多机构 m 下，出资者在阶段Ⅱ选择对坏项目进行清算。面对阶段Ⅱ坏项目清算时的信用威胁，企业家为避免较重的损失，会在阶段Ⅰ主动终止坏项目。这表明，通过在阶段Ⅱ清算坏项目的承诺，多机构 m 的分散特征为企业家提供了一种真实、充分披露项目信息的激励。相比之下，单一机构 s 的关键决策者没有做出对坏项目清算的警示，此时企业家将会选择隐藏项目的不利信息（预算软约束）（Jian & Xu，2004）。

3. 单一机构、多机构与项目投资期望收益的简单比较

如果没有信息约束、技术水平等其他任何条件，单一机构 s 下，项目投资的期望收益为（1）：

$$Es = q\left[Ag_t \sum_{\tau=t+1}^{\infty}(1+\rho)^{-(\tau-t)}\pi_\tau - I_{1t} - I_{2t}\right] + (1-q)\left[Ab_t \sum_{\tau=t+1}^{\infty}(1+\rho)^{-(\tau-t)}\pi_\tau - I_{1t} - I_{2t} - I_{3t}\right] \tag{1}$$

多机构 m 下，项目期望收益为（2）：

$$Em = [1-(1-q)^n]\left[Ag_t \sum_{\tau=t+1}^{\infty}(1+\rho)^{-(\tau-t)}\pi_\tau - I_{1t} - I_{2t}\right] + (1-q)^n\left[Ab_t \sum_{\tau=t+1}^{\infty}(1+\rho)^{-(\tau-t)}\pi_\tau - I_{1t} - I_{2t} - I_{3t}\right] \tag{2}$$

当 n 较大时，$(1-q)^n$ 趋向于 0，说明 n 个人都选择坏项目的概率很低，可忽略不计。此时（2）转化为：$Em = \left[Ag_t \sum_{\tau=t+1}^{\infty}(1+\rho)^{-(\tau-t)}\pi_\tau - I_{1t} - I_{2t}\right]$。此式减去（1）得出两种不同的金融市场下相同金额的投资，所产生的期望收益的差为（3）：

$$\begin{aligned}Em - Es &= (1-q)\left[Ag_t \sum_{\tau=t+1}^{\infty}(1+\rho)^{-(\tau-t)}\pi_\tau - I_{1t} - I_{2t}\right] \\ &\quad - (1-q)\left[Ab_t \sum_{\tau=t+1}^{\infty}(1+\rho)^{-(\tau-t)}\pi_\tau - I_{1t} - I_{2t} - I_{3t}\right] \\ &= (1-q)\left[(Ag_t - Ab_t)\sum_{\tau=t+1}^{\infty}(1+\rho)^{-(\tau-t)}\pi_\tau + I_{3t}\right]\end{aligned} \tag{3}$$

由此可知，单一机构与多机构在相同金额项目投资的期望收益的差的

取值主要受项目成功概率 q 的影响，初步分为三种情况：一是 $q \to 1$，即项目成功率几乎100%，全是好项目，$Em - Es = 0$，单一机构 s 与多机构 m 并无显著分别。对技术较为稳定的成熟项目，失败的概率很低，此时单一机构和多机构对项目筛选效率和冲击的影响十分微小。二是如果都是坏项目，$Ag_t = 0$，$q = 0$，多机构 m 与单一机构 s 的差别是，m 下投资项目在 I 阶段都已经清算，不再有后期收入；制度 s 下项目持续投资，但有可能产生一定的后期收入 $Ab_t \sum_{\tau=t+1}^{\infty} (1+\rho)^{-(\tau-t)} \pi_\tau$，此时融资制度的差别在于单一机构后期投资与后期收入的大小比较，但对于一个保命性项目而言，一般会引发更多的银行坏账。三是项目十分繁多，但真正的好项目占总项目数的比例很低，q 趋近于 0，两种金融制度的期望收益差别趋近于最大值，即好坏项目的收益差加上投资成本。

因此，在经济发展的初级阶段，项目投资成功率高，此时单一机构和多机构对项目的筛选和助推效应较弱。随着经济发展水平和技术积累水平的提高，最新的前沿技术受到原创者的保护，致使技术外溢效应降低，技术的后发模仿便利逐渐消失，自主研发创新密度加大，企业开始进行资金融资以扩大投资，创新项目增加，单一机构与多机构对项目的筛选差别开始显著，体现为：一是好坏项目的收入差别现值；二是坏项目前期投资的不断加大，烂尾项目再融资的急剧攀升。

由此可以简单得出三个基本事实：一是适度增加金融机构数量，有利于促进金融机构不断挖掘信用真正较高的客户、扩大受惠群体，实现有生命力的普惠金融。二是随着经济发展和经济复杂程度提高，技术创新难度越来越高，好项目的比例越来越低，多机构机制可以发挥信息收集和信息挖掘优势，进而提高选择好项目的概率。三是适度增加金融机构数量、提高金融竞争，有利于促进机构提升风险识别和管控能力，从而提高对好的投资项目的融资比重，提高经济发展效率。因此，提高金融有效竞争、提高风险管理能力是改进金融服务、扩大金融普惠范围的根本所在。

三　普惠金融：功能与体系

通过上文分析，我们可以归纳出与现有标准金融体系相比，普惠金融的功能定位与体系定位。

(一) 主要功能

明确普惠金融的实质功能和角色定位是进行理论研究的前提。尽管有学者提出从可得性、价格合理性、安全性等角度归纳普惠金融条件,但实际上这些都还是有些模糊不清。联合国 (2006) 和我国政府 2016 年印发的《推行普惠金融发展规划 (2016 – 2020)》界定普惠金融客体主要是弱势群体,诸如低收入者、小微企业、老年人和残障人士等特殊人群。需要首先明确的是,金融作为稀缺资源,它不可能满足所有经济主体的需求,特别是特定弱势群体的需求。因此,普惠金融主要用于尽力发现将来有偿还能力的(有效的)、被当前主流金融制度和体系所排斥的群体的金融需求。

普惠金融是在当前主流金融体系迅速发展的情况下提出的,这意味着普惠金融既是整个金融系统健康发展必不可少的一部分,又是主流金融体系的重要补充。金融系统发展方向是"金融制度和金融体系能够满足各社会经济主体的有效金融需求"。有效金融需求是与经济主体自身经济条件和预期资信状况相对等的金融需求。普惠金融的定位则是为当前金融体系中无法被满足的社会经济主体的有效金融需求提供金融服务供给。因此,普惠金融应当具备的功能是,突破现有的金融风险管理瓶颈,为对社会发展有价值、有贡献的资金需求提供一种公平的融资机会,且这个机会成本逐渐降低到接近于或低于传统的信贷成本。

详细来讲,普惠金融应当可以实现如下目的:避免现有金融体系风险积累,提高风险管理水平,使金融体系运行更具有稳健性;避免金融资源过于集中于传统的大型企业,增加对社会发展具有重要价值但缺少启动资金的项目或小企业的资金支持,使国家发展更具有持续的、强劲的动力;避免金融资源过于偏好于当前资产价值高的群体,增加对信用良好、具有同等或更优偿还债务预期能力的贫困群体的资金借贷,使社会发展更为公平和健康;避免金融资源过于依赖既有的利润来源,增加金融机构多元化、金融市场多层化的竞争,通过金融工具的创新和金融资源的有效配置解决经济不平等问题。尤纳斯认为"信贷权是人权——每个人都应该有获得金融服务机会的权利,只有每个人拥有金融服务的机会,才能让每个人有机会参与推动经济发展",但本文认为这不限于信贷权,还应包括债券、股权融资权利以及公平参与各种金融市场交易的权利。

（二）交易主体与普惠金融体系

当前主流金融体系难以为其提供有效金融服务的群体包括：低收入群体、偏远地区群体、无证群体（FATF，2013）。被主流金融体系排斥在外的群体的金融需求包括资金账户、储蓄、信贷、转账、支付、保险等金融产品或服务（Kunt and Klapper，2012）。具体需求既包括教育、婚嫁、疾病等突发性事件融资需求，也包括转账、保险、支付等日常生活便利性需求，还包括创建企业、生意买卖、开矿运输等投资性金融需求。普惠金融产品服务体系应能够有效反应并满足被排斥群体的金融需求。但显而易见的是，普惠金融体系并非是万能的，它的对象是传统金融体系下无法享受金融服务、获取资金且有价值的项目。除此之外还有并无利润价值、纯属生活应急的融资项目，此时可能更应该由政策性救助金融体系来提供服务。因此，传统金融、普惠金融、救助金融的服务对象各不相同，分别是符合现有信用评估标准或政策标准的项目群体，具备偿还能力、利于社会但需要革新评估方法方能满足融资条件的项目群体，传统和普惠金融都未能服务的能偿还的生活应急项目群体（见图3）。

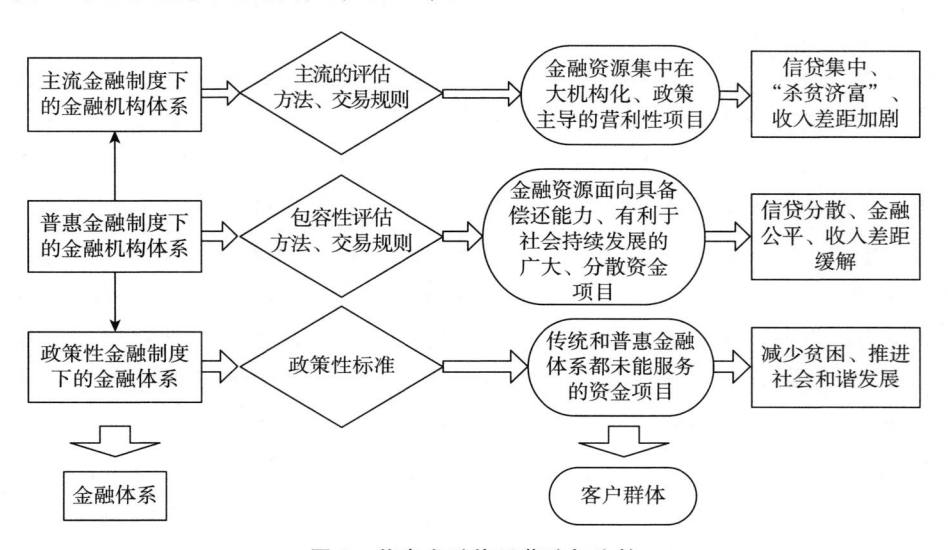

图3 普惠金融体系范畴与比较

（三）交易市场与普惠金融体系

一是普惠金融机构与市场体系。普惠金融的具体供给形式包括：遵循市场竞争原则、商业经营原则的金融机构体系，以法治及解决信息不对称机制为基础的金融市场体系。机构体系包括能够提供普惠金融服务的正规银行体系、保险机构，以及专门以小额信贷为主的小微金融机构、小额担保公司、小额贷款公司，以及提供支付便利的第三方支付机构。普惠金融发展不能仅仅依赖于金融机构，而更倚重一个公平、高效、普惠的金融市场。市场体系包括多元、分层、开放的债权市场、股权市场、产权市场，市场治理依靠的是高效的法律体系、信用体系、信息体系。一统式的垄断型金融市场，无从谈及普惠。因此，普惠金融体现形式上包括，纵向上的多层次资本市场，横向上的主板、中小企业板、创业板市场的制度安排，首次公开发行股票、公开增发、定向增发、配股等融资方式及交易平台，以及私募股权投资基金、风险投资基金等产品创新。例如，伴随互联网金融的发展，众筹融资作为互联网金融最主要的构成形式之一，是对发起项目的股权市场进行充分的分层，几乎满足了完全竞争市场的所有条件。从而，优质项目的选择、资金和项目的匹配都达到了较优状态，也不再有区域性或全国性股权市场的概念，融资主体根据资质、创新度、信誉、预期等情况在平台上发布项目，直接由市场出资人评价项目优劣。

二是普惠金融基础实施体系。普惠金融的基础实施是金融包容性实现的基础条件和辅助性条件。焦瑾璞、陈瑾（2009）曾进行初步归纳，主要包括金融支付及清算设施，准确信用评估、划分信用等级、综合利用信用信息的信用管理服务，普惠金融培训、信息、咨询的教育技术服务，信息发布、能力建设、行业约束的网络设施服务。我们认为：金融支付及清算设施一般由中央银行或财政资金投资、改造、升级，被排斥群体也应该拥有使用该设施的权利，不能因当前的金融中介而被拒之门外。信用管理服务不仅指现有的机构信用评价体系、官方建设的征信数据体系、市场上的信用评级体系，还包括大数据下网络交易记录、延期支付记录、社交网络记录等能反映主体信用实质的信用管理体系；不仅指普惠金融需求者的信用管理，还指普惠金融提供者的信用管理。否则，信用记录与评级就成为金融机构滥用的竞争手段，可能随意侵害消费者权益。教育技术设施是提升被排斥群体普惠金融意识和能力的基础。此外，反映普惠金融状况的信息发布、披露、行业约束体系也必不可少，它既是对基础设施的有力支撑，也是其效果体现。

三是普惠金融政策监管体系。在发达国家，及时高效的普惠金融法律及监管体系是规范发展普惠金融不可或缺的手段；在发展中国家，切合实际的普惠金融政策可能更是引导、扶持普惠金融发展的保障。综合分析，普惠金融功能在主流金融和政策性金融中都有所体现，既表现为主流金融制度革新下金融公平与包容的提升，又体现为政策性金融服务对象的扩展与包容，但其更主要的精髓在于构建一个公平、自由、开放、法制、效率的金融制度体系。

四　普惠金融发展测量指标与状况

国际报告和研究资料没有统一的普惠金融发展衡量指标，我们结合金融功能，着重从普惠金融功能的角度梳理测量中国普惠发展水平的指标。

（一）支付服务方面

普惠金融的基本功能之一就是为广大居民和企业提供便利的资金支付清算工具，具体又分为银行卡、电子票据和电子支付。观察 2015 年相关数据，中国金融支付服务的普惠程度已经非常充分。2015 年末，全国人均持有银行卡 3.99 张。其中，人均持有信用卡 0.29 张。2015 年，全国共发生银行卡交易 852.29 亿笔，同比增长 43.07%；金额 669.82 万亿元，同比增长 48.88%；日均 23350.41 万笔，金额 18351.23 亿元。

2015 年，中国共发生票据业务 4.17 亿笔，金额 238.23 万亿元。其中，支票业务 39124.56 万笔，金额 211.53 万亿元；实际结算商业汇票业务 1905.71 万笔，金额 20.99 万亿元；银行汇票业务 211.94 万笔，金额 1.56 万亿元；银行本票业务 458.60 万笔，金额 41515.78 亿元。

2015 年，银行业金融机构共发生电子支付业务 1052.34 亿笔，金额 2506.23 万亿元。其中，网上支付业务 363.71 亿笔，金额 2018.20 万亿元，同比分别增长 27.29% 和 46.67%；电话支付业务 2.98 亿笔，金额 14.99 万亿元，同比分别增长 27.35% 和 148.18%；移动支付业务 138.37 亿笔，金额 108.22 万亿元，同比分别增长 205.86% 和 379.06%。2015 年，非银行支付机构累计发生网络支付业务 821.45 亿笔，金额 49.48 万亿元，同比分别增长 119.51% 和 100.16%。

（二）储蓄服务方面

储蓄规模既是国民财富状况的体现，也是金融普惠功能的体现。根据二十多年的储蓄存量数据，中国城乡人民币储蓄存款余额从 1993 年初的 119555 亿元上升到 2015 年底的 485261 亿元，增长了 3.06 倍。金融体系储蓄功能的普惠程度越来越高，参见图 4。

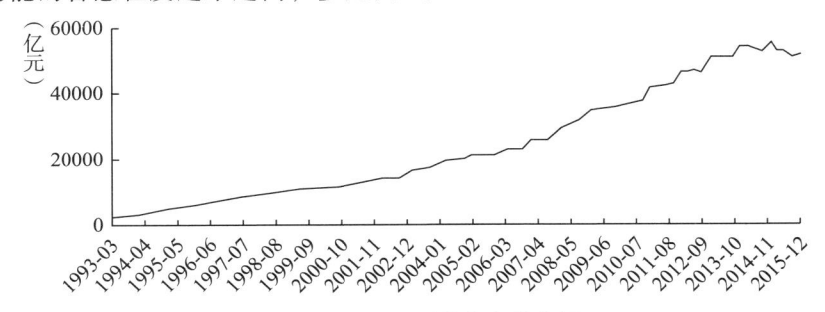

图 4　城乡人民币储蓄存款余额

资料来源：Wind 数据库。

从储蓄结构分析，全国城镇人均人民币储蓄存款金额的规模和增长速度均高于全国人均水平，从 1995 年末的 6666.7 元上升到 2012 年 8 月的 48041 元，增长了 6.21 倍。这与经济事实一致，城市的金融服务更为完善。相比之下，农村的人均储蓄存款从 1995 年末的 720 元上升到 2012 年 8 月的 8507 元，增长了 10.82 倍，详见图 5。

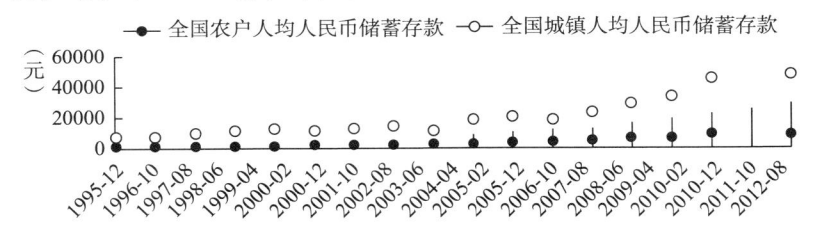

图 5　城乡人民币储蓄结构变动

资料来源：Wind 数据库。

农村是普惠金融的服务重点，农村信用社营业网点和从业人员数据变动可以从一定程度上反映出普惠金融的发展程度。农村信用社营业网点数从 2009 年初的 75935 家上升到 2014 年初的 81397 家，同期从业人数从 715216 人上升到 2014 年初的 889845 人（见图 6）。此外，农村信用社 ATM 逐渐普及。因此，从储蓄角度看，国内普惠金融发展迅速。

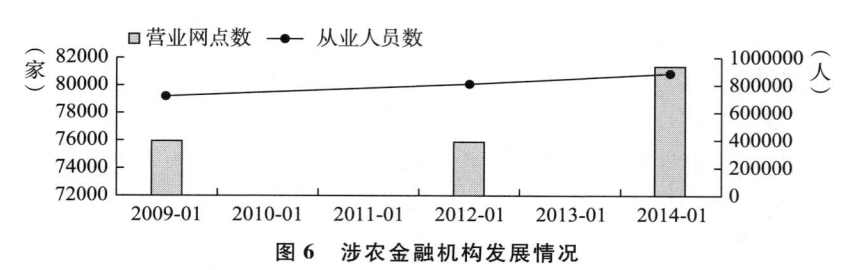

图 6　涉农金融机构发展情况

资料来源：Wind 数据库。

（三）融资服务方面

衡量普惠金融的融资服务方面，主要标准应该是金融体系对具有社会经济价值、潜在效用良好的融资需求的满足程度，这需要明确两个并列前提：一是金融体系对不满足当前主流信用风险评估方法要求的融资项目提供资金供给；二是对具有潜在经济价值和未来良好信用的项目提供融资。现有金融经济数据都是融资结果性存量数据，不能有效区别融资数据是按照何种标准进行提供，也不能单纯认为普惠金融应该满足所有融资需求。因此，在此通过两个侧面描述普惠金融融资服务的发展状况：一是小贷公司贷款余额，二是中小银行对其他居民部门的债权。

首先，小贷公司贷款对象多是中小型融资项目，从几万元到几百万元不等，可以一定程度上反映出在垄断性大银行融资服务空白地方，对有价值项目的普惠融资服务程度。小贷公司贷款余额从 2010 年末的 1975 亿元上升到 2016 年 8 月 9292 亿元，对中小型融资需求提供越来越多的普惠服务，参见图 7。

其次，中资小型银行服务对象多是中小型企业和贷款金额不大的居民，对此类项目提供融资服务需要提高风险评估技术、降低风险管理成本，一定程度上反映普惠金融的融资服务。中资小型银行对其他居民部门债权从 2010 年 3 月 9435.8 亿元上升到 2016 年 3 月 49219 亿元，增长了 4.2 倍（见图 8）。

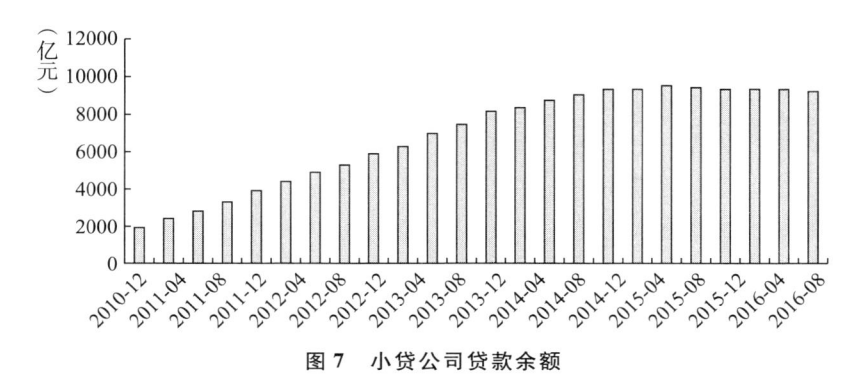

图7 小贷公司贷款余额

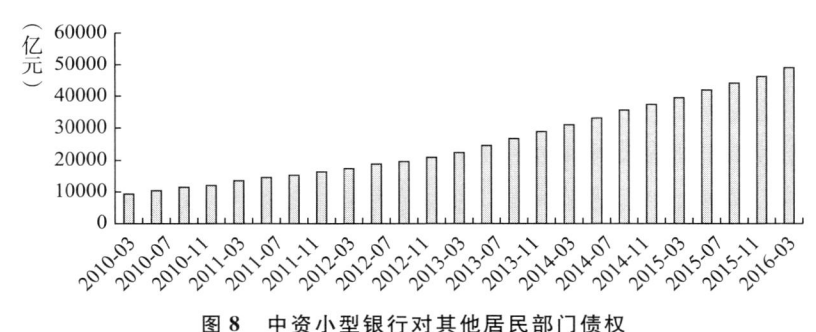

图8 中资小型银行对其他居民部门债权

由上述经验数据分析可以看出，我国在支付、储蓄和融资等主要方面提供了越来越充足的金融服务，这些服务不断扩充、深化到特定群体，提高了普惠金融发展水平。

五 金融排斥：发展普惠金融的主要原因

经验和研究均表明，普惠金融源于金融排斥，发展普惠金融是为了化解金融排斥、提高金融包容。因此，清晰梳理金融排斥类型及原因是发展普惠金融制度的前提，否则无的放矢、事倍功半。Kempson and Whyley（1999a，1999b）、Mandira Sarma（2010）概括了5类金融排斥：一是机会排斥（access exclusion），即由于地理位置偏远或金融体系风险管理过程，部分群体被排斥在金融服务体系之外；二是条件排斥（condition exclusion），即一些特定的金融限制条件将部分群体排斥在金融服务对象外；三是价格排斥（price exclusion），即难以负担的金融产品价格将部分群体排斥在金服务对象之外；四是市场排斥（marketing exclusion），即金融产品销售和市场定位将部分群体排斥在金融服务之外；五是自我排斥（self-exclusion），即部分群体由于害怕被拒绝或由于心理障碍而将自己排斥在金融服务体系之外。中国的金融排斥也不外乎这五种情形。何德旭、饶明（2007）基于金融排斥理论，从正规农村金融机构的经营取向选择入手，对我国农村金融市场供求失衡的内在成因进行了剖析，为从金融排斥的角度研究普惠金融开辟了新的视角。为了更为直观地、准确地分析金融排斥，我们从经济发展战略、金融制度结构、金融市场结构、社交网络关系、风险管理约束等角度梳理金融排斥。同时，出于中国发展路径等原因，社会公众供给资金时被金融排斥的程度较低，排斥主要体现为对需求资金的金融排斥，下文主要围绕后者进行分析。

（一）经济发展战略和金融排斥

新中国建立后，国家经济发展战略特征是优先发展重点行业、优先发展部分地区、优先发展城市，与之配套的金融制度安排必然是动员公众储蓄，支持重点行业、部分地区和城市发展，未被界定为"重点行业"、"优先地区"的群体往往被排斥在金融体系之外。

首先，重点行业发展战略形成行业性金融排斥。新中国成立初期，面对国际经济封锁、军事封锁、政治独立，中国选择优先发展国防和重工业。因此，1949~1981年间，政府工作重点是举全国之力发展工业经济（毛泽东，1956）。"欠发达国家农民被要求按低于市场经济价格的价格向国家出售他们的农产品，或者以较高的价格从国有代理机构购买化肥、种子以及其他投入品，利润自然就会从农民手中转到国家。通过国家收购和价格控制从农民手中吸取的资金进入国库，被用于国家工业投资"（鲍威尔逊，2000）。因此，发展工业最高效的措施就是压低农产品价格、降低工人劳动力成本，以最大限额获取工业利润并进行资本再投资。中国工业化体系的建立便是沿用了这一方法。此时，"欠发达国家的合作社，通常是政府用来征收农业剩余的一种工具"（Wai，1962）。中国的农村金融体系也不再是国家简单地对农村的金融扶持，更主要的功能是攫取农村剩余，为工业化体系建设服务。因此，农村信用社既是集体金融组织，又是国家银行在农村的基层机构。1979年3月，国务院恢复农业银行后，《关于改革农村信用合作社体制搞活信用合作社工作的意见》指出信用社是农业银行的基层机构。在此情况下，农村金融资金非农化流向十分严重，"农民'钱米借贷'问题也就因信用社民间借贷职能无法完善履行而依然得不到解决"（陆磊、丁俊峰，2006）。在此经济战略下，金融对第二产业扶持有加，对第一、三产业的支持非常有限，金融的产业性排斥不言而喻。即使后期，国家花费力气调整经济结构，但历史造成的影响仍无法在短期内消除，金融排斥的惯性也非短期所能化解。

其次，在资源有限的情况下，快速推动经济增长的最"理性"经济战略就是集中全国力量重点发展某些地区。金融服务于经济，必然采取有区别的金融优惠政策。例如，中央政府有差别的利率政策。20世纪80年代初，为加快东部经济特区建设，人民银行向经济特区提供低息贷款，还赋予东部地区尤其是广东等省较大的利率浮动权和金融创新自主权。无疑，这些举措打破了较为平衡的经济金融态势、增大了东部地区投资规模。"优惠利率政策不仅打破了改革初期区域金融政策整齐划一的状态，同时引发了我国区域金融从行政型平衡状态向政府主导非均衡状态的过渡"（崔光庆、王景武，2006）。而这种差别利率政策和非均衡金融战略是最典型的价格型金融排斥。再如，中央政府有差别的融资政策。1991年我国确立了股票市场融资体制，这是金融发展的一个里程碑。但为了控制金融资源，国家并未将股票市场运作完全纳入市场机制，对上市资源采取行政性分配和额度控制的办法（1999年取消）。上市公司数量在省际分配实质上体现了金融资源的差别分配。广东、上海为代表的东部地区分配了大量上市公司资源，全国仅有的两个证券交易所也分配在上海和深圳，中西部地区却很少。截至2013年12月，东部9个省份的上市公司数占上市公司总数的65%，而西部12个省份的上市公司数占比只有14.7%，中部10个省份的上市公司数占比20.3%。这种地区差别性金融配置，反映出一定的地区性金融排斥。

（二）金融制度结构与金融排斥

金融制度选择服务于经济运行与增长，经济增长战略决定了金融制度结构，金融制度结构引致了金融排斥。张杰（1998）分析认为，国家设计出"弱财政、强金融"制度安排，通过税收制度与金融制度，将分布在居民手中极为零散的大量货币积存的金融剩余转变为国家手中的可用资金。

在此前提下，强大的国家与分散的下层经济组织之间（二重结构）需要缓冲协调的中间组织，封建贵族（独立的商业贸易阶层以及产业资本家）与平民之间的契约关系以及产权保护孕育了中间层。中国分权制度下地方行为是新金融产权形式的重要保护因素，地方效用函数与国家效用函数的不一致（苗文龙，2012a），国家与地方之间的相互博弈正好为新的金融产权形式的扩展提供了机遇。中国金融制度从二重结构走向稳定的三重结构。

三重结构下，地方政府与中央政府目标和政策手段具有显著差异，这种差异势必影响金融配置和金融排斥。信息约束使中央政府直接控制全部社会投资的效率大打折扣，因此试图通过财政分权、利用地方政府积极性提高效率。中国从计划经济体制过渡到市场经济体制，财政分权经历了三次（胡东书，2001）。每次分权在加强地方利益独立性的同时，也一定程度上减少了地方财政收入比重，但其支出比重却平稳上升（苗文龙，2012b），这就更刺激了地方追求本地区总产出最大化的欲望。为了实现最大化，除了与中央讨价还价争取更多的财政拨款以外，最有效的措施就是利用政府影响力进行金融扩张。地方政府因素介入，国有金融部门的地方分支机构实际隶属地方政府，因而它们的利益函数在很大程度上受地方利益偏好的支配和影响。当国家加强金融控制时，国有金融部门的行为会更多体现国家的利益；当国家金融控制有所放松时，其金融行为转而趋同于地方的利益偏好（张杰，1998）。这深刻阐明了金融、财政、经济的制度安排与理论逻辑，但这种三元金融制度结构模式并未起到预期的作用，也未提高金融包容性和金融效率，只是增加了一个利益博弈主体。出于政策导向、风险责任、救助保障等原因，有政府施压、政策支持的群体、地区和项目，金融就大力、全力支持，没有政府施压、政策支持的群体、地区和项目就很难得到金融服务。国有银行融资集中在大型国有企业方面，例如石油、电力、房地产等行业的中央企业，国有银行的分支机构、股份制银行和地方性金融机构融资集中在地方政府支持的地方性国有企业，广泛存在的中小企业、创业投资仍然被排斥在主流金融之外。

（三）市场结构特征与金融排斥

金融市场的垄断性结构特征，导致三种金融排斥：一是"爱存不存式价格排斥"，存款利率较低，几乎是白用钱，甚至真实利率为负，当然这也有上述强制储蓄的原因，广泛分布的营业场所旨在便于吸纳资金，具有资金流动的单向性。这种价格排斥也助推了民间融资的发展。二是条件排斥，贷款对象集中，主要是国家或政府及官员支持的大项目，缺少筛选真正具有社会发展价值的创新项目的机制。三是贷款费用畸高，当然对它情有独钟的大项目，贷款利率可以下浮，对于在传统风险评估方法体系下评价较差的企业或项目，融资费用不仅是利息成本，而且包括"鞋底"成本、关系成本、程序成本等。

金融市场层次的单一化和审批的集权性，更会导致金融排斥，这往往为人们所忽略。金融市场层次单一性主要指全国范围内是一个层次的金融市场。中国金融市场就是典型的单一层次金融市场。中国股票市场是全国层面的，各区域企业要么在全国性的股票市场上市，要么就不能公开发行股份，缺少省、市层面的股权市场。金融市场准入审批的集权性主要指机构从事金融业务必须经过中央部门审批，才能进入全国性或区域性金融市场。中国金融市场具有准入审批的集权性[①]。这所形成的金融排斥表现为：一是全国性金融市场准入门槛较高，许多小微企业难以公平进入。许多有潜力的企业因没有关系桥梁，没有制造虚假财务、寻租行贿，未能在全国上市，但也缺少在县、市、省等区域金融市场融资的平台。二是紧缩－膨胀式准入导致许多企业难以进入金融市场。金融市场发展规律一般是从熟人圈层往来到生人信用交易。如果在诚信、监督、法律等市场规则都不完善的情况下，直接实现个人、企业或政府在市场上进行交易，必然产生欺诈等行为，成为金融风险的主要根源。此时，容易形成要么默许其"弄虚作假"在全国上市、沉淀金融风险、形成金融动荡，要么害怕其风险、关闭融资渠道、因噎废食，造成"一放就乱、一收就死"的怪圈。三是金融市场的交易场地无形中增加了周边省市的融资机会，对外地企业形成排斥。

（四）社交网络关系与金融排斥

中国文化制度的历史沿革导致市场经济上的关系行为，而这种关系行为形成广泛的金融排斥。费孝通（1947）曾将中国社会关系界定为"差序

[①] 机构申请开办金融业务、进入金融市场必须经过银监会、证监会、保监会等中央金融监管部门的审批，企业发行股份必须经过中国证监会审批，企业发行票据融资必须经过中国人民银行的审批，地方政府发行债券必须经过国家发改委的审批。

格局"，其至少包括亲属关系和地缘关系两个方面，无论是亲属关系的半径，还是地缘关系的半径，都由个人的能力大小决定。差序格局中，社会关系是逐渐从一个一个人推出去的，是私人联系的增加，社会范围是一根根私人联系编成的网络，而网络上结与结之间的巩固就是靠道德维系。中国在经济转型的过程中，差序格局仍然存在，维系差序格局的道德体系仍未完全销蚀，依据国家权力维护的规则还不足以操控规范所有市场交易。经济改革大大刺激了国有部门的趋利冲动，在国家利益和地方利益之外积极追求自己利益，并将前者有机嵌入后者。社会关系金融就是其一，因此也形成社会关系类型的金融排斥，主要表现为人情社会下的关系型金融排斥和寻租型金融排斥。前者表现为，人情关系盛行的社会中，同银行内部高管人员有无熟人关系决定着融资难度。有关系者在金融资源稀缺的情况下优先得到融资，而无关系者往往得不到银行的任何贷款。银行内部高管人员的动机便是获利，在与企业交易之前无任何瓜葛。谢平、陆磊（2005）研究银行信贷定价时曾构造了一个模型，除正常的利息收入外，还包括三类收入，即Ⅰ类寻租收入（贷款者向金融机构人员支付数目不菲的"好处费"，称之为门槛成本）、Ⅱ类寻租收入（随着利率市场化程度提高，金融机构持续索要的账外高额利息）和当前央行救助制度下金融机构因不良贷款巨大可能清盘而得到的资金注入。无法向银行缴纳寻租资金的企业或个人往往会被排斥在金融体系之外。

（五）风险评估信息及方法与金融排斥

当前，商业银行信贷多使用"5C"评估法，围绕贷款人的品性、资本、资产、担保品、持续性等因素收集财务信息、开展信用评估，这种评估体系和信息并不能准确反映贷款人的真实资信和未来还款概率，可能将本来具有社会发展价值和较高还款信用的贷款项目拒之门外，从而形成更为广泛的、低效的金融排斥。例如当前较为流行的互联网贷款，Kabbage 和阿里小贷的信贷违约概率非常低，贷款对象多是传统商业银行所鄙弃的网络商户（Kabbage 贷款对象主要是 eBay、Amazon 等电商平台上的商户、UPS 物流平台商户及其他网络商户，阿里小贷的贷款对象主要是阿里巴巴商户、淘宝商家、天猫商家），其原因就在于风险评估方法所关注的数据信息不同。Kabbage 数据来源有三个：一是网上商家的销售额、信用记录、用户流量、评价,并参考该商家竞争对手的商品价格、销售记录和库存情况,结合它的社交数据和物流配送信息等。二是商家主动将其他可关联账户的数据添加到网络贷款账户,供贷款审批参考。三是包括配送量和交易信息在内的战略投资方配送数据。具体包括:来自 eBay、Amazon 等电商平台的交易数据,来自 UPS 物流平台的物流数据,来自 QuickBook 等小型记账软件的会计数据,来自 FaceBook/Twitter 等社交媒体的社交数据。阿里小贷关于贷款申请者的信息分为线上信息和线下信息。线上数据包括客户在阿里巴巴上的 B2B、淘宝网 C2C、天猫 B2C 等网上的交易记录、信用记录、同业比较、库存变动、财务信息、非财务评价等,线下数据主要是现场调查和征信报告。Kabbage 和阿里小贷收集的信息比"5C"评估体系的信息更能准确反映商户信用状况,因此它们提高了金融包容性。但非常遗憾的是,传统银行信贷风险评估信息排斥仍十分严重。

六 普惠金融发展中的偏误

联合国最初提出普惠金融体系,旨在号召各国建立一个持续为所有人,特别是被当前金融体系所排斥的群体,提供合适的金融产品和服务。其本意主要在于为所有实质上资信度较高的社会公众提供公平的金融交易机会。国内官方和学界却一般将普惠金融界定在类似于公共扶持救助的范畴,并未针对上文分析的金融排斥考虑解决之道,所以至今普惠金融体系并未从根本上提高金融包容性。例如,国内制定的"金惠工程",包括扶贫贷款、助学贷款、小微企业贷款、高科技转化贷款等,并拨划了相应的再贷款规模、制定了相应的优惠利率政策,而这些政策效果除了在工作总结中"不断提高"之外,仍然在低效地重复着贷款方法,甚至有人质疑普惠金融的合理性和可执行性,提出"普惠性金融悖论"命题(陆磊,2014)。我们认为,厘清普惠金融的含义与实质必须区别清楚几个概念,认识当前对普惠金融制度的几个错误认识。

一是将普惠金融等同于财政转移支付。财政转移支付是在满足一定条件下财政资金向特定群体的单方面转移,不涉及后期偿还问题,例如财政救济、财政抚恤、财政补贴等。普惠金融实质仍然是金融,金融就必须以信用为基石,讲究"有借有还",获取普惠金融资金的主体需要按照契约偿还本付息。当前，一些研究文献或政策导向只强调或施压商业银行扩大到学生、农民等贷款群体，而不顾机构的风险管理水平和违约损失，甚至认为普惠金融贷款就可以拖欠、不用偿还。显然，这种只强调单向输血的"普惠金融"，有悖于金融的本质，不能再称之为金融交易。

二是将普惠金融等同于社会贫困救助。人们为了解决贫困问题，常常认为应当构建普惠金融体系，向贫困人口支持更多的信贷资源。例如，王曙光、王东宾（2012）认为，"金融减贫的宏观视角是以金融发展来减少贫困，包括金融体系的完善，微观视角则是以小额贷款等方式提供信贷支持，为贫困人群提供信贷资源。从贫困源头的不同解释出发，金融减贫的机制可从两个方面入手：一是资本视角；二是能力视角。前者是金融减贫的基本手段，后者是对金融减贫的更高要求"。进而主张，发展那些更接近目标市场、拥有更完善的社区知识且拥有更有效的信贷技术的微型金融机构，可以弥补正规金融体系的不足，从而降低贫富收入差异，帮助传统上难以获得信贷服务的穷人摆脱贫困陷阱。解决贫困和解决收入差距是一个问题吗？发展中小金融机构就一定能解决贫困吗？显然，直接套用普惠金融来达到这些目的有待论证。但其中有个本质问题，贫困贷款对象是有发展潜力、能偿还本息、目前只缺少资金的贫困者，如果不考虑还款风险，只是强调贫困者获取金融贷款，显然是将普惠金融贷款混同于贫困救助。社会贫困救助是一种资金的单向流动，资金来源可以是社会个人、企业，也可以是政府支出，对象主要是社会贫困群体。普惠金融不仅要偿还本息，而且对象并不局限于贫困群体，还包括当前金融制度下有经济行为和偿还能力但不符合金融服务条件的其他群体。而且，简单地解决贫困不是普惠性金融范畴，解决有价值的技术问题、有经济前景的贫困是普惠性金融范畴。

三是将普惠金融等同于小额信贷。将普惠金融混同于小额信贷是最常见的错误。现实中，小企业、农户、贫困群体等，贷款需求规模较小，而现有的金融体系由于风险管理技术和成本常常将能够还本付息的小额贷款拒之门外。研究文献表明，中小银行往往选择中小企业贷款，无论是中小企业贷款占银行总资产的比率还是中小企业贷款占全部企业贷款的比率，小银行的指标均高于大银行（Berger and Udell，1998），因此产生了在对中小企业融资上的"小银行优势"（Small Bank Advantage）的假说。究其原因，主要在于：中小企业的信息不对称问题比大企业更为严重，大银行在对贷款量小频度高的中小企业贷款上存在规模不经济的问题；小银行在与大银行争夺大客户的竞争中处于劣势，在与大企业打交道时亦处于不利地位（李扬、杨思群，2001），但向中小企业提供融资服务方面拥有信息优势（林毅夫、李永军，2001）。因此，为了解决中小企业的小额信贷问题，人们主张发展中小银行，发展中小信贷就是普惠金融。本文认为，小额信贷一般概念是指金额较小、缺少担保的信用贷款，后来演化为传统的银行机构如何改进风险管理、降低信贷成本、为小额信贷需求者提供服务，此后又陆续纳入了保险、汇款、结算等服务内容。普惠性金融不仅包括小额信贷，还包括金融体系对更能满足社会公众需求、推动社会发展、提升公众生活水平并且能依照契约偿还本息的投资项目，能够公平评价并提供债券、股权融资等服务。

在上述背景下，降低金融排斥、提高金融包容，是普惠金融的初衷，但并非泛泛的救助弱势群体。普惠金融应该被界定为金融公平。有人争议公平与效率是矛盾的，那是因为将公平界定为狭隘的公平。现实中，往往富者、强者更有优势，所以在同样的规则下却无形中拥有了更多的机会。人们很容易认为——公平就是缩小贫富差距。其实，公平更应是在一定规则下的参与主体机会的相等，而不是一味地以贫富、强弱来界定公平，如果仅为了缩小贫富差距而拉平强弱反而不利于公平。普惠金融实质上应体现为金融市场上以风险为规则的机会公平性，如果这样，提高金融包容性也是水到渠成。因此，普惠金融的核心问题是，是否完全根据项目未来收益及风险管理准绳公平地选择资金项目，是否植根于市场规律。

七　普惠金融：制度与体系

如何深入发展普惠金融制度，取决于如何解决金融排斥问题而又不违反"金融规律"。金融排斥产生的原因在于：原来的发展政策一定程度上的导向排斥、现有信用评估方法的缺陷、风险管理水平约束、金融交易平台公平程度较低、社会关系排斥等。在政策决心解决金融排斥问题的前提下，普惠金融发展趋势主要表现在后几个问题的解决上，而解决这些问题的基础是法律制度和信用水平。

(一) 法律基础、市场规则与普惠金融制度的构建

法律是金融市场运行的基础规则，法律制度的健全程度决定着金融的公平性和开放性，构建普惠金融制度需建立公平有效的法律环境。构建有效的法律体系重在明确金融市场运行规则，对违反规则、造成风险的行为追究相应的法律责任。我国法律体系可谓全面，但在金融方面更表现为限制与约束，而不是开放与责任。这一方面导致金融供给有限、金融有效需求压抑、金融排斥屡见不鲜，另一方面导致寻租腐败、非规范行为恶化金融效率。因此，发展普惠金融制度应当提高金融市场参与程度、明确各主体的行为责任、提高信息披露水平、落实风险行为的法律责任。例如，小贷公司准入门槛过高，影响小贷公司的参与程度，对小贷公司经营内容管制过多，致使其不违规经营就很难获利，改进小贷公司法律制度的重点就在于减少对小贷公司的经营约束、提高小贷公司信息披露水平、使小贷公司及相关人员承担风险责任。再如，对民间借贷、企业借贷等行为的约束，法律关注的重点在于区别吸筹贷放资金的营利性行为、借用资金满足自身日常运作的经营性行为、金融欺诈行为之间的区别，对于第一种行为要提高信息透明度、约束杠杆率、提高风险管理能力、落实风险责任问题，对于第二种行为要确保借贷合同的有效性，对于第三种行为要落实法律制裁和追讨非法所得。因此，实现金融法律侧重金融开放、机会公平与风险承担，是普惠金融制度构建的基础。

(二) 制度变革、市场选择与普惠金融制度的构建

旨在提高金融包容性的普惠金融，其本质体现了普惠、公平、民主等精神理念，而不是厚此薄彼式的制造差距。构建和发展普惠金融制度首先需要改变垄断的金融制度，提高市场选择的作用和效率。在发展中国家及赶超型国家，政府为了获取更大的金融剩余，积极动员货币、控制银行金融、提高储蓄率和扩大投资规模，提升高投入式经济增长率，从而形成与之匹配的垄断控制型金融体系。这种控制无形中磨灭了市场公众对金融制度的革新能力，阻碍了对普惠金融制度的系统探索和有效执行，使普惠金融成为一种自上而下的政策任务，而不是一种人人参与的营利性创新。植根于市场的创新，例如互联网金融，在不同层面上提高了金融包容性，尽

管国内发展比较冒进，但一定程度上挑战了传统的金融制度。正是市场经济国家竞争的氛围，更快地酝酿了互联网金融的深层次变革，使金融市场分层更为充分，金融包容性更高。因此，尽管发展中国家具有更强的互联网金融需求，却没有率先推进互联网金融；将其引进国内后，社会资金在突破金融抑制的冲力下一哄而上。所以，互联网金融实质是普惠金融需求通过互联网技术逐步满足情况下金融制度的革新，是推进普惠金融制度、突破金融垄断、消解金融抑制的印证。

（三）技术革新、风险信息与普惠金融制度的构建

金融制度的有效实施必须有相应的技术手段，普惠金融制度亦是如此。首先，原有信用风险评估体系的缺陷导致金融排斥，解决此类问题必须对信用风险评估方法体系进行改进，不在于计量方法本身，而在于评估所关注的风险因素和信息。例如上文提到的阿里小贷，其信用风险评估计量方法与传统差别不大（谢平等，2014），主要区别在于关注掌握了反映客户未来还款能力的风险信息，更准确地评估出了信用风险水平。这些信息优势使其掌握者具备了金融业务扩张和公司合作的筹码，在业务扩张的过程中也提高了金融的包容性。

其次，提高风险管理技术可以降低运营成本、降低贷款利率、提高存款利率，从具体实惠上提高金融包容性，不然单靠政策补贴弥补经营成本必然缩短普惠金融的寿命。例如，互联网金融首先在资金来源方面实现普惠。传统商业银行在存贷款利差受保护下，利润畸高，我国16家上市银行净利润占沪深两市2400多家上市公司总利润的50%还有余。互联网金融在融资来源上，将利率大幅提高，并推动传统金融机构提高吸收资金的利率，这无形中惠及了广大资金供给者。以余额宝为例，只要用户将资金转到他们的余额宝账户，则按照6%左右的年利率产生利息，用户可随时将资金转走，但一般需要隔夜到账。这实质上等同于年利率为6%的活期存款。而同时期，银行的活期存款利率不到1%，1年期存款利率不到3%。互联网金融同时在资金运用方面实现普惠。正规金融体系主要是支持国有企业，中小微企业的金融需求很难满足。在网络数据和云计算等技术的支撑下，互联网金融中的网络贷款和众筹融资为电商及中小企业高效、便捷地获取资金提供了平台。因此，通过技术革新、降低成本、管理风险满足市场上更

多群体的金融需求，是普惠金融制度发展的长期路径。

（四）金融分权、市场进出机会与普惠金融制度的构建

构建发展普惠金融制度不仅需要金融机构革新，而且需要金融市场革新，即向社会公众自由出入、自由定价、诚信守法的均衡状态靠近。要实现这种状态，需对金融市场充分分层，既包括横向上金融市场类型的细分和多样化，更包括纵向上对金融市场等级的分层——建立省、市、县等区域性金融市场和场外交易市场。传统股权市场，由国家统一审批的企业才能进入，即使在一些城市设立产权交易所，交易的股权范围也非常有限，严重受到空间的制约。金融市场分层后，地方性企业的债券或股票先在本地市场交易，满足一定年限、得到本地公众认可后，再到上一级金融市场交易，最后可到全国市场交易。如果没有当地公众的认可，监管当局很难公正、准确地对机构做出审核，上市公司质量也就很难保证，这种没有质量基础的股票只能依靠小道消息进行炒作。而且，这些公司在即将上市前做大利润、趁机上市炒高股价套现，随后几年营业利润急剧下降甚至亏损，根本实现不了资源优化配置。金融市场分层后，地方政府就有了维护市场稳定的责任和激励，从而使区域金融风险容易被化解。例如最近发展的互联网众筹，尽管还很不完善，但实现了金融市场的充分分层（苗文龙、刘海二，2014）。众筹融资平台上，全国甚至全球的项目企业可以自由出入，只要遵守平台规则即可。众筹融资对股权市场进行分层，不再有区域性或全国性股权市场的概念，融资主体根据资质、创新度、信誉、预期等情况在平台上发布项目，直接由市场出资人评价项目优劣，可以避免上文论述的垄断性金融市场排斥和风险。

（五）资源优化、渐进式革进与普惠金融制度的构建

围绕公平、开放、法治的主要原则，充分利用现有金融资源，为构建普惠金融制度提供坚实的实体基础。首先，进一步发挥政策性、商业性和合作性金融的互补优势。充分发挥农业发展银行的政策优势，加强对落后地区有效项目的信贷支持；鼓励国家开发银行结合自身业务特点，合理调剂信贷资源，支持落后地区基础设施建设和城镇化发展；深化农业银行"三农金融事业部"改革，提升对落后地区的综合服务水平；同时，强化邮

储银行在贫困地区县以下机构网点的功能建设，积极拓展小额贷款业务。发挥农村信用社在县域经济中的主力军作用，下沉经营管理重心，在满足当地农贷项目的基础上开展商业化经营。积极培育村镇银行等新型农村金融机构，规范发展小额贷款公司，支持民间资本在贫困地区优先设立金融机构，有效增加对贫困地区的信贷供给。

其次，改善支付环境，提升金融服务便利度。加快推进贫困地区支付服务基础设施建设，逐步扩展和延伸支付清算网络的辐射范围，支持贫困地区符合条件的农村信用社、村镇银行等银行业金融机构以经济、便捷的方式接入人民银行跨行支付系统，畅通清算渠道，构建城乡一体的支付结算网络。在保障网络保密技术发展的同时，推广电子支付工具，优化银行卡受理环境，引导推广网上支付、移动支付等新型电子支付方式。进一步深化银行卡助农取款和农民工银行卡服务，满足贫困地区农民各项支农补贴发放、小额取现、转账、余额查询等基本服务需求。鼓励金融机构柜面业务合作，促进资源共享，加速城乡资金融通。积极引导金融机构和支付机构参与农村支付服务环境建设，增加支付服务主体，提升服务水平，推动贫困地区农村支付服务环境改善工作向纵深推进。

八　结论

通过上文分析，我们可以归纳出如下几点：一是金融体系理论上具有六大功能，但功能的实现程度被现实的金融资源所制约，这些金融制约使本来具备金融需求的群体无法通过金融体系实现经济交易。普惠金融本质上就是提高金融竞争能力和风险管理能力、突破现有资信评估瓶颈、降低金融服务成本、扩大受惠群体。二是普惠金融不可能满足所有经济主体的所有金融需求，特别是特定弱势群体的需求，它主要用于尽力发现将来有偿还能力的（有效的）、被当前主流金融制度和体系所排斥的群体的金融需求。因此，普惠金融应当具备的功能是，突破现有的金融风险管理瓶颈，为对社会发展有价值、有贡献的资金需求提供一种公平的融资机会，且这个机会的成本逐渐降低、接近于或低于传统的信贷成本。三是提出普惠金融的原因是金融排斥下经济健康发展受阻，因此设计实施有效的普惠金融制度必须也必然是为了解决金融排斥问题，而不是所谓的持久性金融救助的政策补贴。四是中国金融排斥的主要类型是经济发展战略型、金融制度安排型、金融市场结构型、社交关系支配型、风险评估约束型,解决金融排斥、提高金融包容性,本质上要通过政策调整、制度革新、完善市场规则等途径,使金融体系具备这样的功能——突破现有的金融风险管理瓶颈,为对社会发展有价值、有贡献的资金需求提供一种公平的融资机会,且这个机会的成本和传统的信贷成本偏离不多。五是人们由于未能把握上述本质、对普惠金融理解的偏差,将普惠金融与政策补贴、金融救助等混为一谈,未体现出普惠金融所应具备的效率、公平、包容的实质。因此,真正实现普惠金融的发展还需调整现有的金融制度、提升风险管理水平、推进金融市场分层和提升竞争程度,而这些方法有效实施的基础仍然是公平、高效的法律体系和信用体系。

参考文献

[1] A. D. Kunt and L. Klapper, Measuring Financial Inclusion—the Global Findex Database, the World Bank Working Paper, 2012, pp. 5 - 7.

[2] A. N. Berger and G. F. Udell, The Economics of Small Business Finance: The Roles of Private Equity and Debt Markets in the Financial Growth Cycle, *Journal of Banking and Finance*, Volume 22, 1998, pp. 613 - 673.

[3] E. Kempson, and C. Whyley, *Kept out or Opted out? Understanding and Combating Financial Exclusion.* Bristol: Policy Press, 1999a.

[4] FATF, Prepaid Cards, Mobile Payments and Internet-Based Payment Services, Guidance for a Risk-Based Approach, Financial Action Task Force on Money Laundering Working Report, 2013.

[5] K. Imboden, Building Inclusive Financial Sectors: The Road to Growth and Poverty Reduction. *Journal of International Affairs*, Vol. 58, 2005, pp. 65 - 86.

[6] E. Kempson and C. Whyley, *Understanding and Combating Financial Exclusion*, Insurance Trends, 1999b, pp. 21: 18 - 22.

[7] Jian Tong and Chenggang Xu, 2004. Financial Institutions and the Wealth of Nations: Tales of Development, William Davidson Institute Working Paper Number 672, April 2004.

［8］M. Sarma, Index of Financial Inclusion, Jawaharlal Nehru University, Discussion Papers in Economics, 2010.

［9］U. T. Wai, Taxation Problems and Policies of Underdeveloped Countries, IMF Staff Paper 9（3）, November, 1962.

［10］崔光庆、王景武：《中国区域金融差异与政府行为：理论与经验解释》,《金融研究》2006 年第 6 期。

［11］杜晓山：《小额信贷的发展与普惠性金融体系框架》,《中国农村经济》2006 年第 8 期。

［12］费孝通：《乡土中国》, 上海三联书店, 1947。

［13］何德旭、饶明：《金融排斥性与我国农村金融市场供求失衡》,《湖北经济学院学报》2007 年第 5 期。

［14］何德旭、苗文龙：《金融排斥、金融包容与中国普惠金融制度的构建》,《财贸经济》2015 年第 3 期。

［15］胡东书：《经济发展中的中央与地方关系》, 上海三联书店、上海人民出版社, 2001。

［16］焦瑾璞、陈瑾：《建设中国普惠金融体系》, 中国金融出版社, 2009。

［17］李扬、杨思群：《中小企业融资与银行》, 上海财经大学出版社, 2001。

［18］林毅夫、李永军：《中小金融机构发展与中小企业融资》,《经济研究》2001 年第 1 期。

［19］陆磊、丁俊峰：《中国农村合作金融转型的理论分析》,《金融研究》2006 年第 6 期。

［20］陆磊：《普惠金融的悖论》,《新世纪》2014 年第 7 期。

［21］毛泽东：《论十大关系》, 载《毛泽东选集》, 人民出版社, 1991。

［22］苗文龙、刘海二：《互联网众筹融资及其激励机制与风险管理》,《金融监管研究》2014 年第 7 期。

［23］苗文龙：《财政分权、政府双重理性与最优财政政策》,《制度经济学研究》2012 年第 3 期。

［24］苗文龙：《众筹融资、项目选择与技术进步》,《金融经济学研究》2014 年第 7 期。

［25］王曙光、王东宾：《双重二元金融结构、农户信贷需求与农村金融改革》,《财贸经济》2011 年第 5 期。

［26］王曙光、王东宾：《金融减贫：中国农村微型金融发展的掌政模式》, 中国发展出版社, 2012。

［27］谢平、陆磊：《中国金融腐败的经济学分析》, 中信出版社, 2005。

［28］谢平、邹传伟、刘海二：《互联网金融手册》，中国人民大学出版社，2014。

［29］约翰·P. 鲍威尔逊：《国家和农民：试验中的农业政策》，载〔美〕曼瑟尔·奥尔森著《集体行动的逻辑》，陈郁等译，上海三联书店、上海人民出版社，2000。

［30］张杰：《中国金融制度的结构与变迁》，山西人民出版社，1998。

［31］张伟：《微型金融理论研究》，中国金融出版社，2011。

互联网金融与金融科技：
发展、影响与监管

郑联盛[*]

摘　要　互联网金融是金融科技发展的初步阶段，互联网金融主要有支付结算、信用转换、财富管理和普惠金融等业态，与传统金融业务的竞争与合作相互交织，互联网金融强化了平等的金融参与权和市场化的金融收益权。金融科技的发展使得移动互联、大数据、云计算、人工智能以及区块链等全面深入地应用于金融体系之中，逐步进入金融科技 2.0 阶段。金融科技相对于互联网金融增加资源要素整合的能力和生态体系构建的功能，逐步呈现跨界化、去中介、去中心以及自伺服等特征，对于金融体系产生了重大的影响。我国是全球互联网金融及金融科技发展最为迅猛的经济体之一，但是，互联网金融监管的技术基础有待夯实，现有互联网监管体系已经无法适应金融科技的最新发展趋势。目前金融科技的监管基本停留在互联网金融监管阶段，是一种相对被动的监管体系，可能不足以建立一个金融科技监管的长效机制。

关键词　互联网金融　金融科技　金融监管　长效机制

---

[*]　郑联盛，中国社会科学院金融所副研究员。

一 互联网金融及其本质

（一）互联网金融的概念

2013年以来，随着余额宝关联的货币基金成为全国最大的单只基金，互联网金融在国内如火如荼地发展起来。短短三年的时间过去，我国在第三方支付、网络借贷、股权众筹、互联网理财、消费金融等领域已经爆发式地发展起来，成为全球互联网金融业务发展最为迅猛的经济体。

互联网金融是国内创造的一个时尚词语，在国外与此相关的是电子金融、在线金融、数字金融等称谓。2015年以来，互联网金融又被更加时尚的"金融科技"（Fintech）所替代，国内网络借贷、股权众筹以及互联网财富管理等平台纷纷转型为所谓的科技金融平台。

不管称谓如何变化，认清本质是最为基础的。究竟什么是互联网金融？互联网金融是借助于互联网技术、通信技术和数据挖掘进行信息传递、遴选与运用，单独或合作实现信用、风险、期限和收益转换，提供支付结算、信用融通、风险管控以及财富管理等服务的新兴金融模式。互联网金融正以其独特的技术支撑、经营模式和价值创造方式，影响着传统金融机构的理念、业务、架构和风险管控模式，逐步成为整个金融生态体系中不可忽视的力量。

（二）互联网金融的本质

互联网金融对传统金融的影响是全面的。随着余额宝成为全国最大的单只基金，互联网金融对于传统金融的影响成为一个重大的社会议题。互联网金融将"颠覆"传统金融发展模式的观点从学术界到实业界成为"阶段性"的共识。从逻辑上，互联网金融通过技术的创新、服务的创新以及更重要的理念的创新，给传统金融带来了全面的影响。

互联网金融的本质日益清晰，它对传统金融并不是颠覆性冲击。三年的时间过去了，互联网金融经历了一个参差不齐甚至野蛮生长的阶段，在一个弱监管的环境中，互联网金融具有重大的创新，也存在诸多的风险。当颠覆论逐步淡化之后，互联网金融的本质更加清晰地自我展现出来。互联网时代带来了两个巨大的变化：第一是信息的透明度，第二是机会的可选择性，而金融的本质是经营信用、管理风险，互联网金融是二者的融合体。基于中国互联网金融业务模式、运行机制及其影响的分析，从本质上，从目前发展状况来看，互联网金融没有摆脱金融本质特征，互联网金融是传统金融通过信息和通信技术在理念、思维、流程及业务等方面的延伸、升级与创新。

互联网金融强化了平等的金融参与权和市场化的金融收益权。互联网金融基于技术的运用，提高了金融产品的供给效率，加大了金融行业的广度和深度，使得全社会各个成员都能享受到与其匹配的金融服务，在为消费者提供平等金融参与权的同时降低了相关的交易成本。在一个存在显著金融抑制的金融体系中，互联网金融给普通大众带来了两个重大的转变，即平等的金融参与权和市场化的金融收益权，这两个权利的获得使得互联网金融具有普惠的特征。这两个权利的变化还使得整个金融市场的格局发生了重大的变化，特别是商业银行的竞争优势和服务认同被弱化。

互联网金融使得金融业务从规模经济向范围经济转换。互联网金融的发展趋势不是对传统金融的实质颠覆，没有脱离金融的本质，更多是理念和思维的创新，更多依靠互联网技术来完善金融服务及其渠道，是金融服务提供的多元化。通过互联网的开放、高效和集成，金融产品和服务的提供变得更加可得、更加高效、价格更加低廉，金融行业的广度不断拓展，金融体系的深度不断深化，互联网时代下的金融业务从规模经济逐步走向了范围经济。即基于互联网的金融服务模式和新型业态将蓬勃发展，甚至形成相对独立的业态。

互联网金融发展一定程度上克服了中国金融深化不足和存在金融抑制的制度弊端，其未来持续发展的趋势是确定的，但也需要基于互联网金融的本质，客观、冷静认清互联网的未来发展趋势。一是互联网金融未来发展空间大小取决于金融体系市场化改革的速度和深度。互联网爆发式增长具有特定制度性基础，随着市场化改革深入，制度基础将逐步削弱。二是互联网金融的发展还是要遵从金融的本质，否则互联网金融创新将面临巨大的风险。互联网金融发展的驱动力是创新，但是，互联网金融长期可持续发展的基础是根据金融领域的规律进行有效风险管控。三是金融脱媒的程度不仅受制于风险收益关系调整，更受制于实体经济需求，互联网金融未来发展应该向实体经济回归才能夯实发展的基础。四是互联网金融监管将日益强化，互联网金融发展将有序化、平稳化，脱离监管或规避监管的互联网金融业务可能不具有长期持续发展的基础。互联网金融与传统金融一定程度上是竞争与融合的动态关系，互联网金融为传统金融的业务结构调整带来机遇甚至会重构部分传统金融机构的业务模式。五是互联网金融内部将有一个优胜劣汰、自我竞争的过程。从国际经验看，互联网金融没有成为一个独立的金融生态体系，未对传统金融体系产生颠覆性冲击，反而促进传统金融与互联网的融合创新。随着中国金融体制改革的深化，互联网金融更多回归于与传统金融体系的融合上，更多回归至对现有信用体系的完善上，更多回归至对实体经济的服务上。传统金融机构基于既有的优势，亦将借助互联网金融相关的理念、技术、模式和渠道，正在重构其发展理念和业务体系，重塑互联网时代新的竞争优势。

（三）互联网金融与金融科技的关联

泛亚交易所、E租宝等互联网金融平台的风险事件使得互联网金融被拉下了神坛，甚至成为风险的代名词。在这个过程中，很多P2P网贷平台、股权融资平台和互联网理财平台等开始转型、标榜为"金融科技平台"。那么，一个重大的问题就是互联网金融与金融科技的关系。如果金融科技平台是原来众多互联网金融业务主体转型而来，那么，金融风险、金融监管及整个体系稳定性就不会有太多的问题。但是，如果互联网金融与金融科技存在实质性的重大区别，那么，我们就应该以新的视角来审视金融科技及其影响。

互联网金融是金融科技的一个早期发展阶段，但是，金融科技的内涵要远远比互联网金融更加复杂。互联网金融是互联网技术在金融服务理念、思维、流程及业务等方面的延伸、升级与创新，是一种业务流程及业务模式的再造，而金融科技更多是一种生态格局的重构。互联网金融使得金融服务线上化，金融科技使得金融服务科技化。从发展的角度看，金融科技充分融合了金融和科技的要素秉性及其融合效应，是未来互联网金融发展的主导方向。

金融科技正以其独特的技术支撑、经营模式和价值创造方式，影响着传统金融机构的理念、业务、架构和风险管控模式，逐步成为整个金融生态体系中不可忽视的力量。金融科技成为金融与科技结合的新理念。当金融和科技真正融合其中,移动互联、人工智能、大数据、云计算、区块链等技术真正应用在金融体系的期限转换、信用转换、收益转换以及风险转换之中,科技不仅延伸、升级并创新了金融服务理念、思维、流程及业务等方面,更重要的是,科技在金融体系中凸显了资源要素整合功能。

二 互联网金融的发展与影响

(一) 互联网金融的主要业态

根据银行的商业模式,我们把与其紧密相关的互联网金融业态分为以下四类来梳理。

1. 支付结算

在互联网浪潮的冲击下,中国支付行业正发生巨大的变化。非银行机构特别是第三方支付机构加剧了行业的竞争,网络支付市场逐渐扩大,电脑端向移动端转移加速,支付效率和便捷性逐步提高。2015年非银行支付机构网络支付交易额达到49.5万亿元,占金融机构总体交易额的1.9%,较2013年的1.0%稳步提高。其中,第三方支付的互联网支付和移动支付高速增长。特别是移动支付端爆发式增长,2015年第三方移动支付交易额达15.7万亿元,已超过当年互联网支付交易量,并且已经达到银行移动支付交易额的9.4%。据艾瑞咨询预测,到2016年末互联网支付和移动支付用户规模将分别达到4.9亿元和4.4亿元,其中移动支付用户是2013年的3.3倍。

传统银行卡的支付份额不断被第三方支付机构蚕食。2015年第三方支付网络支付(互联网支付+移动支付)交易额达21.9万亿元,占银行卡消费和转账合计交易额的4.2%,高于2013年的2.3%。

2. 信用转换

不管是直接参与信用转换,还是作为信用转换的信息平台,互联网平台在信用转换中发挥了重要的作用,特别是P2P网络贷款和股权众筹投资成了互联网信用转换机制的重要载体。P2P网贷在过去五年发展迅速,截至2016年10月贷款余额已达7487亿元,而2011年末只有区区的12亿元。

P2P网贷成交量2016年有望超过2万亿元。但是，由于近期经济增速放缓加上前期监管力度不够，近来行业增速逐步放缓，P2P网贷行业频频出现跑路和停业，平台数量呈现了阶梯下降的走势。2015年底全国正常运营平台数量有2595家，而截至2016年10月底，正常运营平台数量已经下降至2154家，减少了共441家正常运营平台。随着相关互联网金融的监管趋紧，网贷行业也在向着更加健康的方向发展。

消费金融成为互联网时代迅速崛起的领域。在互联网消费金融经历了2013~2014年的起步阶段后，互联网巨头（特别是电商）纷纷开展消费金融，交易规模呈井喷式发展。据艾瑞咨询的数据，2015年互联网消费金融交易规模达到2356亿元，远高于2013年的60亿元。电商生态消费信贷，比如蚂蚁金服的花呗、京东白条，成为主要驱动力。在2016年的天猫双11活动中，花呗占20%的支付笔数。艾瑞咨询预测2017年电商生态消费信贷交易规模达到1.5万亿元，占到总的互联网消费金融交易规模的74%。

虽然银行机构的传统个人消费信贷（除去房贷）规模（2015年信贷余额为4.8万亿元）远大于当前的互联网消费金融，但是互联网金融通过场景化产品、开拓长尾客户，未来几年将会继续爆发式增长。比如，花呗的用户超过1亿人，其中60%的人，从来没有使用过信用卡。根据艾瑞咨询的预测，到2019年互联网消费金融交易额达到6.8万亿元，接近当年个人信用卡信贷余额（约7.4万亿元）。

供应链金融成为互联网平台拓展B端客户金融业务的主流模式。在以银行为主导的传统供应链金融市场，随着互联网技术的飞速发展，电商平台、核心企业、物流企业、P2P平台和第三方支付企业将纷纷进入并大举拓展供应链金融市场。同时，银行不断加大IT投资力度，实现供应链金融业务的电子化、线上化建设。供应链金融市场广阔。第三方研究机构估算2015年供应链金融市场规模为10万亿~12万亿元，2020年有望达到15万亿元。

3. 财富管理

余额宝的推出及爆发式增长成为我国互联网财富管理的导火索，引爆了线上理财市场。参与互联网理财的用户规模和资产规模高速增长。根据艾瑞咨询的数据，中国互联网理财用户数量从2013年的0.5亿人增长到2016年4.4亿人，同时互联网资产管理规模也从2013年的4548.5亿元扩大到 2016 年的 27732.1 亿元。互联网财富管理产品也从较早的货币基金拓展到各种类型基金、保险理财、保本理财、非保本理财甚至大宗商品投资等。

互联网财富管理的快速发展显著降低了理财的进入门槛，对传统的银行理财业务造成了较大的冲击。互联网资产管理规模截至 2015 年末为 1.8 万亿元，已达到当年银行理财资金余额 23.5 万亿元的 7.7%，高于 2013 年的 4.5%。2015 年银行理财规模虽持续扩张，但发行规模增速有所下降。全年产品发行总量 186792 只，同比增速 3.48%，明显低于 2014 年的 25.31%。互联网已成为个人理财的常规渠道，未来其增长速度将逐步趋于稳定，行业的再度提升更多依赖于模式的创新，特别是依赖金融科技的助力。

以互联网货币基金为例，余额宝（互联网货币基金）打响互联网理财第一枪之后已有三年时间，互联网基金行业获得了高速发展。互联网基金销售领头羊天天基金网 2012 年获得第三方基金代销牌照，短短数年后的 2015 年基金销售额已达到 7433 亿元，逼近工行的 1.04 万亿元。

互联网保险目前处于爆发期，从渠道（互联网渠道）到产品（互联网化的保险产品）、商业模式（P2P 保险新模式）都开始转变。多数大中型保险公司自建了互联网平台，还存在 4 家专业互联网保险公司、互联网中介平台、电子商务保险平台。目前互联网保险用户已超过 3.3 亿户，2015 年互联网保费达到 2234 亿元，同比增长 160.1%；2016 上半年 1431.1 亿元，同比增长 175%。2016 年上半年理财型人身险保费占互联网保险产品保费的 81.6%，虽然银保渠道仍占总寿险保费的 40% 左右，但是未来互联网保险对传统的银保渠道的冲击不可小觑。未来，借助于新兴的保险科技（大数据、物联网、区块链等），互联网保险产品趋于多元化、个性化、场景化，将与互联网金融深入融合。

4. 普惠金融

得益于信息和通信技术的应用，互联网金融有潜力提供高效率、高效果、广覆盖的普惠金融产品和服务，是普惠金融的重要依托和表现形式。不过，值得注意的是，普惠金融不是互联网金融的独立业态，互联网金融通过技术优势部分解决了传统金融服务可得性和成本收益性问题，使得互联网金融自身具有了普惠性，成了普惠金融的重要表现形式。

对于个人群体来说，我国普惠金融已经走在发展中国家的前列。根据世行的最新数据，中国的大部分指标均排在发展中国家前列，特别是账户普及率和储蓄普及率等指标表现较好，显著优于G20国家的平均值。但是中国地域广阔，普惠金融的指标表现很不平衡。从我国的实际情况来看，偏远地区的居民、城乡低收入群体和中小微企业将成为最重要的受益者，因为传统的金融机构服务成本较高、利润率低、缺乏有效抵押物、潜在风险大。此外，融资、基础保险（养老、健康险）、综合金融及信息服务平台当前还较为薄弱。互联网金融借助于互联网技术的发展、数字科技的不断创新，较为有力地针对上述薄弱环节建立了可持续的商业模式。

互联网金融有潜力缓解中小微企业融资难的问题。中小微企业融资难一直是传统金融的痛点。公开数据显示，我国中小企业数量达到7000多万户，占全国企业总数的99%以上，广发银行的调研数据显示，平均每家小微企业的资金缺口约为70.5万元。互联网金融提供的P2P网贷、股权众筹、商户及电子商务融资、供应链金融及贸易融资等产品和服务，有助于缓解中小微企业的融资难、融资贵问题，有望帮助改善中小微企业的资产负债表。

（二）互联网金融对传统金融的影响

1. 支付结算

第三方支付是互联网金融中发展最早、对传统银行机构实际影响最为深远的一项业务。从第三方支付的最早发展阶段看，第三方支付只是代替客户与以商业银行为核心的支付清算体系建立关联性。第三方支付机构代替客户成为商业银行支付清算的对手方，并通过在不同银行开设中间账户来实现资金轧差，是在传统的"客户—银行—央行"三层支付清算体系中嵌入新一层级实现"客户—第三方支付—商业银行—央行"四层支付清算体系，第三方支付体系并没有本质脱离传统支付体系并要最终依靠传统支付清算体系（谢平、刘海二，2014）。由于第三方支付机构集约化处置资金流和支付清算业务使得支付清算体系的效率和便利性有所提高，起初对银行是一个较好的共赢合作机制，对支付体系亦是一种完善机制（吴晓光等，2011）。

但是，随着第三方支付快速发展起来，第三方支付机构部分替代了银行的支付业务并发展了其他相关的衍生业务，第三方支付机构与传统金融机构特别是银行逐步呈现一种竞争的关系。比如支付账户备付金账户沉淀资金使用，最为经典的就是余额宝，其备付金账户资金大多来自银行体系的存款，而且第三方支付机构也不断侵蚀银行的相关中间业务，从而相对银行体系反而呈现竞争多于合作的格局。支付结算是金融中介特别是银行机构的基础功能，是银行机构其他业务的基本载体，随着互联网金融基于第三方支付的业务拓展，互联网金融所带来的"脱媒"效应最为直接的体现就是第三方支付使得银行机构的支付结算功能在弱化。这也是银行机构最为警惕的一个领域，也是银行机构重新构建互联网金融竞争新优势的重点环节。

第三方支付不仅影响银行的服务渠道，最终可能与银行在信用创造和融资服务上直接竞争。第三方支付蓬勃发展使得存、贷、结、汇等服务的渠道多元化，是支付结算体系的一个竞争者，同时第三方支付将逐步向主体性和实质性金融服务渗透，将在信用转换和融资服务等领域与银行等展开正面竞争。

2. 信用转换

信用转换是银行机构在支付结算功能基础上发展起来的核心业务模式，是其金融中介职能发挥的核心手段。信用转换过程中，银行机构本质上是信息不对称的风险管理者，通过银行自身的风险管理体系来缓释资金需求者和资金供给方的信息不对称问题，使得信用转换得以进行，即实现了资金的融通。当然，这个过程中，还涉及与信用转换相关的风险转换、期限转换和收益转换等。

自从P2P网络借贷、股权众筹等新型信用转换模式兴起，互联网金融的信用转换业务逐渐成为新的业务潮流，并逐步呈现基于互联网的信用转换新机制。从目前国内互联网金融的信用转换发展趋势来看，国内已经形成P2P网络借贷、股权众筹、供应链金融、消费金融等新型业务模式，并且处在一个蓬勃发展的阶段。不过，值得注意的是，在基于互联网的信用转换中，互联网金融机构的职能定位存在重大的差异，即信息中介和信用中介的区别，而且，这种差异化直接导致了对互联网金融监管的定位。基于互联网的信用转换给传统银行机构带来了重大的影响。

（1）网络借贷与股权众筹

在互联网的信用转换中，最具有社会影响力的就是P2P网络借贷和股权众筹。互联网信用业务对银行部门的现有信用业务的影响是多元的,对于不同类型银行的影响具有结构性特征。网络借贷增长速度较快,但是整体规模不大,对融资体系的影响较小;而"网络投行"股权众筹整体处在初步发展阶段,尚未形成较为独立的业务生态。P2P网络借贷和股权众筹这两大互联网信用转换业务对于银行机构整体的实质冲击仍然是有限的,更多的是社会舆论方面的影响。

网络借贷在贷款余额中的比例小,与银行机构尚未形成直接的全面竞争关系。从交易量看,P2P网络借贷的规模较大,截至2016年10月底,P2P网贷行业历史累计成交量为29650.33亿元,其中2016年1~10月累计成交量达到15998.12亿元。但是,从贷款余额看,截至2016年10月底,P2P网贷行业贷款余额为7486.72亿元(网贷之家,2016)。从交易量和贷款余额的增长看,P2P网络借贷处在一个快速发展的过程中,但是,相对于新增人民币贷款规模(2016年前三个季度为10.16万亿元)和人民币贷款余额(截至2016年9月末为104.11万亿元),P2P网络借贷对银行机构的影响仍然是相对有限的。当然,在服务对象上,P2P网络借贷的对象主要是中小微企业和个人,对于中小银行而言,其服务对象也有较大的业务比例覆盖于中小微企业和个人,这部分可能会与网络借贷相互竞争。但是,整体而言,中小微企业和个人业务在银行的业务体系中占比相对较小,P2P网络借贷与银行机构在服务对象上呈现一种互补的状况,尚未形成直接的全面竞争关系。

股权众筹的融资规模有限,加上融资本质的区别,股权众筹融资对于银行机构的影响更为有限。其一,不管是从全球还是从中国来看,股权众筹融资更多是一种理念创新,业务整体规模有限。在国内,股权众筹融资仍然处在初步的发展阶段,国内股权众筹平台上股权项目融资基本是数万元至数百万元,仅有少数案例融资超过千万元融资规模且增长速度较快。国内众筹发展较为迅猛的是产品众筹,但是,产品众筹本质上是产品预售,与真正的股权融资是存在实质性区别的。截至2016年10月底,全国正常运营众筹平台为448家,其中,股权众筹平台为123家,当月股权众筹融资项目148个,融资额为14.4亿元。其二,真正的股权众筹融资仍受到制度性约束。在中国由于证券法规定,股权众筹一旦超过200人则可能成为非法集资,股权众筹需要在融资和合规中寻得平衡,这制约了股权众筹的快速发展。其三，商业银行在法律上仍然不能直接从事股权投资业务。《商业银行法》第 43 条对此有明确的要求，即商业银行在中华人民共和国境内不得从事信托投资和证券经营业务，不得向非自用不动产投资或者向非银行金融机构和企业投资，但国家另有规定的除外。虽然，现在部分商业银行联合其他类型金融机构或者设立子公司从事股权融资业务，但是，在法律上，商业银行和股权众筹平台在股权融资上不会产生直接竞争的关系。

更值得注意的是，P2P 网络借贷和股权众筹未来将受到更加严格的监管，这使得其对银行业的影响可能有所弱化。2016 年 10 月份发布实施的《互联网金融风险专项整治工作实施方案》、《P2P 网络借贷风险专项整治工作实施方案》和《股权众筹风险专项整治工作实施方案》对于基于互联网的债权融资和股权融资将进一步规范监管，网络借贷和股权众筹将逐步告别野蛮生长的阶段，进入一个更加有序的发展时期，资金运作、信用转换和风险管理等将更加完善，使得互联网信用转换与银行业的关联将更加有序，这对于银行业机构也是有利的。

（2）消费金融

根据国际经验，当人均 GDP 超过 6000～7000 美元的时候，居民消费将呈现较大的变化，从普及型消费向升级型消费转换，这个变化给消费领域带来格局性的变化：消费端的需求将呈现日益显著的长尾效应。在人均收入增加并达到一定门槛之后，以互联网技术与大数据驱动的新型销售模式以及金融服务模式，基于信息互联网技术的低成本性，较好地解决销售与金融服务的可得性问题，同时，加上长尾客户的价值提升，长尾服务收益性亦变得更加具有价值，这将会改变传统的销售和金融服务的"二八"原则，使得服务更加广泛、服务具有成本收益上的可持续性。长尾效应使得金融服务解决了可得性和可持续性两大难题。

随着消费在国民经济中的地位不断提升、互联网金融的兴起特别是网络电商的迅速发展，消费金融呈现高速增长的态势，跨界市场参与者"跑步"进入，市场竞争多元化格局已经初步形成。比如，在双 11 期间，利用互联网技术的便利性和低成本性，卖家降价让利、中间机构发券鼓励、物流机构积极配合、消费金融提供支撑，形成了便宜、高效和综合的商品服务供给和消费金融服务，特别是有效供给。这种基于技术和服务的有效供给改善，可以较好地匹配真实的消费需求，亦凸显了消费金融未来的发展潜力。

相对于银行机构而言，基于互联网开发的金融消费产品大大缩短了从传统银行贷款申请到审批放款的周期，提高了便捷性，降低了成本，优化了客户体验。从结果看，基于互联网的消费金融业务，充分利用了互联网技术的高频处理能力、成本低廉优势以及基于大数据的风险管控，迅速覆盖了传统银行此前所难以或不愿覆盖的客户群体，呈现较为明显的"长尾效应"。基于互联网的消费金融服务对象逐步从长尾客户向高端客户拓展，逐步对传统银行基于"二八定律"的客户结构产生深刻的影响。比如，互联网金融机构充分利用第三方支付的入口以及金融社区化特征，提供了综合的消费金融产品，对商业银行的支付结算、传统信贷以及财富管理等业务产生全面的影响。

（3）供应链金融

在供应链金融方面，银行机构与产业公司的供应链金融模式亦受到互联网金融发展的直接影响。此前，银行机构基于和产业公司的长期合作，形成一种较为稳定的基于授信融资的供应链金融模式，但是，随着互联网金融的发展特别是基于电商平台的金融业务拓展，逐步形成了以电商平台为核心，以供应链企业为服务对象，以资金流、信息流、物流和商流充分融合为特征的互联网供应链金融。

基于互联网的供应链金融存在两个业务模式：一种是对供应链企业的信用供给由银行等传统金融机构来提供，另一种是对供应链企业的信用供给由电商平台或其关联机构来提供。目前，后一种模式处于日益强化的状态，比如，天猫以蚂蚁小贷为重要的信用供给方，京东平台是以京东金融下属的京东小贷为重要的信用供给方。在后一种业务模式中，对于电商的上游商家，电商依靠过往的订单、结算、物流、交割以及评价等数据形成一个自我强化的循环系统，并在这个系统之上建立供应链金融的业务模式，对厂商给予网络商铺、交易结算以及资金融通等"赋能"服务，解决了厂商的销售和金融服务难题。互联网技术的普及，使得传统商业银行供应链模式面临金融产品层面的竞争，更面临综合服务层面的竞争。

由于供应链金融涉及的是商业银行的对公业务，互联网模式下的供应链金融对于未来银行业对公业务的影响需要持续关注。互联网通过电子商务掌握的大量客户的信息，从银行客户的交易端、电子商务端衍生的互联网金融，迫使银行在理念上必须重新审视被割裂的资金流、物流和信息流，并进行整个商务链条的整合（姜建清，2013），银行部门将不得不重塑其服务体系和经营模式（牛锡明，2013）。

3. 财富管理

互联网理财业务的快速发展给传统银行机构财富管理业务带来日益显著的影响。过去10余年，在银行业管制放松和金融创新深化的双重驱动下，银行业财富管理业务快速发展起来，截至2016年6月底，全国共有454家银行业金融机构有存续的理财产品，理财产品数68961只，理财资金账面余额26.28万亿元。在经济下行阶段和利率市场化不断深化的过程中，"轻银行"成为银行业转型的重大方向，财富管理的重要性更加凸显。但是，现在互联网理财业务迅猛发展，对银行机构的理财业务以及银行业转型带来了直接的影响。

首先，现金型或货币基金型互联网理财产品直接影响了银行部门的存款特别是活期存款。银行目前遭受互联网理财业务发展最为直接的压力是存款吸收能力下降及存款成本上升。互联网金融产品高息吸收的资金最终也是要投放到货币市场的，即两个去向：委托银行做资产管理或拆借给商业银行，带来的结果就是减少了银行获取低成本资金的来源，倒逼银行高息揽储，提高了融资成本。

其次，互联网理财产品对银行业理财产品具有替代性。银行理财产品一般具有较高的门槛，收益较高的理财产品甚至具有私募的特性，但是，互联网理财产品依托技术的便利、成本的优势和收益的吸引逐步形成了对银行理财产品的一定替代性，甚至部分互联网理财机构通过化整为零的结构性调整方式使得私募产品公募化。互联网理财通过极低的理财门槛对银行理财产生了明显的冲击。

最后，互联网理财产品弱化了银行理财的渠道功能。银行的理财产品很多是渠道业务或相关的其他中间业务，但是，其渠道费用基于成本原因相对较高，这使得其他财富管理或资产管理机构的渠道从银行柜台逐步转向线上化自建理财产品网上渠道或者和互联网理财平台合作，使得银行理财渠道功能被弱化。

4. 普惠金融

加强金融基础设施建设，不断提高金融服务的覆盖率、可得性和满意度，使得最广大人民群众公平分享金融改革发展的成果，支持实体经济实现包容性增长已成为国家战略，普惠金融将深入发展。发展普惠金融，客观上要求传统金融机构转变业务模式，下沉金融服务，能够以可负担的成本为有金融服务需求的社会各阶层和群体提供适当、有效的金融服务，为小微企业、农民、偏远地区居民、城镇低收入人群等弱势群体提供更加广泛、便利、快捷的金融服务，让那些传统金融服务的边际人群享受到适当的金融服务，增加金融服务的深度、广度、便利性与可得性。互联网技术的发展，科技与金融的融合，为普惠金融的实现奠定了坚实的基础。国家政策积极推动互联网金融服务普惠金融，未来基于互联网思维的普惠金融将深入发展。

2016 年以来，国务院印发《推进普惠金融发展规划（2016 – 2020年）》，鼓励金融机构运用大数据、云计算等新兴信息技术，打造互联网金融服务平台，为客户提供信息、资金、产品等全方位金融服务，同时鼓励银行业金融机构成立互联网金融专营事业部或独立法人机构。"十三五"规划中也明确提出发展普惠金融和多业态中小微金融组织。基于互联网思维的普惠金融业务亦可能成为传统银行业转型发展的重要选择方向之一。

（三）金融科技兴起及其对金融体系的挑战

金融科技成了金融与科技结合的新理念。互联网金融一定程度上是线下金融产品服务的线上化过程，很多机构是以互联网金融之名行传统金融之实，甚至出现了"洗白"、"自融"乃至欺诈等违法行为。根据中国过去 2~3 年互联网金融发展的状况和趋势，国内互联网金融很大程度上是金融部门利用互联网技术的便利性、科技化和普惠性实现其金融服务及渠道的多元化。国内大部分互联网金融的发展并没有摆脱金融本质特征，本质上互联网金融是金融通过互联网技术在理念、思维、流程及业务等方面的延伸、升级与创新。①在互联网金融中，互联网更多呈现的是一种工具功能，而非资源要素整合功能。但是，当金融和科技真正融合时，移动互联、人工智能、大数据、云计算、区块链等技术真正应用于金融体系的期限转换、信用转换、收益转换以及风险转换之中，科技不仅延伸、升级并创新了金

---

① 胡滨、郑联盛：《互联网金融不是颠覆者》，《上海证券报》2014 年 7 月 3 日。

融服务理念、思维、流程及业务等方面，更重要的是，科技在金融体系中凸显了资源要素整合功能。

1. 跨界化

不管是互联网金融，还是新近兴起的金融科技，其一个核心的特征就是跨界化。跨界化的表现主要体现在两个方面：一是金融科技至少跨越了技术和金融两个部门；二是金融科技中的金融业务可能跨越了多个金融子部门。金融科技的跨界化是行业层面甚至是体系层面的跨界，比金融领域的综合化经营更加复杂。

金融科技的跨界化给金融体系及其相关的监管带来了深远的影响。首先，金融科技可能重构了相关金融子行业或业务的成本收益结构。互联网金融以及金融科技发展的基础是所谓的"长尾效应"。长尾效应在互联网金融的应用主要体现为与二八定律的"对峙"，认为通过互联网平台整合那些传统金融机构不太在乎、数量巨大的小客户，其业务规模甚至可能超过传统金融机构十分在意的重点大客户的业务规模。[1] 从技术层面出发，金融科技长尾效应主要体现在外部经济、规模效应和范围经济三方面，长尾效应的产生在一定意义上改变了金融供给曲线和需求曲线均衡的位置，改变了传统金融要素配置的领域及行业属性，形成促进资金供求的新配置机制，更是改变了金融科技相关业务的成本收益结构。[2] 对于传统金融机构而言，最为主要的成本主要来自三个方面：一是资本金，二是监管成本，三是人力与技术投入。在金融科技的业务范畴里面，可以通过机制的创新来规避资本金问题（比如银行、证券、信托等机构都需要大量的资本金），可以通过模式的创新来解决监管成本问题（比如互联网信用转换机构可以用非常低的资本金以非常快速的交易及资金周转来规避相关的监管成本问题，比如，银行的资本协议、拨备及证券机构的保证金等），还可以通过技术的创新来降低技术和人力的成本，比如，移动支付的成本可以比传统支付的成本低数倍。成本和收益结构的重构深刻影响了这类机构的监管属性。

跨界化对监管可能会带来几个重要的问题。一是监管机构对金融科技企业采取弱监管态度。监管机构由于监管边界问题可能对金融科技机构是

---

[1] 任律颖：《谈长尾效应与发展大众零售银行服务》，《浙江金融》2010年第5期。
[2] 王馨：《互联网金融助解"长尾"小微企业融资难问题研究》，《金融研究》2015年第9期。

弱监管状态，特别是在监管定位上可能认为它是一个科技企业而非金融企业，认为它是一个信息中介而非信用中介。二是监管机构可能低估金融科技企业的系统重要性。在监管当局眼中，此金融科技机构可能是一个资本金很小、人员较少且在其监管范围内没有明显违规问题的小机构，但是，在本质上金融科技公司可能是一个横跨多个金融子行业和金融子市场、具有复杂内在关联性的金融机构。而在对于系统重要性的研究中，内在关联性成了系统重要性的最为核心的指标。① 三是监管能力无法匹配金融科技的发展现实。即使监管机构明确了金融科技企业的监管定位以及自身的监管职能，并对金融科技可能引发的风险进行应对，但是，监管机构可能会发现其监管的能力或者风险防范所需要的监管能力无法匹配金融科技企业及其业务的发展。比如，监管机构无法识别金融科技企业的数据算法逻辑及其漏洞，甚至看不懂金融科技算法所用的计算语言。

2. 去中介化

在一个完善的金融体系中，金融中介机构作为中介发挥了基础性的作用，一定程度上金融中介机构是金融体系的核心组织架构。经过近40年的发展，我国金融体系形成了以银行业为主，证券、保险、信托、基金、期货、财务公司等为支撑的金融中介机构体系。但是，随着金融科技的发展，金融脱媒可能日益深化，以人工智能为支撑的创新服务模式，可能导致金融中介机构的功能弱化，未来其数量可能进一步缩减。这实际上是一个金融中介机构去化的过程。

金融科技在弱化中介机构功能的同时，可能给金融监管体系带来新的挑战。一是进一步强化了机构监管与功能监管的分野。比如，在第三方支付创新中的一个创新——Rapple 支付体系，它绕过了传统的 SWIFTS 体系、以做市商机制作为流动性的提供机制进行汇率的即时兑换以及资金的跨境流动，但是，一旦这个系统出现重大问题时，那么，被监管的对象是谁呢？是 Rapple 系统的管理方、做市商，还是 Rapple 体系关联的资金汇出端机构或资金接收端机构？在这个过程中，资金跨界流动的功能实现了，但是，被监管的主体却是不明确的。二是对金融消费者的保护带来新的问题。比如，在 VTM 的操作中，金融消费者可能因为疏忽或错误输入信息导致自身

---

① 郑联盛、何德旭：《宏观审慎管理与中国金融安全》，社会科学文献出版社，2012。

利益受损，由于 VTM 的风险提示功能及其效果可能弱于人工，当消费者利益受损时，那么其维权如何进行？在这个过程中，消费者本身和人工智能所依附的机器人职责如何界定？机构监管、人员监管的传统监管模式的有效性可能弱化。三是传统中介机构故意"主动脱媒"以降低监管成本。金融中介机构最没有弹性的成本就是监管的成本，特别是微观标准的约束越多则监管成本就越大、刚性就越强，如果监管机构对金融科技机构的监管相对弱化（可能是被动式的），那么传统中介机构可能通过与金融科技机构合作、自建类似金融科技机构等方式来规避相应的监管。在人工智能全面发展的金融体系中，最多的主体可能就不是金融机构或金融公司，而是科技机构或金融科技公司。

3. 去中心化

以区块链为支撑的去中心化或成为金融科技的第三大挑战。互联网金融机构或者金融科技机构更多是一种网络化的平台甚至是生态，呈现去中心化的趋势或呈现分布式的特征，在这个过程中，各个相对独立分布且其自身资产负债表与业务的资产负债结构关联不强的平台成了被监管的对象，而传统意义的监管则是针对法人机构进行的，这使得传统监管体系的集中化、中心化和机构化的监管面临重大的约束。有研究认为，互联网金融通过去中心化，可能可以降低系统性风险[①]，但是，互联网金融去中心化的背后实际上是部分金融机构主动地进行监管规避，这需要在金融服务及其经济社会效益与其中的潜在风险中进行有效的权衡。

去中心可能使得市场迅速出清，但也可能导致市场瞬间失效。去中心化的金融服务布局使得金融科技及其相关的服务可能在一个局部性平台上形成一个有效的均衡，但是，不同的分布式平台在集成时候能够形成一个有效的合成体则存在一定的困难，甚至可能出现合成的谬误。比如，一个平台的资金融通可能是有效的，其形成的债务债权关系可能也是清晰的，在这个基础上将债权作为基础资产进行资产证券化，在证券化的市场上可能也是有效的，但是，在基础资产转变为证券化资产并进行交易的过程中可能会存在两个市场的信用风险及其信用利差定价的偏差，最后使得整个

---

① 谢平：《互联网金融去中心化或降低系统性风险》，在 2015 普惠金融 CRO 全球峰会上的演讲，2015 年 10 月 30 日。

新型业务链条难以有效融合。

中心化监管与去中心化运作的错位更是值得监管警惕。目前绝大部分金融服务及其基础设施都以中心化为核心框架，包括货币政策，但是，金融科技主导下的金融服务和产品的运营则是去中心化或分布式进行的，在这个过程中就会形成一个分布式的运作模式与一个中心化的监管体系的制度性错配。这个错配可能会比金融混业下的混业经营与分业监管的制度性错配带来更多、更复杂的金融风险，因为金融科技下的分布式运作还可能同时伴随着上述的去中介化的趋势。这可能使得金融风险更加容易在空间上形成传染，并演化为系统性风险，而且可能会出现无法救助机构的窘况。

4. 自伺服

伺服功能将是金融科技的第四大挑战。以现代信息、人工智能、大数据、云计算以及区块链等为支撑的科技参与金融体系的要素整合，可能使得金融科技具有自我强化的自伺服功能，或具有一定的学习能力。虽然，科技之间无法相互交流以及社会化，但是，具有一定自我学习能力将是未来人工智能的重要方向，一旦自伺服和自我学习成为金融科技的一个重要应用方向，那么就会导致相应的监管问题。首先，具有自伺服功能的模型和算法可能会引发一个程序依赖自我强化的过程，进而可能导致风险的累积或者其他风险的出现。其次，任何算法模型可能与现实都是有偏差的，或者是运行一段时间之后的算法及模型可能出现与现实情况新的偏差，这可能使得相关的运行无法收敛。再次，在人工智能领域中，信息数据的安全性是一个潜在的隐患，数据一旦泄露，在一个自我强化的系统里可能极速扩散或导致更加严重的数据篡改等问题。最后，人工智能的自我学习功能可能使得机器变成"坏小子"，可能演变出智能欺诈等风险。

在人工智能在金融领域的运用中，金融监管的重点将从金融机构与金融从业人员转变为人工智能技术，监管的对象变成更加虚化的非实体技术，比去中介化后的平台更难监管。同时，监管有效性取决于技术风险的控制而非微观监管标准的强化，甚至微观监管标准强化可能反而促进人工智能等相关技术在金融服务和产品中的更广泛、更深入的应用，可能导致更多的新风险或挑战。金融机构、互联网企业以及金融科技企业应用诸如云计算、大数据、人工智能、应用程序编程接口和密码学创新等新技术，能更有效地解决监管和合规上的问题，并符合相关的微观监管标准，从而形成有效规避监管的新兴技术体系——监管科技（Regtech）。

三　互联网金融的监管

（一）互联网金融监管的历程

1. 互联网金融监管的缺位

2015年7月18日《互联网金融发展指导意见》发布之前，虽然，互联网金融在国内发展经历了数年的时间且发展的速度非常迅猛、涉及的主体特别是投资者数量非常之多，但是，互联网金融整体呈现弱监管的状态。在互联网金融的经典业务模式中，第三方支付是监管较早的领域。2010年6月，中国人民银行出台《非金融机构支付服务管理办法》，开始对第三方支付进行牌照管理，将其正式纳入监管范畴，但是，第三方支付的创新非常之多，监管难度持续加大。P2P网络借贷、股权众筹、互联网资产管理及跨界金融业务、互联网广告、虚拟货币等的监管基本处于弱监管甚至无监管的状态。

2015年7月之前，我国互联网金融监管中有三个重要的问题。一是监管空白。部分互联网金融业务存在缺乏监管责任主体的问题，处于无人监管的状态。而从事相关业务的微观主体则存在一种主观能动性，刻意规避相关的监管，进行多样化的创新以规避监管，甚至以迅速做大为目标，使得监管主体陷入不同程度的被动地位，甚至出现了监管空白。二是弱监管。虽然，部分互联网金融业务具有相应的规则及制度，但是，很难进行具有针对性的有效监管。比如，十分盛行的互联网担保，其存在可能使得互联网金融平台从一个信息中介转变为信用中介，但是，由于担保机构数量多、业务多元，监管主体难以全面、有效、及时地对其进行监管，难以实施强制性监管措施，从而出现了部分平台自担保的现象。三是监管缺位。在互联网金融的快速膨胀中，监管主体及其责任不明确、监管措施不到位以及监管制度政策工具不完善，使得监管体系无法匹配互联网金融快速发展的现实，以致整个互联网金融监管整体呈现监管缺位的现象。

P2P网络借贷可反映监管体系的问题及其影响。对于网络借贷而言，2015年7月之前国内尚未明确监管框架甚至没有明确监管主体，当时网贷是潜在风险最为巨大的互联网金融业务领域。P2P网络借贷呈现爆发式甚至"野蛮式"增长，网络借贷以互联网金融为名，催生民间借贷互联网化的趋势，规模巨大的投资者被卷入其中。但是，监管基本处于空白的状态，网络贷款及其外溢效应所导致的金融风险基本处于不受监管的状态。自2014年7月上线后，E租宝在以高收益为诱饵的庞氏骗局支撑下，虚构融资租赁项目，持续采用借新还旧、自我担保等方式大量非法吸收公众资金，交易规模快速挤入行业前列，截至2015年11月底风险暴露前夕，E租宝累计成交超过700亿元、非法吸收公众资金500多亿元，涉及90多万人。

在E租宝事件之前的2015年4月，另一个具有互联网基因的泛亚金属交易所事件，亦充分显示了强化互联网金融监管的必要性。2015年4月起，泛亚有色金属交易所"日金宝"投资项目发生了挤兑事件，该产品累积融资规模超过400亿元，涉及全国28个省市区以及20多万个投资者。泛亚交易所事件和E租宝事件是互联网金融领域典型的风险案例，它们不仅揭示了互联网金融本身的风险问题，更是揭示了监管体系的缺位问题，泛亚交易所事件和E租宝事件将互联网金融的监管推至一个急迫的位置。

2. 互联网金融监管的转折

《关于促进互联网金融健康发展的指导意见》（以下简称《指导意见》）是我国互联网金融监管的重大转折。在互联网金融监管任务日益紧迫的情况下，为促进互联网金融健康发展、明确监管责任、规范市场秩序，十个相关的部委以"鼓励创新、防范风险、趋利避害、健康发展"的总体要求出台了《指导意见》，并按照"依法监管、适度监管、分类监管、协同监管、创新监管"的原则，确立了互联网支付、网络借贷、股权众筹融资、互联网基金销售、互联网保险、互联网信托和互联网消费金融等互联网金融主要业态的监管职责分工，落实了监管责任，明确了业务边界。

《指导意见》的出台最为重要的意义是明确了互联网金融的监管原则以及相关业务的监管主体责任，是我国互联网金融监管的里程碑事件。该指导意见明确，互联网金融本质仍属于金融，没有改变金融风险隐蔽性、传染性、广泛性和突发性的特点。加强互联网金融监管，是促进互联网金融健康发展的内在要求。国务院指导意见已经为互联网金融各业态的发展明确了定位，对各业态的监管明确了主体，指导意见以及监管细则的相继出台并不是互联网金融的终点，而是互联网金融规范发展的新起点。

3. 互联网金融监管的专项整治

在国务院《指导意见》（以下简称《指导意见》）的要求下，互联网金融监管应遵循"依法监管、适度监管、分类监管、协同监管、创新监管"的原则，科学合理界定各业态的业务边界及准入条件，落实监管责任，明确风险底线，保护合法经营，坚决打击违法和违规行为。随后，互联网金融风险分类监管和专项整治成为监管体系的核心任务。

对P2P网络借贷的监管成为互联网金融发展指导意见发布后第一个分类监管的重大举措。互联网金融的风险事件频发，群体性事件层出不穷，以E租宝为代表的网络借贷平台风险事件暴露了互联网金融的重大风险，网络借贷投资与网络借贷投资者保护的匹配以及网络借贷领域的治理整顿和监管完善已经到了不得不进行的程度。2016年8月31日，银监会联合工业和信息化部、公安部以及国家互联网信息办公室下发了《网络借贷信息中介机构业务活动管理暂行办法》（以下简称《管理办法》）以规范网络借贷领域的健康发展。

更重要的是，互联网金融风险专项整治工作将互联网金融监管和风险防范提升至一个更高的水平。2016年10月13日国务院发布的《互联网金融风险专项整治工作实施方案》（以下简称21号文），成为互联网金融监管的法律基础。21号文致力于规范各类互联网金融业态，优化市场竞争环境，扭转互联网金融某些业态偏离正确创新方向的局面，遏制互联网金融风险案件高发频发势头，增强投资者风险防范意识，建立和完善适应互联网金融发展特点的监管长效机制，实现规范与发展并举、创新与防范风险并重，促进互联网金融健康可持续发展。

21号文对于互联网金融的规范发展和风险防范起到了较大的监管作用，主要致力于第三方支付、P2P网络借贷与股权众筹、资产管理及跨界从事金融业务、互联网广告等四大领域的风险专项整治。首先，P2P网络借贷和股权众筹业务是重点整治的领域。其次，21号文强化了利用互联网进行资产管理及跨界从事金融业务的监管，特别是要求采取"穿透式"监管方法，根据业务实质认定业务属性。再次，在第三方支付上，21号文要求非银行支付机构不得挪用、占用客户备付金，客户备付金账户应开立在人民银行或符合要求的商业银行。非银行支付机构不得联结多家银行系统，变相开展跨行清算业务。最后，在互联网金融领域广告行为规范上，宣传行为应依法合规、真实准确，不得对金融产品和业务进行不当宣传。

互联网金融风险专项整治主要通过六大举措进行。一是严格准入管理。设立金融机构、从事金融活动，必须依法接受准入管理。二是强化资金监管。加强对互联网金融从业机构资金账户及跨行清算的集中管理，对互联网金融从业机构的资金账户、股东身份、资金来源和资金运用等情况进行全面监测，严格要求互联网金融从业机构落实客户资金第三方存管制度，存管银行要加强对相关资金账户的监督。三是建立举报和"重奖重罚"制度。发挥社会监督作用，建立举报制度，出台举报规则。四是加大整治不正当竞争工作力度。对互联网金融从业机构为抢占市场份额向客户提供显失合理的超高回报率以及变相补贴等不正当竞争行为予以清理规范。五是加强内控管理。对机构自身与互联网平台合作开展的业务进行清理排查，严格内控管理要求。六是用好技术手段。利用互联网思维做好互联网金融监管工作。

在《互联网金融风险专项整治工作实施方案》的统领下，P2P网络借贷风险和股权众筹风险的专项整治成了两大基础工作。2016年10月13日，15部门印发了《P2P网络借贷风险专项整治工作实施方案》和《股权众筹风险专项整治工作实施方案》，强化了对P2P网络借贷和股权众筹的监管。从规范监管的趋势上看，P2P网络借贷、股权众筹两大互联网信用业务已经受到了较大强度的监管，除了21号文之外，网络借贷和股权众筹都分别出台了专项整治方案，因此，P2P网络借贷和股权众筹未来的发展将受到较为严格的监管。

目前，利用互联网开展资产管理及跨界从事金融业务的监管还没有专项的整治工作方案，互联网理财业务整体还处在一个相对偏弱的监管态势，也是目前风险暴露较为凸显的一个领域。部分P2P网络借贷平台，受到网络借贷风险专项整治工作的冲击，纷纷转型为所谓的互联网理财平台，继续以高收益为诱饵，变相设立资金池、发放贷款、自融自保甚至非法集资。部分股权众筹平台亦转型为所谓的互联网理财平台，以"股权众筹"名义继续从事股权融资业务，以"股权众筹"名义募集私募股权投资基金，甚至涉及擅自公开或变相发行股票。

（二）互联网金融监管的反思

在《指导意见》、《管理办法》和专项整治等制度安排中，我国互联金融形成了主体明确、规则明确和注重风险防范的金融科技特别是互联网金融监管框架。《指导意见》解决了互联网金融监管顶层设计、总体框架和责任主体缺乏的问题，解决了因监管责任主体不明确可能导致的监管缺位问题，《指导意见》是互联网金融纲领性的监管文件。相关监管主体制定的监管管理办法，相当于是在相关领域提出了相应的监管细则，是使各个相关业务具有针对性和专业化的监管举措，致力于填补潜在的监管空白和监管漏洞，并对相关的风险进行防范。风险专项整治活动是监管主体在相应的领域开展具有针对性的梳理、整顿和规范，关键在于消除互联网金融相关业务所存在的风险并防范未来可能衍生的风险。在以《指导意见》、《管理办法》和专项整治为支撑的互联网监管中，互联网金融的风险是不是得到较为有效的控制，仍然值得继续关注。①

一是互联网金融整体风险尚未实质性缓释。互联网金融监管最为核心的风险问题是是否具有信用中介属性、是否涉及非法吸收公众资金、是否存在投资者保护漏洞等，但是，这些问题在《网络借贷信息中介机构业务活动管理暂行办法》发布以及专项整治之后仍然没有实质性转变，仍然是互联网金融风险应对中悬而未决的问题。

二是互联网金融重点领域的风险仍较高。以 P2P 网络借贷为例，2016 年全国 P2P 网贷成交额突破 2 万亿元，仍然呈高速增长的态势。更值得注意的是，在网贷风险专项整治之后，到 2017 年 1 月底之前，亦没有出现资金大规模地从网贷平台撤离，同样没有出现资金从中小网贷平台向大平台大规模集中的趋势。与此同时，P2P 网络借贷监管要求的限额、银行资金存管、电信经营许可证等合规转型"三座大山"攻坚克难进展缓慢，重点领域的重点风险环节应对仍然有待进一步深化。

三是互联网金融监管能力有待进一步强化。由于互联网金融业务及其相关机构的发起和设立并没有涉及金融机构的持牌准入问题，互联网金融的机构数量非常之多，监管部门没有人力及相关资源有效应对。同时，互联网金融机构通过多种层面的所谓创新来规避监管，使得监管有效性降低甚至出现监管空白，监管机构的相应监管能力难以匹配非持牌准金融机构

---

① 胡滨：《构建互联网金融监管的长效机制》，2016 年 12 月 22 日在国家金融与发展实验室主办的"互联网金融：大变局与新征程"论坛的演讲。

的各种创新。最后是互联网金融的监管制度和机制难以匹配互联网金融各项业务快速、大规模以及多样化的发展，即使在一个小的领域，监管当局可能都很难寻找一种具有普遍意义的监管标准。

四是互联网金融监管的长效机制有待完善。互联网金融风险专项整治中，凸显了三个需要继续完善的问题：第一，现有监管框架注重存量消化，缺乏增量思维。风险专项整治主要致力于应对互联网金融过去存在的一些风险，比如，网贷业务中借款人的信用风险以及网贷平台的运行风险等，但是，对于网贷平台在专项整治中的转型业务以及采用新手段避免监管的业务的监管缺乏针对性的举措。第二，现有监管框架注重机构监管，缺乏功能监管思维。互联网金融监管维系了我国分业监管以及牌照监管的传统监管思维，以机构监管作为核心，但是，互联网金融已经成为跨界金融的代表，其核心在于利用新兴的技术手段实现了资金融通、信用转换、风险转换以及期限转换的功能，但是，互联网金融风险专项整治仍然以机构监管为主，这可能使得风险整治及监管无法把控核心的风险环节，比如，网贷平台的风险整治中，平台可能没有显著的风险问题，但是，平台的下游可以零售模式或地推模式来获得资金，而这个环节涉及资金端的运用并可能引发潜在的非法吸收公众资金问题。第三，现有监管框架注重行业监管，缺乏系统思维。由于指导意见明确了互联网金融相关业务的监管主体，这使得各个监管主体更加关注各自领域或子行业的风险整治及监管，但是，互联网金融已经成为跨界运用的代表，很多不同领域的机构和业务环节已经融合在一起成为一个不可分割的系统，这个风险应对及监管逻辑缺乏整体思维，可能使得监管的有效性在弱化。

（三）金融科技对金融监管体系的挑战

互联网金融监管的技术基础有待夯实，现有互联网监管体系已经无法适应金融科技的最新发展趋势。金融科技逐步迈向2.0阶段之后，充分融合了金融和科技的要素秉性及其融合效应，是未来互联网金融发展的主导方向，金融科技的创新具有实质性改变金融服务业甚至改变经济资源配置机制的潜力。[1] 互联网金融及更加复杂的金融科技不仅具有金融属性，同时，

---

[1] National Economic Council: "A Framework for FinTech", January 2017.

更具有非常显著的技术秉性,而监管部门相关的技术储备、技术人才以及技术投入无法跟上互联网金融的技术应用。

一方面,现有互联网监管框架仍然是风险应对之举,是一个被动式监管框架,而非长效治理机制。互联网专项整治是一个风险应对的短期政策,而难以构建一个动态、有效的互联网金融监管新格局。比如,P2P网络借贷、股权众筹、互联网资产管理及跨界金融业务、第三方支付等依靠现代技术摆脱了金融业务及服务的时空限制,同时也规避了金融监管的时空约束,金融监管当局较难快速匹配相应的技术要求。还有,早在《中国金融监管报告(2015)》关于互联网金融监管的政策建议中提出了"五个注重",其中第一个"注重"就是注重金融属性。根据互联网金融业务是否具有金融属性而判定是否要进行监管,"一旦网络贷款平台涉及信用、期限及相关的风险转换问题甚至资金池业务,那么就应适用规范性监管原则,应该出台相关的针对性政策进行严格监管"。我们现在一些互联网金融平台本质上涉及了信用转换、期限转换和(或)风险转换,但是,却是以信息中介作为自我标榜,同时监管机构对此亦没有针对性举措。

另一方面,以更加高级的技术作为支持的互联网金融业务或金融科技将给金融监管带来更高的监管要求。比如,人工智能在金融业务中的应用,智能投顾的兴起使得以机构监管为支撑的监管体系可能面临没有监管客体的技术难题。人工智能将颠覆金融体系的基本要素[①],人工智能可能进行无监督学习,而且速度要比人类快万倍甚至亿倍,在这个过程中对金融体系的影响及改造是无法准确而充分地评估的。比如,身份信息、账户体系和支付清算体系是典型的金融要素和基础设施,但是,当人工智能全面发展起来之后,机器可能基于生物识别就可以自动识别身份,至彼时身份及账户则可能不复存在。

金融科技将给监管体系带来重大的挑战。与传统金融不同,甚至与互联网金融亦有所不同,金融科技将给金融服务与产品的供给、金融机构经营模式、金融机构内部风险管理、产品服务定价以及金融服务时空约束等都可能带来实质性改变,比如,人工智能将可能重估金融体系的要素及其

---

① 谢平:《互联网金融去中心化或降低系统性风险》,在2015普惠金融CRO全球峰会上的演讲,2015年10月30日。

配置方式，区块链可能以去中心化改变风险分布结构①，金融科技体系可能产生与以前历史经验所不同的风险特征，这对一个以机构、以人员和以产品为支撑的监管体系将带来重大的挑战。②

首先，金融监管当局对于金融科技及其监管的理念尚未理清。从过去 3~4 年的监管实践可以看出，在一个被动式的监管框架下，金融科技与互联网金融的关系、金融科技的本质、监管科技的内涵等对于监管当局而言仍然有较大的深入研究和深化认识的空间。金融科技对于金融要素资源及其配置机制可能产生重大的影响，而这些技术形态如何表现、科技与金融融合机制是如何演进的、风险的环节在哪里、传播的渠道有哪些？这对于主动型监管体系和监管者而言，仍然是有待研究的基础任务。

其次，金融科技的多变性使得金融监管难度急剧加大。以移动互联、大数据、云计算、人工智能、区块链等技术为支撑的金融科技，将可能深入影响金融服务模式、风险定价机制和风险管控模式，使得金融行业未来发展充满了不确定性，这种不确定不仅可能是风险，还可能是对于金融体系以至于经济社会体系的重大影响。金融监管是消减金融风险、弥补市场失灵、有效保护消费者的基础保障，但是，面对重大的金融创新，金融监管可能难以匹配相关的高度虚拟化、网络化、分布式的金融科技体系，金融监管的信息技术、认识水平、监管能力以及技术资源等都对主动监管体系提出了新的要求。

最后，金融科技混业趋势与分业监管模式的制度性错配。金融科技依托新的技术特别是分布式技术使得未来金融科技平台十分扁平，同时天生具有跨界和混业经营的特征，综合化运作的趋势极为明显，甚至可能跨越时空限制在不用领域、不同市场开展多元化相关联的金融业务，这使得金融科技的混业特征更加明显，同时也使得风险的内在关联性以及跨界关联性在大大提升，金融风险空间传播并导致系统性风险的可能性在提升。而目前，我国的金融监管体系仍然是以分业监管为主的体系，同时以机构监管作为支撑，"谁的孩子谁抱走"，在金融创新的监管上缺乏较为有效的协

---

① 谢平：《互联网金融去中心化或降低系统性风险》，在 2015 普惠金融 CRO 全球峰会上的演讲，2015 年 10 月 30 日。
② 胡滨、杨楷：《如何构建中国金融科技监管新范式》，中国社会科学院金融法律与金融监管研究基地工作论文，2017 年 1 月 4 日。

调机制，这可能导致日益严重的混业经营趋势与边界明晰的分业监管体系的制度性错配。

简而言之，随着互联网金融的发展，我国对互联网金融的相关业务及机构等进行了具有针对性的风险应对和监管，在指导意见、管理办法和互联网金融风险专项整治等制度支撑下，在相关监管主体的监管下，互联网金融的风险得到较为有效的控制。但是，互联网金融的监管仍然是一个长期动态的过程，目前互联网金融监管的框架可能难以应对未来相关的风险。一是现有互联网金融监管的框架更多是一种风险处置的政策措施，互联网金融监管的长效机制尚未建立起来。二是金融科技的崛起使得互联网金融难以概括其发展的内涵，监管技术更可能无法匹配其发展，特别是技术性监管难题对于监管当局提出了极高的要求。三是金融科技的发展将会给传统金融体系带来实质性的影响，甚至改变要素及其结构，而现有监管体系可能无法匹配金融科技的快速发展，带来潜在的难以被甄别但可能具有系统性影响的风险，比如跨界化、去中介化、去中心化以及自伺服等将给金融监管体系带来重大的影响。未来完善互联网金融监管、强化金融科技监管，是我国金融监管当局一个重要的任务。

参考文献

［1］DeDonato，Brian.，"RegTech：A Compliance Management Framework for the Financial Services."Ascendant Compliance Management Report，June 16，2016.

［2］FCA. Project Innovate：Next Steps，June 21，2016. https：//www.fca.org.uk/firms/project-innovate-innovation-hub/next-steps.

［3］FCA：Access to Financial Services in the UK. Occasional paper No.17. May 2016.

［4］National Economic Council："A Framework for FinTech"，January 2017.

［5］Reuters. "Trump's Vow to Cut Business Regulation May Help 'Regutech' Startups"，December 22，2016.

［6］The Institute of International Finance，Regtech in Financial Service：Technology Solutions for Compliance and Reporting，March 22，2016. https：//www.iif.com/publication/research-note/regtech-financial-services-solutions-compliance-and-reporting.

［7］邓俊豪、张越：《互联网金融背景下的金融机构如何使用大数据》，零壹财经报

告，2015 年 3 月 3 日。

[8] 胡滨：《构建互联网金融监管的长效机制》，2016 年 12 月 22 日在国家金融与发展实验室主办的"互联网金融：大变局与新征程"论坛的演讲。

[9] 胡滨：《金融科技创新与沙盒监管应实现艺术的平衡》，2016 年 11 月 30 日在第 11 届"21 世纪亚洲金融年会"上的演讲。

[10] 胡滨：《数字普惠金融的价值》，《中国金融》2016 年第 22 期。

[11] 胡滨、杨楷：《如何构建中国金融科技监管新范式》，中国社会科学院金融法律与金融监管研究基地工作论文，2017 年 1 月 4 日。

[12] 胡滨、郑联盛：《互联网金融不是颠覆者》，《上海证券报》2014 年 7 月 3 日。

[13] 蚂蚁金服研究院：《借力新金融，促消费升级——双 11 专题报告》，2016 年 11 月 12 日。

[14] 清华大学五道口金融学院：《2014－2016 全球比特币发展研究报告》，2016 年 7 月 8 日。

[15] 任律颖：《谈长尾效应与发展大众零售银行服务》，《浙江金融》2010 年第 5 期。

[16] 王国刚：《从互联网金融看我国金融体系改革新趋势》，《红旗文稿》2014 年 4 月 23 日。

[17] 王馨：《互联网金融助解"长尾"小微企业融资难问题研究》，《金融研究》2015 年第 9 期。

[18] 谢平、刘海二：《互联网金融的核心：移动支付与第三方支付》，《博鳌论坛》2014 年第 4 期。

[19] 谢平：《互联网金融去中心化或降低系统性风险》，在 2015 普惠金融 CRO 全球峰会上的演讲，2015 年 10 月 30 日。

[20] 杨涛：《区块链应用面临十大调整》，《上海证券报》2016 年 11 月 13 日。

[21] 张家林：《金融监管科技：基本原理及发展展望》，中国金融四十人论坛报告，2017 年 2 月 4 日。

[22] 张健：《区块链：定义未来金融与经济新格局》，机械工业出版社，2016。

[23] 郑联盛、何德旭：《宏观审慎管理与中国金融安全》，社会科学文献出版社，2012。

交易制度、投资者结构与股票市场波动

王朝阳　王振霞[*]

摘　要　交易制度设计的合理性与股价波动率之间存在密切关系。本文综合比较 A 股市场、中国台湾市场与美国、中国香港市场的波动率，从宏观层面初步证明实施涨跌停制度并没有让市场变得更加稳定。基于 AH 股的微观分析发现，涨跌停制度是 A 股市场个股股价高波动率的重要原因；在实施涨跌停制的 A 股市场，融资融券制度的引入在现阶段也加剧了股价波动。熔断机制与涨跌停制度虽然在目标上有共同点，但两项制度的作用机制存在差异，如果同时实施则会产生冲突。促进中国股市健康发展，需要进一步完善交易制度，让市场发挥决定性作用；注重监管协调，更好地发挥政府作用；重视对大户投资者交易行为的监管；严厉打击违法交易行为，建立公开、公正、公平的市场环境。

关键词　涨跌停制度　融资融券　磁吸效应　波动率

一　引言

价格波动是股市的天然属性，但过度波动显然不利于股市功能的发挥。股价在短时间内的暴涨或暴跌，皆是过度波动的表现形式。2014 年下半年

---

[*] 王朝阳，中国社会科学院财经战略研究院副研究员；王振霞，中国社会科学院财经战略研究院副研究员。

以来，中国A股市场对暴涨和暴跌给出了充分的演绎。仅2014年12月一个月时间，上证综合指数上涨幅度就达到33%；但此后仅过了半年多的时间，股市又呈现近乎崩盘式的急跌，2015年8月18日至26日仅7个交易日，上涨综合指数下跌幅度超过29%。这种过度的剧烈波动极大损害了投资者、上市公司乃至整个国家的利益，促使各界对股市暴涨暴跌背后的各类因素进行深刻反思。比如清华大学国家金融研究院（2015）认为，这轮股灾在宏观层面反映了人们对转型、改革的过高预期与短期经济表现未达到预期的矛盾，在微观层面则有资本市场自身制度建设缺陷等技术原因。

如果把研究视野拓宽，可以发现中国股票市场自建立以来，多次出现剧烈波动的现象。有研究指出，中国股市存在"高波动之谜"（周洪荣、吴卫星、周业安，2012）。一般认为，股市的高波动可能源于三个方面的原因：一是宏观经济周期性波动和宏观政策的不确定性。由于中央银行货币政策主要关注经济增长和通货膨胀指标，只能"被动"应对股市和房地产市场变化，从而导致资产市场价格剧烈波动。二是股市交易结构和行为金融因素。例如中国股市的投资者长期以来都是以"散户"为主，① 人们普遍认为，散户交易行为更加容易受到"非理性因素"的影响，恐慌情绪一旦出现就很容易导致竞相抛售和相互踩踏。在涨跌停、融资融券和T+1交易制度限制下，当价格达到涨跌阈值时交易将被迫暂停，使得流动性接近枯竭，恐慌情绪被延至下一个交易日，如此形成恶性循环。三是股市交易制度自身缺陷。如中国内地股市上市公司广泛使用股权质押、定向增发和高杠杆进行购并，在股市下跌过程中为求自保，往往主动采取停牌处理，这使原本的正常交易被终止，导致作为流动性资产的可交易股票进一步减少，也加速了仍可交易的股票价格的下跌。无论上述哪类原因，基本都是通过改变市场流动性来加剧市场波动。因此，流动性成为最重要的关键词，流动性剧烈变动的背后则是现行的市场结构、交易制度和监管体制的缺陷。

从对2015年股市剧烈波动的反思看，现行交易制度中的涨跌停制度、T+1交易制度、上市公司"任性"停牌、杠杆融资的监管、现货与期货市场的联动等纷纷遭到质疑。其中，涨跌停制度受到的诟病尤为突出。杠杆

---

① 根据万德（Wind）公布的数据计算，截至2016年8月底，持A股流通股市值小于10万元的投资者占全部投资者的比例超过70%。

融资、金融衍生品交易等本身属于金融创新的范畴，在实施初期必然伴随着较为突出的交易风险，出现问题或许还能够被理解和接受。但是，涨跌停制度设计的初衷就是为了通过暂停交易来稳定投资者的情绪，促进信息有效传播以降低股价波动，从而更好地保护投资者利益。那么在当前的市场环境下，涨跌停制度的稳定器作用是否还能有效地发挥呢？值得关注的是，在引入融资融券这一杠杆交易制度后，涨跌停制度在一定程度上导致交易中断和价格发现滞后等问题，使得市场流动性进一步被限制。所有这些问题，不得不让我们重新反思现行交易制度的合理性。

为回答上述问题，本文将以涨跌停制度为主题，基于中国 A 股市场展开比较研究。（1）本文从直观上揭示涨跌停制度和股市波动率之间的相关性，运用 EGARCH 模型比较中国 A 股市场、中国台湾股市与美国股市、中国香港股市在波动率上的差异，初步验证涨跌停制度是否有稳定股市的作用。（2）本文将进一步考察股市波动的微观基础，即个股股价波动特征和影响因素。中国内地股市出现异常波动的时期，总是表现出大部分股票"同涨同跌"的现象，且与宏观经济周期并不总是一致。这说明在宏观因素和公司基本面因素之外，诸如涨跌停制度等机制设计可能是股价异常波动的重要原因。我们认为，AH 股的并存为研究中国股市涨跌停制度提供了一种自然实验的视角，因为在 A 股和 H 股市场上市的是同一家公司，基本可以忽略公司基本面信息差异对股价波动的影响。如果能够控制住市场因素，那么两个市场股价波动的差异可以体现出交易制度的影响。（3）我们以实施涨跌停制度的 A 股市场为对象，考察融资融券制度的实施效果，验证引入杠杆交易后，融资融券与股价波动率之间的关系。（4）针对备受指责的散户主导市场特征，我们还将考察大户持股比例以及散户持股比例与股市波动率之间的关系，以明确究竟谁才是市场波动的诱因。

二 文献综述与研究假设

（一）相关文献评述

1987 年，美国爆发严重股灾并引发全球金融市场恐慌，迫使西方发达国家和地区政府着手探索稳定金融市场、缓解资产价格剧烈波动的途径。

总体来看，管制的方法归结为两个方面：一是加强对金融市场的监管，二是实施金融市场交易稳定机制。相关的稳定机制大致可以分为三类：一是价格稳定机制，如涨跌停限制（Price Limit），二是市场交易熔断机制（Circuit Breaker），三是暂停交易机制（Trading Halt）。其中，涨跌停制度是最为严格的交易稳定机制。从实际情况看，触发熔断和停牌退市现象并不会经常出现。但是，涨跌停制度在每个交易日都会限制股票交易，无论对个股还是对整个市场都有重要影响。

金融市场价格稳定机制自实施以来，对其作用和效果的争论一直存在。赞同实施价格干预的研究认为，价格稳定机制可以有效减少交易者成本，并缓解剧烈波动导致的恐慌交易。比如在期货市场中，保证金被看作交易者的成本支出，在实施涨跌停制度后，价格波动幅度受到限制，这样就可以减少保证金数量从而降低交易成本（Brennan，1986；Chou Lin & Yu，2003）。不仅如此，在市场信息对称且完备的条件下，保证金制度和价格限制政策的配合使用，还可以保障资产价格波动不脱离经济基本面（Chowdhry & Nanda，1998），同时形成更加优化的风险分担机制（Kodres & O'Brien，1994）。此外，在外部冲击导致金融市场价格剧烈波动时，价格稳定政策为信息充分传播提供了时间，使投资者有机会进行冷静思考，从而减少冲动交易和恐慌交易，防止资产市场暴涨暴跌（Greenwald & Stein，1991；Ma & Sears，1989）。

但是，在价格稳定政策实施以后，金融市场价格剧烈波动依然屡有发生，全球或区域性的股市、债市危机并没有被消除。由此，涨跌停等价格限制政策稳定交易者情绪、缓解市场波动的作用也在不断受到质疑。总体看，质疑的理由可以概括为三个方面：一是延迟价格发现假说（Delayed price discovery hypothesis），即在稳定政策的限制下，如果市场供需出现不平衡，价格将很容易到达限制值，调整供求不平衡的交易将被迫推延至下一个交易日甚至更长的时间，从而延迟市场的价格发现功能；二是波动外溢假说（Volatility spillover hypothesis），由于涨跌停制度的限制，投资者被迫在之后的交易日进行买卖，导致之后交易日的价格波动更加明显；三是交易干扰假说（Trading interference hypothesis），即达到价格上下限时，交易被迫暂停，干扰了市场交易的连续性，也极大限制了市场流动性，导致市场恢复均衡的难度加大。Chen，Kim & Rui（2005）对相关内容进行了概括。

从现实应用情况看，涨跌停制度多出现在股票市场建立的早期阶段。例如，中国台湾股票市场起步较早，早在20世纪五六十年代中国台湾就以"店头市场"为雏形，组建股票交易市场。由于初期市场规模小、交易量低，市场很容易被操纵，以致价格波动、大起大落，被称为"吃人的市场"（朱磊，2010）。类似地，中国大陆股票市场从建立之初也采取涨跌幅限制的政策。1990年12月19日，上海证券交易所最早开始实施涨跌停制度，并设定涨跌停幅度为5%。此后经过多次调整，直至1996年12月才正式确立当前的涨跌停制度。但不少研究都表明，中国大陆股市、中国台湾股市的涨跌停制度并没有真正起到稳定市场的作用（Chen，1993；Chan & Rhee 2005；陈平、龙华，2003）。特别是在散户交易者占大多数和媒体报道渲染的情况下，实施价格限制政策导致市场波动加剧的效应可能远远大于稳定市场的效应（Subrahmanyam，1994）。

在研究方法上，很多文献选择GARCH族模型来描述股市波动率。现实中，大多数金融市场时间序列数据具有非正态分布、尖峰厚尾以及波动丛聚的特征，而且不满足传统时间序列所要求的同方差假设。为克服传统分析方法在分析金融数据时所导致的偏差，Bollerslev（1986）在ARCH模型的基础上建立GARCH模型，这成为分析金融市场收益波动率的常用方法。之后，计量经济学家不断拓展GARCH模型，如为解决股票市场非对称的杠杆作用问题提出了TARCH模型，以及Nelson（1991）为解决正负冲击不同影响提出EGARCH模型。吴武清等（2013）用上证交易所公布的上证工业指数等五类行业指数收益率，运用GARCH族模型建模并进行比较分析，发现大部分GARCH类模型都存在对系数的限制，过多的滞后项将降低系数的估计精度；比较而言，EGARCH（1，1）可以较好拟合出合适的条件方差，更好地反映市场收益波动率的实际情况。

但是，GARCH族模型只能直观反映金融市场波动率的基本特征，不能解释导致波动差异的原因，特别是难以准确判断涨跌停等制度因素对股市波动率的影响。Harris（1998）指出，由于研究者无法完美地模拟出一个基本面相同、制度相同但不实施涨跌停制度的市场作为研究和比较的基准，所以很难断定涨跌停制度对金融市场的真实影响是什么。为了解决这个问题，Kim & Rhee（1997）曾利用东京市场交易数据，将接近涨跌停的股票作为基准组，将已经涨跌停的股票作为研究组，对比两组股票达到涨跌停限制之后，在未来交易日中其波动方向、收益波动率以及交易量规模。其实证结果发现，实施涨跌停制度确实延迟价格发现、加剧波动和干扰交易。这种方法虽然在一定程度上反映了涨跌停制度对股票价格波动和走势的影响，但仍存在较为明显的缺陷。Kim & Yang（2013）此后的研究指出，在实施涨跌停制度的市场中，那些没有达到涨跌停阈值的股票本身的价格走势也受涨跌停交易制度的影响，因此并不适合充当基准组；此外，股价走势更大程度上是受经济基本面的影响，这也会在一定程度上导致对比验证出现偏差。

以中国股市为例，Kim & Yang（2013）将研究分为两个阶段：1992～1996年的无涨跌停限制阶段（no-PL regime）和1996年之后的实施涨跌停阶段（PL regime）。通过选取没有实施涨跌停制度时涨幅达到10%的股票作为基准组，实施涨跌停之后达到涨跌阈值的股票作为研究组进行对比分析，他们发现实施涨跌停制度有助于股票价格快速回归均衡，从而缓解价格波动风险；实施涨跌停制度之后，中国股市从股灾中恢复正常的速度相对更快。这种对比涨跌停制度实施前后股市波动差异的研究方法确实在某种程度上解决了基准组和研究组的选取问题。但是，实施涨跌停制度前后属于不同时期，影响股市的经济基本面、交易制度和规则、投资者结构和行为等因素也发生了显著的变化。众所周知，1992～1996年的中国股市刚刚开始运行不久，由于各方面制度都不够健全，股市自身波动极大，因此很难将两个或多个市场波动差异完全归结为涨跌停制度的影响。

总之，到目前为止，由于研究方法和样本的局限性，关于涨跌停制度的作用仍处于争论之中。事实上，除了涨跌停制度之外，关于融资融券和股指期货的实施效果也没有达成一致的认识。因此，后续研究如果要进一步探讨涨跌停制度对稳定市场的作用，关键是要在研究方法特别是样本选取上进行突破。这也是本文选取AH股进行对比分析的动因。

（二）研究框架与基本假设

本文的研究主题包括三个方面：一是考察涨跌停制度对整个股市和个股股价波动率究竟有何影响。二是以存在涨跌停制度的A股市场为基础，考察在引入融资融券、股指期货等金融创新交易之后，股价波动率将发生何种变化。三是探究在实施涨跌停制度的股市中，投资者结构与市场波动率之间是什么关系。图 1 给出了这三个问题的关联及相互之间的影响机制。

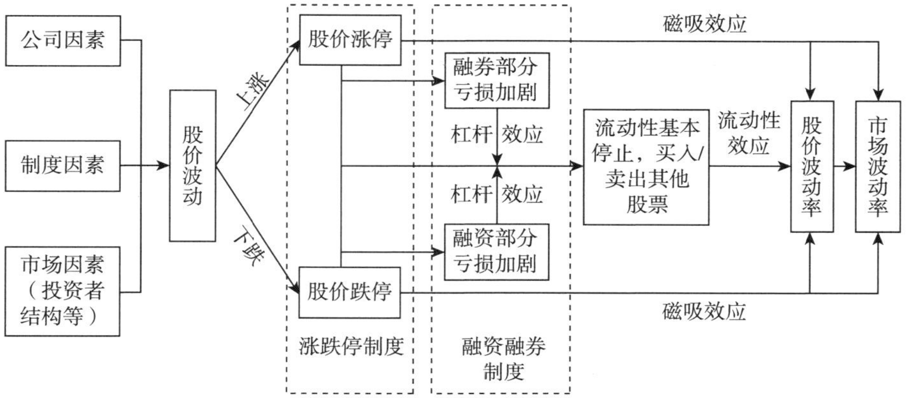

图 1 涨跌停、融资融券影响个股股价和市场波动率的机制

与熔断机制相类似，涨跌停制度也存在"磁吸效应"。即当交易存在价格涨跌停限制时，出于追求高利润或者避免损失的意愿，股价越接近交易上下限，越会吸引投资者关注，因而加速价格向上下限的移动（Chen，1997；Hsieh et al.，2007）。进一步的研究显示，涨跌停制度产生的磁吸效应在以散户为主的市场中表现得更加明显（Wong et al.，2006）。由于散户投资者掌握市场信息的渠道有限，且对短期收益损失更加敏感，所以会出现"追涨杀跌"等非理性投资，以及盲目跟随的"羊群效应"（Christie & Huang，1995）。这就进一步放大了涨跌停制度对股票定价的影响，也急剧改变了市场流动性，导致股价波动的加剧。Seasholes & Wu（2007）对中国沪市涨停板事件的研究证实了所谓的"涨停敢死队"现象，即涨停事件吸引个人投资者的关注，使得主动交易的个人投资者购买之前没有建仓的股票；聪明交易者在 T 日买进，T + 1 日卖出，日收益率可达 1.16%，但相关股价一周内显著向均值回调。本文认为，AH 股是同一家公司在两个市场分别上市，经营业绩等公司层面因素对其价格波动的影响应基本一致，在考察股价波动时可以忽略；在把市场波动等作为控制因素后，两个市场股价波动率的差异基本可以反映交易者行为特征以及交易制度的影响。据此，我们给出假设 1（H1）。

H1：涨跌停制度难以稳定股价波动，其与股价波动率正向相关。

现代金融产品创新的重要目标是增加流动性，提高资产定价效率，建立有效市场。融资融券制度的出现便是通过信用交易，增加市场流动性，是提高资产定价效率的方式（Boehmer & Wu，2013）。多数理论分析认为，股指期货和融资融券制度不仅通过信用交易扩大市场交易规模、充实流动性，也为市场投资者提供了可以利用正负两方面信息进行股票交易的途径，因此有助于提高市场定价效率。李科等（2014）的研究表明，卖空限制导致了股价高估，融资融券制度等做空机制有助于矫正高估的股价，提高市场定价效率；陈海强、范云菲（2015）以2010年3月31日至2012年12月31日为事件后窗口期，考察了融资融券制度对中国股市波动率的影响，认为融资融券制度的推出有效降低了标的个股的波动率；陈晖丽、刘峰（2014）则发现，融资融券虽然具有一定的公司治理效应，但其发挥有赖于外部市场环境的建设。

但是，上述研究对融资融券效果的考察存在样本期偏短的问题，因此难以真正揭示其实践效果，特别是上述研究的时间范围都没有覆盖2015年的市场剧烈波动。国外文献的实证研究显示，卖空机制影响股价波动率的三种情形都可能出现，即加剧波动、降低波动和对波动率没有显著影响。我们认为，从较长期看，在实施涨跌停制度的市场引入杠杆交易，可能会加剧个股股价波动。一方面，在引入杠杆交易之后形成了"杠杆效应"，市场交易规模和非理性信息被进一步放大，此时设置价格限制可能导致更加明显的"磁吸效应"，加快股价达到上下限的速度，加快流动性枯竭的速度；另一方面，在涨跌停制度下，使用杠杆交易可能加剧市场交易者情绪波动，导致市场和股价剧烈波动。可以想象得到，当股票价格下跌至接近10%时，投资者要保持流动性，只能卖出其他未跌停的股票，这反过来又进一步加剧了其他股票的价格波动，这一机制可以理解为涨跌停和融资融券制度共同作用下的"流动性效应"。为此，我们给出假设2（H2）。

H2：对于实施涨跌停制的A股市场来说，融资融券制度会加剧股价波动。

按照上述假设，实施涨跌停制的股市中股价的个体波动率更高，主要原因是当市场供求关系变化时，交易制度因素使得价格不能完全立即调整到位，信息没有得到有效传播，加剧市场交易者情绪波动，导致"非理性"交易增加，并进一步限制流动性。对于这个逻辑，传统研究大多含蓄地认为，这主要是机构投资者占比偏低而散户交易者占比偏高引起的。因为散户普遍存在"追涨杀跌"、"羊群效应"等交易行为,与机构投资者相比其"非理性"成分更高。从美国等成熟市场经验看,当机构投资者比例增加之后,市场波动率的确会随之下降。这主要源于机构投资者专业知识更丰富,能更加敏锐地感知市场信息;同时,成熟股市还有多种金融创新工具可以进行风险转嫁与规避。

但是,这一判断在中国 A 股市场上可能并不成立。我们认为,由于散户交易者持股规模较小,"串谋"的可能性极低,基本上只能成为市场跟随者,而不可能成为市场交易的引导者。因此,探究散户信息来源以及散户交易行为背后的引导者是更有政策意义的做法。在当前的 A 股市场上,大户投资者(包括机构投资者)可以平滑市场风险的方法和工具并不充足,这导致中国内地股市的大户投资战略趋同,主要依靠仓位控制风险,其行为特征与散户有相似之处,也具有非理性的特征。由于掌握资金量较大,大户的交易行为更容易被市场捕捉和识别,成为散户跟风的主要依据。简单来说,散户"羊群效应"的"头羊"不是散户而是大户,其背后的信息来源可能是大户的"非理性"交易或者"有意识"的操控。特别是在实施股指期货等杠杆交易之后,大户"非理性"交易的作用被放大,导致市场波动加剧。对此,我们提出假设 3(H3)。

H3:在现阶段的 A 股市场上,大户占比与市场波动率表现出正向相关。

三 研究设计及数据说明

本文实证研究涉及四项内容:一是对存在涨跌停限制和不存在该制度的国家或地区的股市波动率进行直观比较,初步判断涨跌停制度是否能够起到降低股市波动率的作用;二是引入 AH 股对比后的微观分析,论证涨跌停制度对个股股价波动率的影响;三是引入融资融券制度后的进一步讨论;四是分析投资者结构对市场波动的影响机制。关于政策分析,当前较为普遍的方法是双重差分法(DID)和面板数据模型。前者要求数据来自对所研究总体不同时点的随机抽样,并且假设随机观测点独立同分布;后者对观测点的分布没有严格的独立同分布要求。从本文的数据条件出发,我们将基于面板数据模型进行实证分析。

（一）涨跌停制度与股市波动率的直观比较

中国当前实施的涨跌停制度始于 1996 年 12 月，因此本文选取 1997 年 1 月 1 日至 2016 年 8 月 31 日这个时间段，基于中国上证综合指数（Shanghai Stock Exchange Composite Index，SSEC）、美国道琼斯指数（Dow Jones Industrial Average，DJIA）、香港恒生指数（Hang Seng Index，HSI）和台湾加权指数（Taipei Weighted Index，TWII）的每日收盘价计算收益率，而后对四个市场的收益波动率进行对比。这样选择的原因在于，美国、中国香港股市没有实施涨跌停制度，且交易制度相对完善，可作为成熟市场的代表；中国台湾股市比中国大陆股市实施波幅更窄的涨跌停制度，二者可以共同作为另一类代表。中国台湾地区于 20 世纪 50 年代引入涨跌停制度，这期间涨跌停的幅度逐步放开。① 如果该制度能够稳定股市，那么中国台湾股市应该比大陆股市更加稳定。

为此，我们首先计算四只股票指数的收益率时间序列。式（1）中，y_t^i 为第 i 个指数在 t 个交易日的收益率；p_t^i 是第 i 个指数在第 t 个交易日的收盘价。

$$y_t^i = 100 * (\ln p_{t+1}^i - \ln p_t^i) \tag{1}$$

（二）基于 AH 股的股价波动率影响因素

基于 EGARCH 模型进行的不同股票市场波动率的对比，只能从直观上初步探讨涨跌停制度对股市波动率的影响。事实上，这样的研究在方法上并没有突破前期研究的局限。不同国家或地区的金融市场在交易制度、宏观环境、交易者行为等方面均存在差异，即便是中国 A 股市场，在实施涨跌停制度前后其运行状况也不尽相同。因此，上述研究并没有解决 Harris（1998）提出的完美基准组的选择问题。幸运的是，AH 股的并存为研究这个问题提供了自然实验的视角，由此可以从探求股市波动的微观基础——

---

① 1979 年 1 月至 1987 年 10 月，中国台湾股市涨跌停幅度为 3%，1988 年 11 月提高到 5%，1989 年 10 月提高到 7%。2015 年，台湾金管会称将提高涨跌停幅度至 10%。台湾证券交易所网站设置专门的"放宽涨跌幅度专区"，指出股票价格主要取决于公司价值和买卖双方的认知，现如今的市场逐渐成熟，需要重新认识涨跌停制度的作用。

个股股价波动率的角度研究涨跌停的真实影响。

AH 股是指同一家公司既在中国内地（上海或者深圳）上市，也在香港市场上市。本文选取鞍钢股份等 88 只[①]在 A 股和 H 股市场同时上市的股票，计算其自 2005 年 1 月至 2016 年 8 月的个股股价波动率（$Volatility$）作为被解释变量。股价波动率是通过计算个股日收益率的标准差，并对月内波动率进行平均所得（谭松涛等，2014）。我们选取沪深 300 指数月度波动率（$market\_a$）、恒生指数月度波动率（$market\_h$）作为市场因素解释变量。由于缺乏个股月度交易者结构数据，我们通过其他变量来描述投资者行为对个股股价波动率的影响。散户为主的市场，其交易行为的主要特征是高换手率和对风险偏好的差异。所以，本文选取个股在两个市场的交易换手率（$turnover$）、A 股溢价率（$premium$）作为衡量交易者行为特征的解释变量。选取虚拟变量涨跌停制度（$limit$）作为衡量交易制度的解释变量，之后进行分步回归。具体模型如下：

$$Volatility_{it} = \alpha_0 + \alpha_1 market_{it} + \alpha_2 turnover_{it} + \alpha_3 premium_{it} + \delta \lim_{it} + \varepsilon_{it} \quad (2)$$

对上述方程的估计方法包括固定效应估计、随机效应估计和一阶差分估计等。随机效应对控制变量和解释变量之间的关系提出了更高的条件，即它们相互之间没有任何关系；但在固定效应假设下，则不存在这一要求。此外，固定效应估计与一阶差分估计在处理非观测效应方面是相似的，而且两者都是无偏的，至少是一致的（Wooldridge，2002）。因此，从本文样本的数据特点出发，后续研究中我们将采用固定效应模型进行估计。

（三）引入融资融券制度后的进一步讨论

2006 年 6 月 30 日，证监会发布《证券公司融资融券试点管理办法》；2006 年 8 月 21 日，沪深交易所发布《融资融券交易试点实施细则》；2008 年 4 月 25 日，国务院正式出台《证券公司监督管理条例》；2008 年 10 月 5 日，证监会宣布启动融资融券试点。实施融资融券的目的是提高市场定价能力，为反方向交易提供便利。当市场价格偏离价值时，融资融券制度可以通过融资的买入和融券的卖出促使股票价格趋于合理。同时，融资融券

[①] 截至 2016 年 8 月，AH 股共 90 只，本文剔除了上市时间过短的东方证券和光大证券。

可以改变单边市场交易，为交易者提供投资避险的工具。但毫无疑问，融资融券制度也对市场流动性以及交易的连续性提出了更高要求。

2010年起，中国股市开始启动融资融券制度。2010年3月底，融资融券开始试点，起初仅包含几十家券商类股票，并没有全面推开。2014年9月，融资融券实施第四次扩容，共增加205只标的股，占总标的股的23%。2014年9~12月，融资盘开始出现暴增，至12月19日融资盘突破1万亿关口，较2014年8月底翻了一番。为了分析在杠杆交易规模突然加大的条件下，实施涨跌停制度的中国A股市场中个股股价波动率的变化，本文继续选取2010年4月至2016年8月鞍钢股份等74只作为融资融券标的股的AH股，将其价格波动率（$volatility$）以及AH股在两个市场的股价波动率差异（$vola\_diff$）作为被解释变量；选取个股换手率（$turnover$）、A股溢价率（$premium$）、市盈率（pe）以及融资融券规模（$martra$）作为解释变量，进行分步回归。具体模型如下：

$$Volatility_{it} = \varphi_0 + \varphi_1 turnover_{it} + \varphi_2 premium_{it} + \varphi_3 pe + \varphi_4 martra_{it} + \varepsilon_{it}$$
$$Vola\_diff_{it} = \varphi_0 + \varphi_1 turnover_{it} + \varphi_2 premium_{it} + \varphi_3 pe + \varphi_4 martra_{it} + \varepsilon_{it} \quad (3a)$$

为进一步验证融资和融券两种不同方式对股价波动率的不同影响，本部分将融资（$martra1$）和融券（$martra2$）分开，作为不同的解释变量进行回归。同时，为了验证回归的稳健性，我们选取股指期货（$future$）代替融资融券作为解释变量。分析引入杠杆交易之后，实施涨跌停制度的A股市场的股价波动率以及两个市场股价波动率差异有何变化。具体模型如下：

$$Volatility_{it} = \varphi_0 + \varphi_1 turnover_{it} + \varphi_2 premium_{it} + \varphi_3 pe + \varphi_4 martra1_{it} + \varphi_5 martra2_{it} + \varepsilon_{it}$$
$$Volatility_{it} = \lambda_0 + \lambda_1 turnover_{it} + \lambda_2 premium_{it} + \lambda_3 pe + \lambda_5 future_{it} + \varepsilon_{it}$$
$$Vola\_diff_{it} = \varphi_0 + \varphi_1 turnover_{it} + \varphi_2 premium_{it} + \varphi_3 pe + \varphi_4 martra1_{it} + \varphi_5 martra2_{it} + \varepsilon_{it}$$
$$Vola\_diff_{it} = \lambda_0 + \lambda_1 turnover_{it} + \lambda_2 premium_{it} + \lambda_3 pe + \lambda_5 future_{it} + \varepsilon_{it} \quad (3b)$$

（四）A股市场交易者结构对股市波动率的影响

由于缺乏AH股个股月度交易者结构数据，本部分将研究视角回到整个市场的波动率进行分析。鉴于个股股价波动情况是整个市场波动率的微观基础，因此这种选择在逻辑上是一致的。本文选取2005年1月至2016年8月上证指数波动率（$market\_s$）作为被解释变量，选取上证市场成交量

（trade_s）、市场平均市盈率（ttm）、恒生 A 股溢价（premium_s）、投资者结构（inst）进行回归，以确定投资者结构对股市波动率的影响。投资者结构分为大户占比（inst1）和散户占比（inst2），其中大户为持有流通股市值超过 50 万元的投资者，散户为持有流通股市值小于 10 万元的投资者，占比为相应投资额占流通股的比重。

根据上述分析，在引入杠杆交易的条件下，由于交易规模被放大，市场对流动性的要求也更高，此时验证交易者结构和行为对市场波动率的影响更为重要。为此，我们选取 2010 年 3 月至 2016 年 8 月上证月度累计融资融券余额（martra_s）、月度累计融资额（martra1_s）以及月度累计融券额（martra2_s）作为解释变量，进行回归分析。具体模型如下：

$$market\_s_t = \mu_0 + \mu_1 inst_t + \mu_2 trade\_s_t + \mu_3 ttm_t + \mu_4 premium\_s_t + \varepsilon_t$$

$$market\_s_t = \mu_0 + \mu_1 inst_t + \mu_2 trade\_s_t + \mu_3 ttm_t + \mu_4 premium\_s_t + \mu_5 martra\_s_t + \varepsilon_t$$

$$market\_s_t = \mu_0 + \mu_1 inst_t + \mu_2 trade\_s_t + \mu_3 ttm_t + \mu_4 premium\_s_t + \mu_5 martra1\_s_t + \mu_6 martra2\_s_t + \varepsilon_t \quad (4)$$

（五）变量定义及数据来源

表 1 给出了本文使用的主要数据变量、名称以及相关解释。如无另外说明，相关变量数据均来自万德数据库（WIND）。描述性统计（限于篇幅，结果从略）表明，AH 股在 A 股市场的平均股价波动率均值和方差都明显高于 H 股市场。同时，A 股市场个股还具有高换手率、高溢价率的特征；沪深 300 指数和上证综合指数月度波动率也显著高于恒生指数。

表 1 变量类别、名称及含义

类别	名称	含义
股价波动率（volatility）	volatility_a	AH 股在 A 股市场的股价波动率
	volatility_h	AH 股在 H 股市场的股价波动率
	vola_diff	AH 股在两个市场波动率的差异（A－H）
市场波动率（market）	market_a	沪深 300 指数月度波动率
	market_h	恒生指数月度波动率
	market_s	上证综合指数波动率
涨跌停制度	limit	A 股市场取 1，H 股市场取 0

续表

类别	名称	含义
融资融券 (*martra*)	*martra*	个股融资融券余额（万元）
	*martra*1	个股融资买入额（万元）
	*martra*2	个股融券卖出量（万股）
	martra_s	A 股累计融资融券余额（万元）
	*martra*1_*s*	A 股累计融资买入额（万元）
	*martra*2_*s*	A 股累计融券卖出量（万股）
股指期货	*future*	沪深 300 期货指数成交量（手）
市场特征	*turnover_a*	AH 股在 A 股市场的交易换手率（%）
	turnover_h	AH 股在 H 股市场的交易换手率（%）
	premium	AH 股个股溢价率（%）
	pe	个股市盈率（%）
	trade_s	上证市场成交量（亿股）
	premium_s	恒生 A 股溢价（%）
	turnover	上证市场换手率（%）
	ttm	上证 A 股平均市盈率（%）
投资者结构 (*inst*)	*inst*1	大户比例（%）
	*inst*2	散户比例（%）

注：（1）波动率为月度价格平均波动率，使用日收益率的标准差度量；（2）融资融券累计值根据每日数据计算月度累计值。

四 实证结果及分析

（一）基于不同股票市场波动率差异的直观比较

首先，我们根据公式（1）计算出美国道琼斯指数、中国香港恒生指数、中国上证指数以及中国台湾加权指数的日收益率，进行对比分析。图 1 至图 8 分别描绘了四个股票指数收益率的基本波动情况以及 t 分布图。可以初步看出，实施涨跌停制度的中国上证指数和台湾加权指数并没有表现出更加稳定的特征。反观美国和中国香港市场，除 1997 年亚洲金融危机和 2008 年美国金融危机时期以外，在大部分交易时间内其收益波动率反而更加稳定。

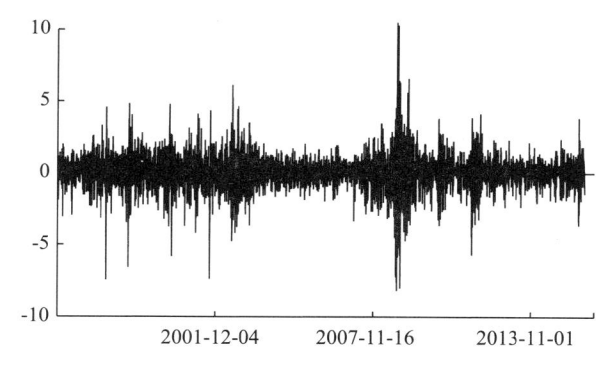

图 1 美国道琼斯指数收益率波动情况

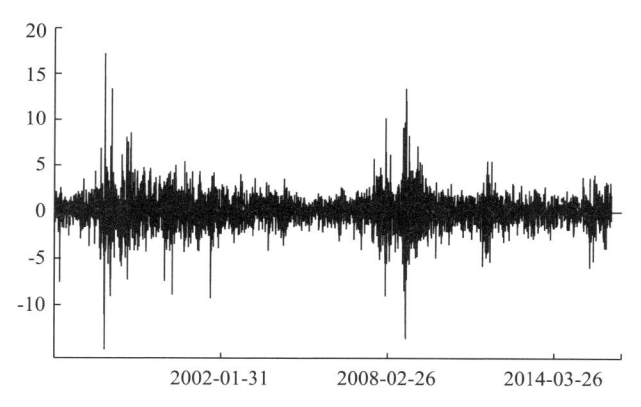

图 2 香港恒生指数收益率波动情况

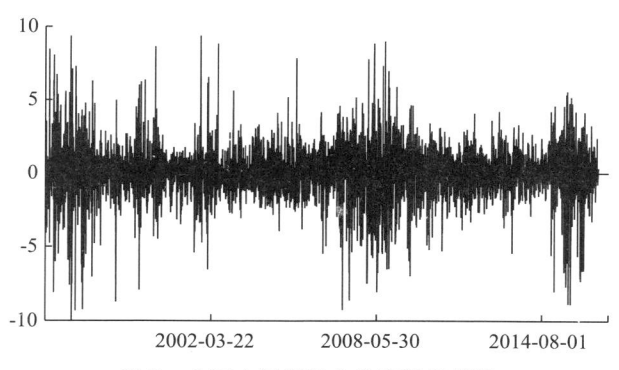

图 3 中国上证指数收益率波动情况

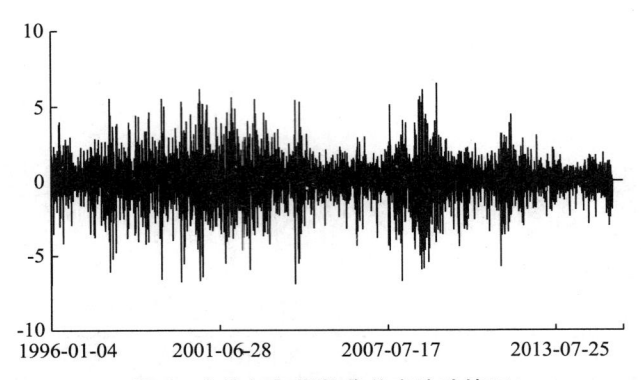

图 4 台湾加权指数收益率波动情况

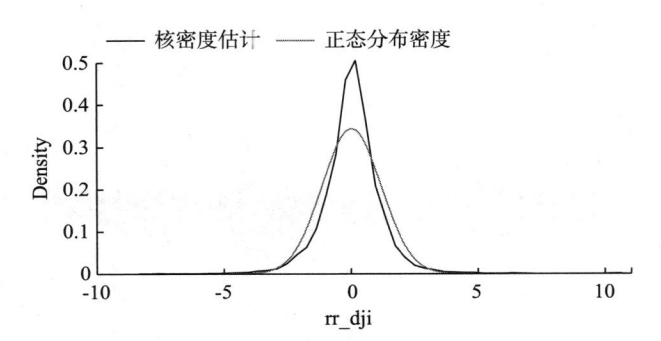

图 5 美国道琼斯指数收益率 t 分布图

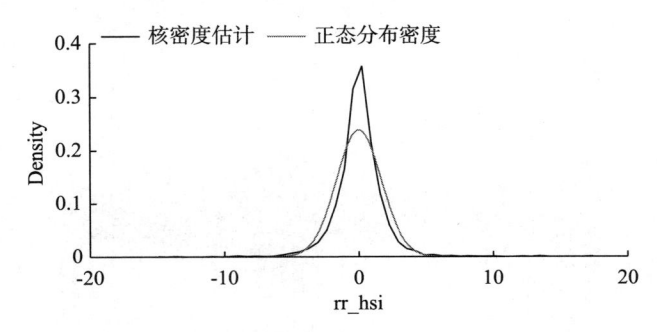

图 6 香港恒生指数收益率 t 分布图

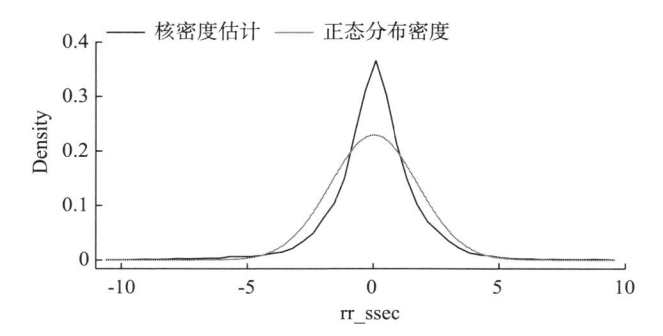

图 7 中国上证指数收益率 t 分布图

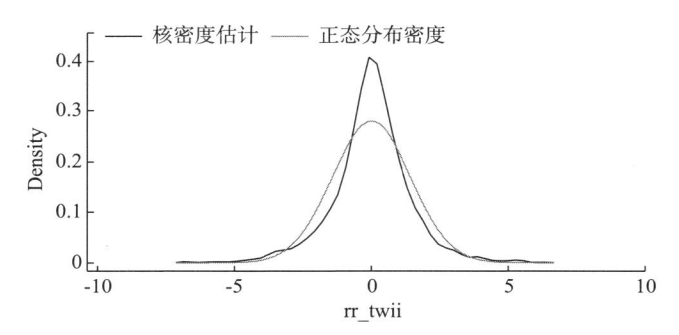

图 8 台湾加权指数收益率 t 分布图

从上图来看，四个股票市场都具有尖峰厚尾、波动丛聚的特征，且具有高阶自回归条件异方差（Autoregressive Conditional Heteroskedasticity，ARCH）效应，EGARCH 模型可以较好地分析其价格收益波动情况。据此，将模型设置为：

均值方程：$y_t = \gamma x_t + u_t$

条件方差：$\ln(\sigma_t^2) = \omega + \alpha \left| \dfrac{u_{t-1}}{\sigma_{t-1}} \right| + \gamma \dfrac{u_{t-1}}{\sigma_{t-1}} + \beta \ln(\sigma_{t-1}^2)$

根据检验结果（见表2），可以初步得出如下结论：(1) 中国上证 γ 值为负值，说明利空消息对收益波动率的影响更大，即在股市下跌周期的波动率更加明显。这个趋势与美股、港股和台湾股市相似，从系数值看，利空信息对中国大陆股市波动率的影响程度低于其他三个市场。(2) 从 α 值来看，中国大陆股市波动率对利好（或利空）信息的敏感度仍然高于其他三个市场。(3) 从 β 值看，与美国股市相比，中国大陆股市消化冲击的时间更长。（4）在没有利空或者利好消息的冲击下，中国大陆股市自身波动率高于其他三个市场。总之，实施涨跌停制度的中国大陆股市和中国台湾股市，其波动率并没有比不实施涨跌停制度的美股和中国港股市场更低。

表2　1997～2016年四个市场波动率比较

	美国	中国香港	中国上证	中国台湾
常数项	0.019	0.022	0.018	0.023
	(1.64)	(1.31)	(0.99)	(1.47)
ARCH				
Γ	-0.128***	-0.064***	-0.017***	-0.057***
	(-21.66)	(-12.23)	(-3.78)	(-10.86)
A	0.135***	0.143***	0.188***	0.148***
	(13.03)	(15.15)	(25.69)	(17.33)
B	0.978***	0.984***	0.984***	0.985***
	(522.82)	(545.23)	(569.48)	(497.08)
Ω	0.00193	0.015***	0.025***	0.012***
	(0.92)	(8.50)	(12.26)	(7.80)

注：括号内为 t 值。***、**和*分别表示在1%、5%和10%的水平上显著。

（二）基于AH股的股价波动率影响因素

从基于AH股的微观分析来看，需要验证中国A股市场的个股股价高波动率与实施涨跌停制度有显著的正相关关系（见表3）。（1）我们用沪深300指数和恒生指数波动率来衡量市场波动率，并将市场波动率和作为虚拟变量的涨跌停制度作为解释变量，考察其对AH股个股股价波动率的影响。模型1的结果证明，在考虑市场因素的条件下，个股股价波动率与实施涨跌停制度有显著的正相关关系。（2）导致股价个体波动的因素比较复杂，除了共性的公司经营业绩等基本面因素（AH股可以忽略）之外，还可能与两个市场交易者的行为有关。我们将个股换手率、个股A股溢价率以及涨跌停制度纳入分析框架，模型2的结果仍支持上述结论。（3）我们将反映交易者行为的换手率因素、涨跌停制度与市场波动率放到同一框架中进行回归，① 模型3

---

① 由于A股溢价与整个市场的波动率存在相关性，因此在模型3的回归中剔除了A股溢价因素。

的结果表明上述结论依然成立。

通过这个检验,加之第一部分直观验证的结论,我们基本验证了假设1,即涨跌停制度与波动率是正相关的。实施涨跌停制度的 A 股市场,不仅表现出整体"高波动"的特征,个股股价波动率也明显高于同一家公司在 H 股市场的波动率。此外还能发现,换手率和 A 股溢价对股价波动率具有显著的正向影响,这验证了高流动性和对短期收益的敏感确实会加剧 A 股的波动率。对于市场收益波动率与个股股价波动率之间显著的负相关影响,或与选取的 AH 股样本有关。因为大部分 AH 股属于大盘权重股,在市场剧烈波动的时期,政策干预方法之一就是稳定大盘股股价,这导致了负相关关系的出现。

表3 AH 股股价波动率的影响因素

	模型1	模型2	模型3
Turnover		0.004***	0.005***
		(7.51)	(7.30)
Premium		0.001***	
		(4.09)	
Limit	0.258***	0.155**	0.161**
	(3.29)	(2.06)	(2.17)
Market	-0.003***		-0.006***
	(-2.95)		(-4.77)
Constant	0.412***	0.291***	0.349***
	(8.62)	(6.55)	(7.40)
Observations	20062	17089	19608
Overall_R2	0.0162	0.0127	0.0388

注:所有回归模型均为固定效应回归。括号内为回归 t 值,***、**和*分别代表在1%、5%和10%的水平上显著,下同。

(三) 引入融资融券交易后的进一步分析

实施涨跌停制度并没有实现稳定股价的作用,应该说这与实施涨跌停制度的初衷是相违背的。更加值得关注的是,为了实现对冲目的而引入融资融券后,实施涨跌停制度的 A 股市场的个股股价波动率以及 AH 股在两个市场的波动率差异（vola_diff）与融资融券也表现出正相关关系（见表4）。（1）基于2010年3月至2016年8月的数据，模型4和模型7的结果表明，个股融资融券余额与个股股价波动率、AH股波动差异之间表现出显著的正相关关系，说明在实施涨跌停制度的市场，引入融资融券加剧了个股股价波动率。（2）从模型5和模型8结果看，将融资制度与融券制度分开后，可以发现融资规模与个股波动率、AH股波动率差异之间有明显的正相关关系，但是融券规模与这两者之间没有显著的相关关系。这说明融券制度（卖空机制）的作用在A股市场还没有得到充分发挥。中国股市引入融资融券制度以来，一直存在"多空不平衡"的问题：一是融券占融资融券余额的比例过低，长期维持在1%左右；二是与融资相比，融券手续更加复杂、途径更少、成本更高。这就导致市场悲观投资者的对冲手段受限，特别是在市场下跌行情中，由于大量股票跌停和紧急停牌，市场流动性迅速减少，做空机制缺乏使得极端行情下的投资者没有相应的规避风险手段。这一结果还意味着，我们应正确看待做空机制的功能与作用，均衡发展融资制度和融券制度，为稳定股票市场提供保障。（3）为了验证卖空机制与股价波动率、股价波动差异之间关系的稳健性，我们选取股指期货交易量替代融资融券作为解释变量。模型6和模型9的结果显示，在实施涨跌停制的A股市场，股指期货交易规模与股价波动率、AH股波动率差异依然显著正相关。至此，我们验证了研究假设2的结论，即在实施涨跌停制度的市场，引入杠杆交易会增大个股股价波动率。特别是在买空卖空交易不平衡的情况下，市场交易量被进一步放大，涨跌停的"磁吸效应"更加明显，市场可能会更加不稳定。此外，在引入杠杆交易之后，A股市场高换手率以及A股溢价依然是A股市场股价波动率较高的重要原因。

表4 引入融资融券和股指期货后的实证分析

	股价波动率			股价波动差异		
	模型4	模型5	模型6	模型7	模型8	模型9
Turnover	0.006***	0.006***	0.003***	0.003***	0.003***	0.002***
	(3.35)	(2.85)	(2.92)	(3.31)	(2.69)	(3.32)
Premium	0.003***	0.002***	0.003***	0.002***	0.002***	0.002***
	(3.83)	(3.06)	(4.63)	(5.78)	(5.33)	(6.50)

续表

	股价波动率			股价波动差异		
	模型4	模型5	模型6	模型7	模型8	模型9
Pe	0.000	-0.000	0.000*	0.000	-0.000	-0.000
	(0.66)	(-1.47)	(1.78)	(0.34)	(-1.24)	(-0.82)
martra1		0.081***			0.070***	
		(3.55)			(4.65)	
martra2		-0.006			-0.010	
		(-0.35)			(-0.80)	
Martra	0.039**			0.045***		
	(2.10)			(4.71)		
Future			0.089***			0.053***
			(5.55)			(6.53)
Constant	-0.169	-0.540**	-1.112***	-0.528***	-0.732***	-0.882***
	(-0.97)	(-2.41)	(-4.84)	(-5.59)	(-5.50)	(-6.86)
Observations	3883	3577	4981	3883	3577	4981
Overall_R2	0.0531	0.0800	0.067	0.0744	0.1002	0.0603

(四) 投资者结构与市场波动率的关系

如前所述，涨跌停制度既没有起到整体稳定市场的作用，也没有实现降低个股股价波动率的效果。按传统观点，这可能与中国内地市场主要由散户组成有关。与熔断机制类似，涨跌停制度也是依靠暂时停止交易，让交易者冷静看待价格变化，给交易信息有效传播提供时间，从而稳定市场预期。不过，散户交易者专业知识有限，更加关注短期利益，盲目跟随、"追涨杀跌"等行为特征，导致涨跌停制度的功能和作用无法有效发挥。因此有不少研究提出，应增大机构投资者的比例来完善市场（祁斌等，2006）。但与成熟金融市场相比，中国内地股市创新型交易工具不足，大户（以及机构投资者）行为特征与散户有相似之处。更加重要的是，我们需要认真研究散户行为"非理性交易"背后的行为特征是什么。表5的结果表明：(1) 基于2005年1月至2016年8月数据，如果不考虑杠杆交易的因素，模型10和模型11结果显示，仅通过市场成交量、市盈率等基本面信息和交易者结构来分析股市波动率,那么交易量、市盈率与 A 股溢价等基本面信息可以较好地解释市场波动率;同时,大户占比与市场波动率有显著的正相关关系。(2) 在引入融资融券交易之后,这个相关关系发生了显著的变化。模型 12 和模型 13 显示,基于 2010 年 3 月至 2016 年 8 月的数据,上证市场波动率与大户占比以及散户占比均有显著的正相关关系,但是大户的影响作用更加明显。同时,融资融券机制的引入显著加剧了市场波动率,这也进一步印证了上述对个股股价波动的研究结论。(3) 模型 14 和模型 15 显示,如果将融资和融券机制做区分,大户占比依然与市场波动率有显著的正相关关系,且影响程度依然高于散户。同时,融资机制有加剧市场波动的作用,但是融券机制与市场波动率没有显著相关关系。这进一步验证了无论是对个股还是对整个市场,中国股市的做空机制还没有得到较为充分的运用。

需要说明的是,虽然实证结果表明无论是否引入杠杆交易,大户都是市场波动的主要诱因,但是这并不必然意味着"发展机构投资者"是一个错误的方向。我们猜测,在 A 股市场上,投资者结构与市场波动率之间或许存在一个拐点,即伴随着各类金融交易避险工具的日益丰富和多元化,当市场上的机构投资者或大户占比到达某个临界点之后,就有可能革除其"被动"的"散户化"行为,进而的确能够如经典文献所描述的那样发挥稳定市场的作用。

表 5 投资者结构与上证指数波动率的关系

	模型 10	模型 11	模型 12	模型 13	模型 14	模型 15
Trade	28.550***	45.049***	1.811	7.098*	1.870	5.426
	(4.36)	(10.46)	(0.43)	(1.92)	(0.44)	(1.52)
Ttm	4.248***	3.889***	6.051***	7.582***	6.038***	8.069***
	(10.31)	(10.37)	(7.74)	(12.84)	(7.84)	(10.66)
Premium	0.366*	0.542***	0.251*	0.348***	0.251**	0.406***
	(1.94)	(2.71)	(1.90)	(2.65)	(2.11)	(3.25)
inst1	10.397***		10.332***		10.358***	
	(4.12)		(2.99)		(3.10)	

续表

	模型 10	模型 11	模型 12	模型 13	模型 14	模型 15
inst2		-0.085		2.020**		2.107**
		(-0.07)		(2.25)		(2.49)
martra_s			0.001*	0.002***		
			(1.71)	(7.07)		
martra1_s					0.001*	0.001***
					(1.83)	(5.78)
martra2_s					0.005	0.006
					(1.28)	(1.54)
Constant	-444.377***	-646.869***	-88.326	-269.979***	-88.913	-268.130***
	(-4.98)	(-7.85)	(-1.61)	(-4.43)	(-1.56)	(-5.12)
Observations	128	128	78	78	78	78
R-squared	0.849	0.827	0.953	0.948	0.953	0.950
r2_a	0.844	0.821	0.950	0.945	0.950	0.946

五 熔断机制与涨跌停制度的兼容性分析

随着2015年下半年的中国股市暴跌，对于借鉴国外经验、逐步引入熔断机制的呼声日益高涨。2015年9月7日晚间，上证所、深交所、中金所发布关于实施指数熔断机制的公开征求意见稿，拟在保留现有个股涨跌停、T+1交易等制度的前提下，逐步引入指数熔断机制。2015年12月4日，中国股市实施指数熔断的相关规定出炉，并计划于2016年1月1日起正式实施。按照规定，熔断机制的实施将以沪深300指数为标的，当指数涨跌幅达到5%时暂停交易15分钟，之后进行集合竞价并继续交易；14点45分以后涨跌幅达到5%，或者全天任何时候涨跌幅达到7%，则暂停交易至收市。

2016年1月4日，在实施指数熔断的第一个交易日，沪深300指数于下午13：13分触及5%档的熔断，停止交易15分钟；复盘后仅7分钟时间便触及7%档的熔断，全天交易停止。两个交易日之后的1月7日，沪深300指数于上午9：42分触及5%档的熔断后停止交易，复盘后交易1分钟便触及7%档的熔断，全天有效交易时间仅13分钟。1月8日，实施了仅4

个交易日的熔断机制被监管部门紧急叫停。

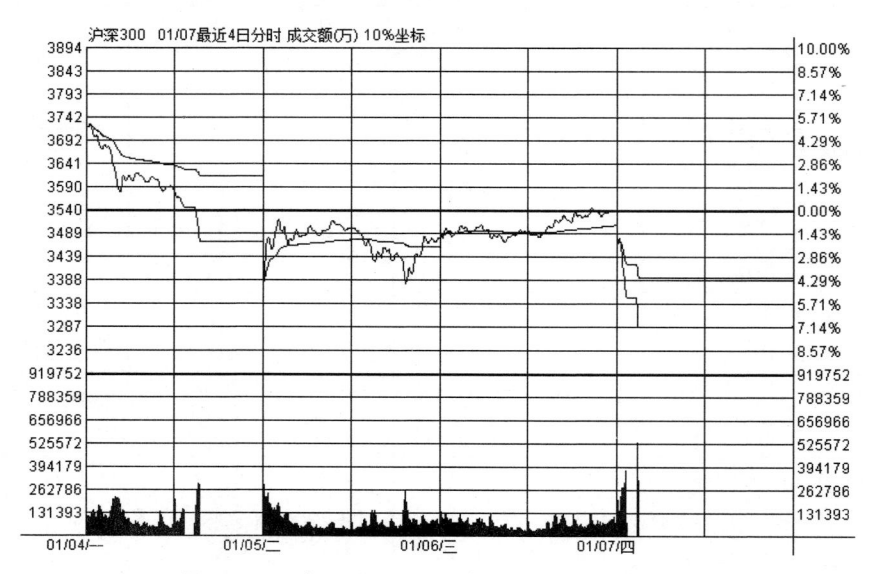

图 9　2016 年 1 月 4～7 日沪深 300 分时量价走势
资料来源：WIND 数据库。

如何看待中国的熔断机制？一方面，熔断机制显然并不是股市暴跌的原因。可以作为佐证的是，取消熔断机制之后的 A 股市场并没有止住下跌，1 月 11 日上证综指下跌 5.33%，1 月 13 日下跌 2.42%，1 月 15 日下跌 3.55%，1 月 26 日下跌 6.42%；在 1 月 8 日至 29 日的 16 个交易日内，上证综指区间跌幅达到 12.4%。但另一方面，熔断机制作为一种制度安排，对股市波动产生了显著的冲击。在对熔断机制的讨论中，很多分析都提到中国熔断机制设计缺陷，被指责最多的是两档熔断阈值设计得过于接近，导致"磁吸效应"十分明显。比如，美国、韩国在熔断的档位设置上就与中国存在明显差异。由于我国并没有取消个股 10% 涨跌停的限制，10% 以上的熔断档位对 A 股市场没有意义。显然，在交易机制设计中，涨跌停制度再次扮演了关键角色。

表 6　中国熔断机制与其他国家制度设计的区别

具体政策	中国熔断机制	其他国家经验
阈值设计	两档熔断（5%，7%）	美国三档熔断（7%，13%，20%） 韩国三档熔断（8%，15%，20%）

续表

具体政策	中国熔断机制	其他国家经验
交易终止时间	触发5%则交易停止15分钟，触发7%则全天停止交易	分不同时间段，触发熔断后停止交易时间不同
其他交易机制	个股设有10%的涨跌停限制；实行T+1的交易机制	美国不设涨跌停制度，实施T+0交易机制；韩国设有涨跌停制度，但幅度为30%
相关配套措施	尚不明确	美国设有"交易熔断阀"等风险预警机制

资料来源：作者整理。

虽然熔断机制只实施了4天，但已经有较充分的数据能证实如下判断：（1）熔断机制的"磁吸效应"在A股市场是存在的。自2005年4月沪深300指数创立以来，直到2015年底的11年间，该指数盘中涨跌幅超过5%的交易日有67个，而超过7%的仅有20个交易日，属于小概率事件。但在熔断机制实施后，该指数两次跌到5%之后都直接导致了7%的跌幅，并且第二次下跌的时间更短。（2）熔断机制与现行涨跌停制度之间是存在冲突的。一方面，在中国个股实施涨跌幅不超过10%的制度设计下，熔断阈值档次的设计被限制在较窄的范围内，从而限制了政策空间。另一方面，涨跌停制度提前限制了部分股票的流动性，使得熔断机制的"磁吸效应"被进一步强化。可以想象得到，当指数下跌至接近5%时，有不少股票事实上已经处于跌停状态，投资者要保持流动性，只能卖出其他未跌停的股票，这反过来又进一步加剧了市场下跌。

导致上述两个结果的原因，应该是与中国股市投资者以散户为主的结构和相关配套交易制度有关。对于散户投资者占主导的A股市场而言，投资者缺乏相应的分析工具和途径了解市场信息，让他们在停止交易的15分钟里平复情绪完全是"不可能的任务"。指数下跌带来的恐慌使投资者首先争相抛售跌幅较大的股票，导致这些股票加速进入跌停板，指数进一步下跌。随着恐慌情绪蔓延，投资者将加紧抛售市场预期好、基本面稳定的股票，使得流动性迅速枯竭，形成恶性循环。此外，由于A股市场实施的是T+1交易制度，这使投资者对于买进股票的态度更加谨慎，市场短期内复苏难度加大。因此，可以认为，熔断机制在目标上和涨跌停板制度存在重复，但如果同时实施则容易导致冲突。

事实上，涨跌停和熔断机制都是金融市场价格限制的手段，只是在这一相同出发点的背后，二者的作用机制存在差异。（1）熔断机制的应用主要是在金融市场突然出现流动性缺失，或者严重信息传导不畅等极端情况下，通过终止交易来稳定市场情绪和减少交易损失，并不是金融市场的日常管理手段。研究显示，熔断机制不能有效地抑制股市的"过度繁荣"，只能在市场出现迅速、大幅下跌的时期防止系统性风险的发生（Ackert，2012）。美国实施指数熔断机制以来至今只触发过一次，但即使在这样的条件下，美国对于指数熔断的实施效果依然存在诸多争论。比如有观点认为，由于熔断机制是完全停止交易，这让所有的避险手段都失效，看空情绪将被延迟至下一个交易日，价格回归均衡的难度更高。（2）涨跌停制度是限制价格的常规性手段，在该制度下市场交易并没有被中断，即便处于涨跌停板的股票依然可以报价和交易。甚至，有些交易可以利用涨跌停这一制度进行套利，从而在一定程度上加剧市场波动。Seasholes & Wu（2007）对中国沪市涨停板事件的研究证实了所谓的"宁波涨停敢死队"现象，即涨停事件吸引了个人投资者的关注，使得主动交易的个人投资者购买了之前没有建仓的股票；聪明交易者在 T 日买进，T+1 日卖出，日收益率可达 1.16%，但相关股价一周内显著向均值回调。

六 结论与建议

涨跌停制度在中国实施近 20 年，事实上已融入投资者和监管当局的血液，成为一项具有"基础设施"性质的制度。巨大的惯性使得人们已经忽视了研究这一制度的必要性，虽然大多数交易者都知道这并不是一项国际通行的制度安排。本文发现，与成熟股票市场相比，实施涨跌停制度并没有使股市整体和个股股价波动变得更加平稳。在实施涨跌停的 A 股市场，引入融资融券或者股指期货等金融创新交易机制之后，这些机制还加剧了市场波动而没有实现风险对冲的效果。对投资者结构的考察表明，是大户的交易行为而非散户导致了市场更为剧烈的波动，散户更大程度上只是"无罪的羔羊"。因此可以认为，涨跌停制度的历史使命已经完成，在新的经济形势和市场环境中，我们需要更加系统深入地研究资本市场交易制度之间的冲突与协调问题。

中共十八届五中全会通过的"十三五"规划建议中提出，要积极培育公开透明、健康发展的资本市场，提高直接融资比重，推进资本市场双向开放。在经济新常态的环境和去杠杆的任务要求下，资本市场要比以前承担更为艰巨的任务。换言之，发展壮大股票市场的目标毋庸讨论，需要深入探讨的是如何实现其健康发展。当然，这是一项庞大、繁杂并且与其他方面改革相纠缠的任务，需要决策层、监管当局、投资者乃至全社会在发展理念和金融生态环境上都有更成熟的认识。基于本文研究发现，从交易制度的角度入手，我们提出如下建议。

（一）以市场化为原则，逐步稳妥推进改革

现阶段，应认真研究和总结涨跌停制度、T+1 交易制度、上市公司停牌制度以及指数熔断机制短暂试运行的效果和缺陷，探索构建一套更加成熟、更加定型的管理制度；力求做到既要坚持资本市场发展的目标和方向，又能善于集思广益，从经验教训中学习提高，形成改革的合理路径；切实保持和维护市场信心，以有力措施和实际行动引导各界形成对改革前景的乐观预期。我们建议，选择适当时机，在市场情绪相对平稳、交易秩序比较正常的条件下，逐步取消涨跌停制度；同时，协调发展融资融券制度，探索引入更加科学合理的交易机制。

（二）注重监管协调，更好地发挥政府作用

资本市场的稳健运行绝离不开政府的有效管理，特别是在预防系统性风险方面，政府的重要作用无法替代；但是，政府也要尊重和敬畏市场规律，高度警惕和防范"越俎代庖"的行为，避免以行政管理的手段频繁干预市场。在金融市场融合联动和交易技术快速发展的环境下，应不断强化监管部门之间的协调与沟通机制，建立与现代金融市场发展相匹配的监管体制；进一步强化监管部门对上市公司信息披露的要求，提高信息的可靠性、透明度和传播效率，不断加强投资者教育和权益保护，为资本市场健康发展打下良好的基础。

（三）高度重视对大户交易者的行为监管

散户的羊群效应和追涨杀跌行为并不是来自散户本身，而是来自股价的异常波动。这种异常波动往往是由大户操纵的，散户本身并没有实力导

致股价的异常波动。换言之，散户只是市场波动剧烈的土壤，大户的交易行为才是波动的诱因。因此，就短期来看，市场监管的重点应该向大户特别是向法人机构倾斜，重点监管信息披露、减持、内部操控等行为；重点管理上市公司董事、监事、高管的持股比例变动情况；重点关注个股股价的异常波动，并形成相应的干预和预警机制。

（四）严厉打击违法交易行为，建立公开、公正、公平的市场环境

马克思说过："如果有20%的利润，资本就会蠢蠢欲动；如果有50%的利润，资本就会冒险；如果有100%的利润，资本就敢于冒绞首的危险；如果有300%的利润，资本就敢于践踏人间一切的法律。"在资本市场上，操纵股价、内幕交易等行为获利巨大，但与之相应的惩罚措施却失之以宽、失之以软。乱时当用重典，在资本市场混乱之时更应该强化打击力度和提高惩罚标准，使各类非法交易"不敢"发生；随着市场环境的日益改善，或将达到"不能"和"不愿"发生违法交易的境界。

参考文献

［1］陈晖丽、刘峰：《融资融券的治理效应研究——基于公司盈余管理的视角》，《会计研究》2014年第9期。

［2］陈海强、范云菲：《融资融券交易制度对中国股市波动率的影响——基于面板数据政策评估方法的分析》，《金融研究》2015年第6期。

［3］陈平、龙华：《中国股市涨跌停绩效的经验分析及政策建议》，《世界经济》2003年第2期。

［4］李科、徐龙炳、朱伟骅：《卖空限制与股票错误定价——融资融券制度的证据》，《经济研究》2014年第10期。

［5］祁斌、黄明、陈卓思：《机构投资者与股市波动率》，《金融研究》2006年第9期。

［6］清华大学国家金融研究院：《完善制度设计　提升市场信心　建设长期健康稳定发展的资本市场》，研究报告，2015年。

［7］谭松涛、崔小勇、孙艳梅：《媒体报道、机构交易与股价的波动性》，《金融研

究》2014 年第 3 期。

[8] 吴武清、蒋勇、缪柏其、陈敏:《波动率度量模型的评价方法:拟合优度和平滑性》,《系统工程学报》2013 年第 2 期。

[9] 朱磊:《当前台湾股票市场的特点分析》,《台湾研究》2010 年第 2 期。

[10] 周洪荣、吴卫星、周业安:《我国 A 股市场中的波动性之谜与市场情绪》,《上海经济研究》2012 年第 4 期。

[11] Alexopoulos, M. and Cohen, J., 2009, "Uncertain Times, Uncertain Measures", Working Paper, No. 352, University of Toronto.

[12] Beetsma, Roel, Giuliodori, Massimo, 2012, "The Changing Macroeconomic Response to Stock Market Volatility Shocks", *Journal of Macroeconomics*, 34 (2), pp. 281 - 293.

[13] Bloom, N., 2009, "The Impact of Uncertainty Shocks", *Econometrica*, 77 (3), pp. 623 - 685.

[14] Boehmer, E., and J. Wu, 2013, Short Selling and the Price Discovery Process, *Review of Financial Studies*, 26, pp. 287 - 322.

[15] Bollerslev T., 1986, "Generalised Autoregressive Conditional Heteroskedasticity", *Journal of Econometrics*, 31 (3), pp. 307 - 327.

[16] Brennan, M. J, 1986, "A Theory of Price Limits in Futures Markets", *Journal of Financial Economics*, 16, pp. 213 - 233.

[17] Calvet, L., Fisher A. J. and Thompson S. B., 2006, "Volatility Co-movements: A Multi-frequency Approach", *Journal of Econometrics*, 131, pp. 179 - 221.

[18] Chan, S. H., K. A. Kim, and S. G. Rhee, 2005, "Price Limit Performance: Evidence from Transactions Data and the Limit Order Book", *Journal of Empirical Finance*, 12, pp. 269 - 290.

[19] Chen, Yea-Mow, 1993, "Price Limits and Stock Market Volatility in Taiwan", *Pacific-Basin Finance Journal*, 1, pp. 139 - 155.

[20] Chen Y. M., 1997, "Price Limits and Liquidity: a Five-Minute Data Analysis", *Journal of Financial Studies*, 4 (3), pp. 45 - 65.

[21] Chen, G. M., Kim, K. A., and Rui, O. M., 2005, "A Note on Price Limit Performance: The Case of Illiquid Stocks", *Pacific-Basin Finance Journal*, 13, pp. 81 - 92.

[22] Chou, P. H., M. C. Lin, and M. T. Yu, 2003, "The Effectiveness of Coordinating Price Limits Across Futures and Spot Markets", *Journal of Futures Markets*, 23, pp. 577 - 602.

[23] Chowdhry, B. and V. Nanda, 1998, "Leverage and Market Stability: The Role of Margin Rules and Price Limiits", *Journal of Business*, 71, pp. 179 - 210.

[24] Christie, W. G. & Huang, R. D. 1995, Following the Pied Piper: Do Individual Returns Herd around the Market? *Financial Analysts Journal*, 51 (4), pp. 31 - 37.

[25] Fama Eugene F., 1969, "Efficient Capital Markets: a Review of Theory and Empirical Work", *Journal of Finance*, 25, Issue 2, Paper and Proceedings of the Twenty-Eighth Annual Meeting of the American Finance Association, New York, December 28 - 30, pp. 383 - 417.

[26] Francis X. Diebold, Kamil Yilmaz, 2008, "Macroeconomic Volatility and Stock Market Volatility", World-Wide, PIER Working Paper Archive from Penn Institute for Economic Research, Department of Economics, University of Pennsylvania.

[27] Greenwald Bruce C. and Jeremy C. Stein, 1991, "Transactional Risk, Market Crashes and the Role of Circuit Breakers", *Journal of Business*, 64, pp. 443 - 462.

[28] Hamilton, J. D. and Lin, G., 1996, "Stock Market Volatility and the Business Cycle", *Journal of Applied Econometrics*, 11, pp. 573 - 593.

[29] Harris, L. E., 1998, "Circuit Breakers and Program Trading Limits: What Have We Learned? in R. E. Litan and A. M. Santomero, eds.: *Brookings-Wharton Papers on Financial Services*, Brookings Institution Press, Washington, DC.

[30] Kim K. A., Haixiao Liu and J. Jimmy Yang, 2013, "Reconsidering Price Limit Effectiveness", *Journal of Financial Research*, 36, pp. 493 - 517.

[31] Kim, K. A., and S. G. Rhee, 1997, "Price Limit Performance: Evidence from the Tokyo Stock Exchange", *Journal of Finance*, 52, pp. 885 - 901.

[32] Kim, Y. H., and J. J. Yang, 2004, "What Makes Circuit Breakers Attractive to Financial Markets: A Survey", *Financial Markets, Institutions, and Instruments*, 13, pp. 109 - 146.

[33] Knotek I., and Khan, S., 2011, "How do Households Respond to Uncertainty Shocks"? Economic Review, Federal Reserve Bank of Kansas City, Second Quarter.

[34] Kodres, L. E. and D. P. O'Brien, 1994, "The Existence of Pareto-Superior Price Limits", *American Economic Review*, 84, pp. 919 - 932.

[35] Hsieh P. H., Kim Y. H. and Y, J. J., 2009, "The Magnet Effect of Price Limits: A Logit Approach", *Journal of Empirical Finance*, 16, pp. 830 - 837.

[36] Lucy F. Ackert, 2012, "The Impact of Circuit Breakers on Market Outcomes", Economic Impact Assessment EIA9, Foresight, Government Office for Science.

[37] Ma, Christopher K., Ramesh P. Rao, and R. Stephen Sears, 1989, "Volatility, Price

Resolution, and the Effectiveness of Price Limits", *Journal of Financial Services Research*, 3, pp. 165 - 199.

[38] Nelson D. B., 1991, "Conditional Heteroskedasticity in Asset Returns: A New Approach", *Econometrica*, 59 (2), pp. 347 - 370.

[39] Samuelson P., 1965, "Proof that Properly Anticipated Prices Fluctuate Randomly", *Industrial Management Review*, 6, pp. 41 - 49.

[40] Schwert, G. W., 1989, "Why Does Stock Market Volatility Change Over Time", *Journal of Finance*, 44, pp. 1115 - 1153.

[41] Seasholes, Mark S., Guojun Wu, 2007, "Predictable Behavior, Profits, and Attention", *Journal of Empirical Finance*, 5, pp. 590 - 610.

[42] Subrahmanyam, A., 1994, "Circuit Breakers and Market Volatility: A Theoretical Perspective", *Journal of Finance*, 49, pp. 237 - 254.

[43] Wong W. K., Matthew C. Chang, Anthony H. Tu, 2004, Are Magnet Effects Caused Uniformed Traders? Evidence from Taiwan Stock Exchange, *Pacific-Basin Finance Journal*, 17 (1), pp. 28 - 40.

[44] Wooldridge, J. M., 2002, *Econometric Analysis of Cross Section and Panel Data*. MIT Press, Cambridge.

附表1 1996年之前AH股以及代码

股票名称	A股代码	H股代码
创业环保	600874	01065
东北电气	000585	00042
东方电气	600875	01072
京城股份	600860	00187
昆明机床	600806	00300
洛阳玻璃	600876	01108
马钢股份	600808	00323
青岛啤酒	600600	00168
上海石化	600688	00338
石化油服	600871	01033
中船防务	600685	00317

附表 2 2014 年实施融资融券的 AH 股及其代码

股票名称	A 股代码	H 股代码	股票名称	A 股代码	H 股代码
鞍钢股份	000898	00347	白云山	600332	00874
比亚迪	002594	01211	创业环保	600874	01065
大连港	601880	02880	大唐发电	601991	00991
一拖股份	601038	00038	东方电气	600875	01072
东方航空	600115	00670	工商银行	601398	01398
光大银行	601818	06818	广汽集团	601238	02238
广深铁路	601333	00525	海螺水泥	600585	00914
海通证券	600837	06837	海信科龙	000921	00921
华电国际	600027	01071	华能国际	600011	00902
建设银行	601939	00939	江西铜业	600362	00358
交通银行	601328	03328	金风科技	002202	02208
金隅股份	601992	02009	洛阳钼业	603993	03993
马钢股份	600808	00323	民生银行	600016	01988
南方航空	600029	01055	南京熊猫	600775	00553
宁沪高速	600377	00177	农业银行	601288	01288
青岛啤酒	600600	00168	山东墨龙	002490	00568
上海电气	601727	02727	上海石化	600688	00338
上海医药	601607	02607	潍柴动力	000338	02338
新华保险	601336	01336	兖州煤业	600188	01171
长城汽车	601633	02333	招商银行	600036	03968
郑煤机	601717	00564	中国国航	601111	00753
中国交建	601800	01800	中国铝业	601600	02600
中国平安	601318	02318	中国人寿	601628	02628
中国神华	601088	01088	中国石化	600028	00386
中国石油	601857	00857	中国太保	601601	02601
中国铁建	601186	01186	中国银行	601988	03988
中国远洋	601919	01919	中国中铁	601390	00390
中国中冶	601618	01618	中海发展	600026	01138
中海集运	601866	02866	中海油服	601808	02883
中集集团	000039	02039	中联重科	000157	01157

续表

股票名称	A 股代码	H 股代码	股票名称	A 股代码	H 股代码
中煤能源	601898	01898	中信银行	601998	00998
中信证券	600030	06030	中兴通讯	000063	00763
重庆钢铁	601005	01053	紫金矿业	601899	02899

深化中国金融监管改革的若干思考

席月民　徐立达*

摘　要　在社会转型和体制转轨过程中,我国目前"一行三会"的监管架构适应了机构监管的要求,却不适应混业经营的功能监管要求。我国金融监管改革一方面在不断强化信息共享机制建设,另一方面开始注重从单纯的机构监管向机构监管与功能监管并重的监管模式转型。从未来改革路径看,金融监管改革需要分别以银行业、证券业、保险业、信托业以及互联网金融等不同行业和业态的发展及其监管研究为基础,把金融监管改革的基本理念和规则设计解构和导入金融机构与金融市场的创新实践中,系统重构我国金融监管体系并实现监管规则的优化,使改革与法治形成良性互动,在金融全球化中为我国金融市场的稳健发展提供可靠保障。

关键词　金融监管　金融创新　互联网金融

随着金融市场国际化程度的日益加深,各国金融监管机构在金融创新中均面临严峻挑战。"过度"的监管势必削弱金融市场功能、降低经济效用。[1] 无论是基于系统风险的考量,还是着眼于对金融市场信息不对称的矫

---

*　席月民,中国社会科学院法学研究所经济法研究室主任、法学系副主任兼法硕办主任,法学博士。徐立达,中国社会科学院研究生院2016级法律硕士(法学)研究生。

[1]　霍华德·戴维斯(Howard Davies)、大卫·格林(David Green)著《全球金融监管》(*Global Financial Regulation: The Essential Guide*),中国银行业监督管理委员会国际部译,中国金融出版社,2009,第4页。

正,如何改革和完善金融监管体制,如何降低金融监管体系的复杂程度和监管成本,如何优化金融机构激励约束机制,如何完善监管标准、监管程序和监管规则等,成为我国金融监管改革中需要重点研究的问题。我国"十三五"规划纲要专章指出,应当加快金融体制改革,尤其是改革金融监管框架。这里,我们以金融监管改革中的前沿理论成果为主线,通过揭示不同视角下有关金融监管改革议题的不同立场和争论,集中探讨金融全球化背景下我国金融监管改革与金融创新问题,并分别以银行业、证券业、保险业、信托业以及互联网金融等不同行业和业态的发展及其监管研究为基础进行专门分析,以期把金融监管改革的基本理念和规则设计解构和导入金融机构与金融市场的创新实践中,系统重构我国金融监管体系并实现监管规则的优化。

一 金融监管体制改革的总体构想

(一)金融全球化与金融监管改革趋势

经济全球化作为当代世界经济发展的重要特征之一,使国际分工日益细化,国际合作更趋紧密。在经济全球化过程中,金融一体化使各国金融交易快速步入了高风险、高效率的信息化时代。尤其是进入 21 世纪后,随着金融市场国际化程度的空前提高,金融资源的国际流动更为频繁和容易,金融创新的广度和深度达到了前所未有的境地。从亚洲危机到全球危机,十年轮回真切地证明了全球金融相互关联和相互影响的程度之深。[1] 有学者指出,金融全球化实际上应该理解为融资全球化。可以认为,金融全球化是通过金融自由化、金融证券化、金融国际化、金融一体化几个或在时间上相互衔接的不同阶段或在时间上相互平行的不同过程而逐步深化的。[2] 经济全球化尤其是金融全球化对各国金融监管法制带来了强大的冲击与挑战,从市场准入、业务限制、资本流动到价格方面似乎都无一例外地出现了放松管制的趋向。[3] 美国金融危机发生后,一些国家和地区出现了金融改革浪

---

[1] 席月民主编《金融法学的新发展》,中国社会科学出版社,2013,第 5 页。
[2] 王洛林主编《全球化与中国:理论与发展趋势》,经济管理出版社,2010,第 81、82 页。
[3] 盛学军:《冲击与回应:全球化中的金融监管法律制度》,载《法学评论》2005 年第 3 期。

潮,美国、英国、欧盟等纷纷采取相应对策,金融监管又开始出现收紧动向。加强关于危机产生的制度分析,检讨美国金融法的疏漏,无疑可以为我国金融体制改革及金融法制完善提供有益经验。总体上看,金融创新、监管无效、信用风险、法律缺陷乃至美元霸权等都是诱发和导致危机产生的重要原因。美国政府不当的房地产金融法制政策、对过度金融产品创新的放松监管、国际金融无序以及美国对自由市场经济的极力推崇,是这场危机爆发的重要根源。[①]

有关金融监管必要性和有效性的理论学说众多,如金融脆弱论、公共利益论、自然垄断论、外部效应论、信息不对称论、公共物品论、道德风险论以及法律不完备论等,这些理论学说分别从不同角度论证和解释了政府监管的正当性。与此同时,也有一些理论学说反对金融监管,并对监管失灵的原因提出了各自看法,如监管俘获说、监管供求说、监管寻租说等。我们并不否认监管失灵问题的存在,但这并不能说明不需要进行金融监管,而只能说明目前的金融监管不完善,我们应该不断地完善金融监管。[②] 我国现行金融监管体制形成于入世前后,"一行三会"的分工合作完全建立在金融分业经营、分业监管的基础之上,金融监管机构虽然看到了金融全球化所带来的诸多挑战,但至今为止尚未完成金融监管改革规划的目标任务,无论是横向分权还是纵向分权,都未能彻底实现监管资源的优化配置与监管效率的显著提高。金融体系绝非独立地创造金融产品和金融服务的系统,它的运行更广泛地涉及政治、经济、文化、法治等基本环境要素,还涉及这种环境的构成及其变化,以及它们导致的主体行为异化对整个金融生态系统造成的影响。[③] 在社会转型和体制转轨过程中,我国金融监管改革一方面在不断强化信息共享机制建设,另一方面开始注重从单纯的机构监管向机构监管与功能监管并重的监管模式转型。问题在于,第一,没有吸收中央银行参加监管联席会议是一大缺陷;第二,合作机制的法律化、部门协调的程序化需要加强;第三,监管机构之间的合作共识不能代替法律,应抓紧制定金融控股公司法。更重要的是,金融混业经营是基本趋势,基于对金融混业经营大趋势的认同和分业模式权宜性的判断,我国金融经营模

---

① 席月民主编《金融法学的新发展》,中国社会科学出版社,2013,第308页。
② 林俊国著《金融监管的国际合作机制》,社会科学文献出版社,2007,第43页。
③ 李扬、王国刚、刘煜辉主编《中国城市金融生态环境评价》,人民出版社,2005,第8页。

式以及相应的监管体制变革必然带有历史的阶段性，分业经营——金融控股集团的兼业经营——混业经营将是我国金融发展的基本轨迹，与之相适应的监管体制也应该是一个逐步调整和变革的历史过程。在金融生态环境建设中，应构建以政府监管为主体、机构内控为基础、行业自律为纽带、社会监督为补充的四位一体的复合型金融监管体系。①

（二）中央银行的监管定位

在我国，中国人民银行作为国家的中央银行，不但是发行的银行，而且是银行的银行和政府的银行，因此它同时履行着调控、监管和服务三大职能，这在《中国人民银行法》的条文表述中得到了具体确认。然而在这一问题上，学术界的看法却并不完全一致。其中，一部分学者主张中央银行应当放弃金融监管权。例如，有学者指出，中央银行应当集中精力制定和实施货币政策，区别于一般的国家行政管理机关。② 也有学者指出，我国中央银行的货币政策职能与金融监管理应分开，中央银行只拥有"间接监管金融"的权力。③ 另一部分学者则主张，中央银行应当发挥监管职能。如有学者认为，应当建立以中央银行为中心的金融监管体制，保证国家金融法律法规和方针政策的贯彻执行；中央银行与其各分支机构之间的监管责任要明确，实行分层次的监管。④ 还有学者建议，加强中国人民银行四级金融监管机制，并从一线业务操作人、金融企业的内部监控机制、中央银行的权威性和审计、税务四个角度出发进行机制构建。⑤

尽管学界观点各异，但实际上自中国银监会成立以来，中国人民银行的监管职能在一定程度上被削弱，在移交出对银行业的监管权力后，只保留了有限的对黄金市场、外汇市场以及银行间同业拆借市场和债券市场的监管权。2008年国际金融危机爆发后，系统性风险、监管套利等再次把中

---

① 徐孟洲等著《金融监管法研究》，中国法制出版社，2008，第164、166、171~172页。
② 刘文华、马志毅：《改革中国银行业监管体制的法律与实践》，载《法学论坛》2003年第5期。
③ 黄积虹、杨丰：《论美国〈金融服务现代化法〉对我国金融监管立法的启示》，载《思想战线》2003年第6期。
④ 焦克源、史正保：《实现中央银行金融监管法制化的逻辑构想》，载《兰州大学学报》（社会科学版）2001年第3期。
⑤ 刘铧：《对我国金融监管问题的几点思考》，载《求索》2002年第5期。

国人民银行推向风口浪尖。近年来，不同监管模式之间的选择成了金融学和金融法学界的争论焦点。有学者将现有监管改革模式的争论总结为六种[①]：一是继续保留"一行三会"架构，通过深化改革、完善职能，加大各金融监管部门之间的协调（如增强部级协调和司局级协调）密度和协调程度；二是将中国银监会监管的系统性重要商业银行和政策性银行等划归中国人民银行监管，以增强货币政策功能和宏观审慎监管，此外继续保留"一行三会"架构；三是将中国银监会监管职能并入中国人民银行，形成"一行二会"（即中国人民银行、中国证监会和中国保监会）的架构；四是将"三会"并入中国人民银行，形成超级央行，以充分协调货币政策与金融监管的机制；五是将"三会"合并、设立金融监管委员会，由此形成"一行一会"格局；六是在"一行三会"之上设立金融工作委员会（或金融稳定委员会），由其协调"一行三会"之间的职能机制。

从上述六种模式的监管组织架构看，随着宏观审慎监管理论研究的逐步深入，中国人民银行介入宏观审慎监管的必要性已得到理论界与实务界的共同认可，这有别于此前关于中央银行监管地位的重大分歧。有学者提到，我国"十二五"规划提出"构建逆周期的金融宏观审慎管理制度框架"，中国人民银行在宏观审慎管理体系中的主体地位也逐步确立[②]。有学者指出，增强中国人民银行在系统性风险监管中的作用，特别是在金融冲击和动荡时期，实行中国人民银行牵头的监管模式是宏观审慎监管的必要选择[③]。还有学者提出，在各国金融体制中，能够满足审慎监管"宏观"要求的政府机构唯有中央银行，中央银行应责无旁贷地承担宏观审慎监管职责。[④]

我们认为，金融监管机构的独立性和权威性是金融监管改革的基本取向，在分业监管体制下，金融监管中所面临的许多挑战单靠某一个监管部门的一己之力已经很难解决，尤其对于分业监管金融体制而言更是如此。

---

① 王国刚：《金融监管框架改革的重心》，载《中国金融》2016年第10期。
② 李艳玲：《改进外汇宏观审慎管理》，载《中国金融》2016年第16期。
③ 李成、李玉良、王婷：《宏观审慎监管视角的金融监管目标实现程度的实证分析》，载《国际金融研究》2013年第1期。
④ 闫海：《后危机时代的金融监管体制立法研究——基于宏观审慎监管的革新》，载《安徽大学学报》（哲学社会科学版）2010年第6期。

实践中，基于宏观审慎监管理论而创设的金融监管协调部际联席会议制度的效果并不是很明显，2015年6～8月的股灾①和2016年初的熔断机制②就是典型的负面例证。对于如何改革我国分业监管体制，有学者提出应加快修订和完善《中国人民银行法》等法律，以法律形式确定宏观审慎政策框架。③"十三五"规划纲要中再次指出，要"加强金融宏观审慎管理制度建设，加强统筹协调，改革并完善适应现代金融市场发展的金融监管框架，明确监管职责和风险防范处置责任，构建货币政策与审慎管理相协调的金融管理体制"。因此我们认为，"一行三会"的分业监管架构是基于整体金融风险可以独立于个别金融风险存在的假设而设计的，并以此种设计分配各监管机构的权力，现在我们应当抛弃完全分离说，采纳部分分离说，扩张中国人民银行的金融监管权，赋予其全面的信息收集权，对具体金融机构的检查权和整改权，且包含所有的金融机构，不以银行业为限。④短期内应把重点放在改善各监管部门之间的协调与合作上，突出中国人民银行的牵领地位，成立以中国人民银行为首、由各监管部门构成的金融稳定委员会，将其视为一个能够自我决策的机构。该机构可以和国际金融机构保持经常性联系，从各监管部门获得更多的资源，并有权接受委托从事各种政策调研工作，有权监督调研结果的实施。从长远看，随着综合经营的常态化，建立集中统一的金融监管委员会势在必行。⑤

---

① 2015年6月12日，沪指上涨0.87%再创年内新高5178.19点。2015年7月3日，沪指一度暴跌7%后现本轮调整新低3629.56点。仅仅14个交易日，沪指暴跌29.9%。股市仅用了两个月就从5178点一路下跌至2850点，下跌幅度近达45%。随后国家的"救市"行动开始。

② 由于发生"股灾"，为抑制投资者可能产生的羊群效应，降低股票市场的波动，中国证监会开始酝酿出台熔断机制。2015年12月4日，上交所、深交所、中金所正式发布指数熔断相关规定，熔断基准指数为沪深300指数，采用5%和7%两档阈值。然而，2016年1月4日，A股遇到史上首次"熔断"。早盘，两市双双低开，随后沪指一度跳水大跌，跌破3500点与3400点，各大板块纷纷下挫。午后，沪深300指数在开盘之后继续下跌，并于13点13分超过5%，引发熔断，三家交易所暂停交易15分钟，恢复交易之后，沪深300指数继续下跌，并于13点34分触及7%的关口，三个交易所暂停交易至收市。2016年1月8日，经中国证监会批准，上海证券交易所决定暂停实施《上海证券交易所交易规则》第四章第五节规定的"指数熔断"机制，以维护市场平稳运行。

③ 马新彬：《宏观审慎政策协调机制》，载《中国金融》2016年第1期。

④ 侯怀霞：《论央行宏观调控功能的法律保障机制》，载《社会科学战线》2011年第2期。

⑤ 席月民主编《金融法学的新发展》，中国社会科学出版社，2013，第248页。

(三) 金融监管权的横向分配

尽管从现行监管体制看，中央银行在宏观审慎监管之下保留了必要的监管权，但这种监管权力的横向分配仍是基于市场切分的结果。有关金融监管权的横向分配改革设计，学者之间的看法不尽相同。一部分学者主张英国或者澳洲模式，即双峰监管模式。有学者从金融结构角度分析金融监管模式选择，认为中国金融结构近年呈现新特征，即金融市场在中国金融体系中的作用和地位不断提升，传统金融机构业务边界逐步模糊，新型金融媒介和类金融机构快速发展，金融机构与金融市场之间的联系更加紧密[1]，因此应当结合这些新特征选择英国金融监管模式，也就是按照目标监管原则设立监管机构和划分监管权限。同样从目标监管原则出发，有学者提出了"双峰监管2.0"模式，认为目标监管将金融监管目标划分为宏观审慎监管、微观审慎监管和金融消费者保护，根据这三大目标分别确立各自的监管机构，并具体分析认为目标监管体制建立在对已有监管模式和危机原因反思的基础上，相比较而言更具现代性品质；目标监管体制可以有不同实现方式，应在金融现代化过程中兼顾国情、灵活推进。[2] 另有学者提出，较为合理的改革方案是参考英国或澳洲模式，认为这两种金融监管模式在理论上比较完善，在结构上既符合宏观审慎管理的原则，又强化了综合监管和功能监管，同时实现了行为监管与审慎监管的适度分离[3]。还有学者提出更为具体的建议，认为应当采取如下的金融监管框架，使中国人民银行成为金融监管的"超级政策制定者"，整合三会设立金融监管委员会和证券市场监管委员会，设立中央国有金融资本管理委员会，设立中央金融稳定委员会，各级地方政府设立地方国有金融资本管理委员会[4]。

部分学者认为，双峰监管并不排除功能监管。在双峰监管的前提下，行为监管依然可以区分为统一监管、功能监管或者机构监管几种不同模式，

---

[1] 巴曙松、沈长征：《从金融结构角度探讨金融监管体制改革》，载《当代财经》2016年第9期。
[2] 张晓东：《金融监管体制现代化探索：缘起、逻辑与展望》，载《金融理论与实践》2016年第9期。
[3] 秦晓：《金融监管体系改革的看法》，载《中国金融》2016年第13期。
[4] 王志成、徐权、赵文发：《对中国金融监管体制改革的几点思考》，载《国际金融研究》2016年第7期。

因此主张借鉴美国的功能监管模式，并指出我国目前事实上已处于和美国类似的混业经营结构，但我国法律和政策仍简单认为处于分业经营的状态，因此功能监管应逐步取代机构监管，同时混业经营并不意味着金融大部制，从而否定了简单的统一监管模式。① 同样，有学者认为，我国已经在现有的"分业经营、分业管理"金融体制下探索开展了综合监管和功能监管，但仍未能建立以风险为核心的多重监管目标体系，也未能全面涵盖所有不可或缺的金融监管目标，因此建议结合我国各个金融市场的风险及其特点，进一步完善我国金融监管法的立法目的条款。② 也有学者提出批判，认为仅仅在现有的金融监管思路内将"一行三会"的职能以"板块组合"方式来调整金融监管框架，只会导致外部的不协调转为内部的不协调，因此必须调整金融监管的思路，在充分界定金融活动的基础上，变"机构监管为主"为"功能监管为主"。③

在金融监管模式选择这一问题上，我们认为，金融经营模式与金融监管模式之间并非一一对应关系，有效监管才是判断一国金融监管模式科学性的核心标准。我国目前"一行三会"的监管架构适应了机构监管的要求，却不适应混业经营的功能监管要求。从金融监管理论而言，有效的金融监管是由不同监管机构的诸多监管措施所组合而成的一个内在和谐的立体体系。选择一个合理、有效的金融监管模式，应该既要尊重历史传统，又要符合现实国情，同时还要考虑未来金融发展趋势。另外，既要技术上可行，又要成本上经济，同时还需具备一定的弹性。无论是单一集中监管还是单层多头监管，或者双层多头监管，抑或改良后的双峰监管，其优劣分析都需结合一国历史传统和现实国情，切忌西学东用时直接照抄照搬。我国金融监管体制经历了从单一集中型到单层多头型的分权演化，金融监管权的横向分配并非越分散越好，在分与合的取舍中不能忽视这样一点，就是分权与集权的目的应该是在维持监管效率的同时，确保并提高监管效果。学者们所提出的监管模式选择，更多地描述对整个金融监管体制改革终极目标的追寻，有的甚至不失为一种理想化的设计方案。而在关注改革终极目

---

① 孙美芳：《强化金融混业的功能监管》，载《中国金融》2016年第5期。
② 贺小丽：《我国金融监管法立法目的条款的问题及完善》，载《甘肃社会科学》2016年第5期。
③ 王国刚：《金融监管框架改革的重心》，载《中国金融》2016年第10期。

标的同时，我们还应该关注实现这些目标的手段和方式，这是同样重要的。总的来看，在当今金融集团迅速发展、理财产品多种多样的情况下，按机构类型进行分业监管越来越不适应金融发展现状，但直接变回单一集中监管也不现实。建立中央金融统一协调机构，进而逐步转变为功能监管形式，不失为一种方法。① 因此，我们认为，我国金融监管改革需要坚持两步走，即当前更应当强调中央银行的监管统筹地位，加强"一行三会"之间的配合与协调，从而逐步形成以中央银行为首、由各监管部门组成"金融稳定委员会"，以后最终逐步过渡到统一的"金融监管委员会"。

（四）金融监管权的纵向分配

中央与地方的监管权限划分问题，同样是金融监管改革中所不容忽视的重要内容。目前来讲，中央政府部门在正规金融体系中包揽了全部金融监管权，全面负责对银行、证券、保险、基金以及信托等金融机构及其金融业务的监管，而地方政府则只在民间金融领域被动地享有一定的金融监管权。改革开放以来，我国先后完成了金融体系市场化和金融机构商业化的蜕变，金融法律体系建设虽取得巨大成就，但有关民间金融的立法却一直滞后于社会实践。入世后，我国金融市场和民间金融活动均十分活跃，由于国有银行和其他金融机构无法满足中小企业的融资需求，绝大多数中小企业在发展过程中不得不从非正规金融市场寻找融资渠道，造成中小企业长期依赖民间金融解决其融资难题。地方金融办的成立，虽然使野蛮生长的民间金融活动一定程度上得到了监管，但地方监管相较于中央监管而言，无论是在监管目标、监管标准、监管手段上，还是在监管程序、监管经验、监管效果等方面，都还差强人意，仅有的几个民间金融地方性立法也都仍处在探索过程中。地方金融办基本上将自身角色定位为"办金融"的部门，从而把金融发展与金融监管割裂开来，中央和地方之间反复出现监管扯皮现象。从实践看，由于在民间金融领域监管权的纵向分配不够清晰，司法介入民间借贷便成为不得已的常态化选择。

党的十八届三中全会提出，应当"深化金融体制改革，完善监管协调机制，界定中央和地方金融监管职责和风险处置责任"。2014年，国务院印

---

① 席月民主编《金融法学的新发展》，中国社会科学出版社，2011，第250~251页。

发《关于界定中央和地方金融监管职责和风险处置责任的意见》，进一步明确中央和地方分级监管体系，明确金融监管职责和风险处置责任。2015年8月泛亚有色金属交易所"日金宝"挤兑事件①，即用鲜活的事实证明了金融监管缺位的严重后果。这一事件充分暴露出我国中央与地方金融监管分权方面所存在的弊病，虽然党中央和国务院的决定和意见已经指出中央与地方金融监管权限划分问题，然而监管机构在落实过程中仍未彻底终结责权混乱的状态。

针对中央和地方金融监管关系现状，学者们普遍认为，首先中央必须始终主导金融监管。有学者提出"中央负责地方金融监管"②，认为金融行业不同于其他行业的特征是金融风险具有天然的传染性和全局性，地方往往罩不住，最终由中央政府出面解决。在中央主导金融监管基础上，也应当注重强调协调中央与地方监管权限的划分。有的学者认为，金融监管体制改革应同时从中央顶层设计和地方底层创新着手，在坚持中央级金融监管部门对金融业监管占主导地位的前提下，要清晰地看到地方金融管理在整个金融监管体系中存在的必要性和重要性。③ 关于如何协调二者之间权限划分关系问题，有学者认为最可行的方法是"一行三会"的金融监管职责由法律明确规定，地方政府应积极利用其所掌握的信息优势，协调、配合"一行三会"进行金融监管。④ 还有学者提出，地方金融监管权理性归位路上最大的羁绊就是与中央的"GDP中心主义"相配套的地方政府绩效考核机制，外加财政体制、政府投资体制、土地制度等设计的不完备，共同导致以发展为旨趣的"融资"功能代替了以安全为核心"监管"功能的生成与深化，因此要创新确立中央督察式的地方独立监管体制，并引入社会权力弥补地方民主与中央政府监督的缺失。⑤ 另有学者从地方金融监管权配置

---

① 2015年4月起，全球最大的稀有金属交易所昆明泛亚有色金属交易所陷入兑付危机，资金链断裂，牵涉全国20个省份、22万名投资者，总金额达400亿元，引发投资者上门维权。对此，泛亚所在其官网发布公告回应称，泛亚所一款产品的委托受托交易商的确出现了资金赎回困难，这一理财产品就是"日金宝"。
② 陈振云：《我国金融监管体制改革的法律考量》，载《学术研究》2016年第9期。
③ 张震宇：《完善地方金融监管体制》，载《中国金融》2016年第1期。
④ 郭德香、李海东：《金融改革背景下我国地方金融监管模式研究》，载《郑州大学学报》（哲学社会科学版）2016年第5期。
⑤ 刘志伟：《地方金融监管权的理性归位》，载《法律科学》（西北政法大学学报）2016年第5期。

角度出发，认为地方金融监管权的配置应建立横向统合、纵向分层的双层监管模式。① 也有学者聚焦民间金融，认为我国金融监管整体上存在滞后问题，中央政府不能漠视其存在，也不能简单将监管职责转移给地方政府、强化功能监管，而应对金融监管的界限问题与中央地方监管权限的划分问题做出整体优化，使金融监管回归均衡状态。② 另有学者指出，应赋予地方金融办在制定地方金融业发展总体规划、指导地方性金融机构改革与发展、配合协调驻地金融监管机构工作等方面的职能，中央金融管理部门分支机构应当积极配合地方金融监管工作，中央和地方发挥各自职能优势，对边缘性和交叉性金融业务明确边界并加大监管力度，确保国家宏观调控政策在地方得到有效传导和落实。③ 此外，有学者认为，应当加强协作和中央对地方的业务指导，理顺地方金融管理体制并提高监管水平，同时积极推进国家立法层面实现"规制统一"。④

　　国内外的经验证明，金融业是高风险产业，系统性的金融风险足以导致一国经济的崩溃。无论是金融机构还是金融资产，其风险的隐蔽性都很强，积累到一定程度就会发生突发性和蔓延性的破坏。我们认为，中央和地方的金融监管其实各有所长，互有所短。中央的全局意识是防范金融系统性风险爆发的重要环节，但是中央不可能做到事无巨细和面面俱到；地方监管则可以很好地弥补中央监管所存在的漏洞，但是由于其不能准确把握整个金融市场监管态势，往往在利益驱动下容易陷入地方保护主义。因此，中央金融监管和地方金融监管之间存在一种互补关系，二者需要在金融监管权力配置的明晰化和程序化过程中，扬长避短，相互协调配合，才能够在促进金融创新和有效控制风险方面不断加固纵向监管框架，增强金融监管纵向分权的权威性和可操作性，避免过度监管所导致的道德风险和效率损失。具体到监管权限划分方面，我们认为，中央和地方之间应当凭依法律手段继续维持既有的监管范围，地方监管权应重点锁定在民间金融

---

① 段志国：《论地方金融监管权的理论逻辑与配置建构》，载《宁夏社会科学》2015年第2期。
② 刘子平：《功能监管强化视角下的民间金融法律治理研究》，载《金融监管研究》2016年第8期。
③ 郭可为：《中央与地方金融监管体制改革之路》，载《金融博览》2015年第9期。
④ 董宁：《地方金融监管体制改革路径探析》，载《征信》2015年第5期。

监管领域，通过加快推进民间金融立法，及时出台《放贷人条例》，依法明确地方政府对民间金融的有限监管权，在保护市场自由的同时依法维护市场秩序，有效防止民间借贷风险向银行体系转移。经验表明，通过专门立法完善民间借贷主体制度，规范和监管民间借贷行为，丰富和完善多层次、多元化借贷体系，是依法保护包括小额贷款公司在内的各类民间借贷主体合法经营行为的需要，这不但有利于改变民间借贷市场的监管缺位现状，而且有利于降低民间借贷潜藏的巨大信用风险，有利于依法维护企业生产经营和社会环境的稳定。①

二 金融监管与金融创新的互动规律

创新是一个国家进步的灵魂，是一个国家兴旺发达的不竭动力。金融创新是金融自由化的必然结果，是金融业适应市场变化和发展的一种积极反映。从世界范围看，金融监管制度必须紧跟金融业发展，与时俱进，不断革新，防微杜渐。有学者指出，监管、创新、再监管是金融监管法中监管与创新的辩证规律，在金融业务综合化下，针对既存监管所面临的法律挑战，应进行有效监管，并从国内法和国际法的角度对此内容进行理性的法律设计，确立功能监管优先、内控优先化与法制化等法律制度。②

（一）互动基础

改革开放至今，我国金融机构组织体系发生了天翻地覆的变化，伴随着金融体制改革的不断深化，各类金融机构取得了长足发展。截至目前，我国已经形成以中央银行为核心，以商业银行和政策性银行为主体，证券公司、保险公司、基金公司和信托公司等多种金融机构并存，分业经营、分业监管、相互协作的金融机构组织体系格局。在金融体制改革的历史进程中，金融监管与金融创新不断克服彼此之间的紧张关系，最终促成了金融市场化、融资多元化和金融法治化的现代金融体系。从20世纪70年代末

---

① 席月民：《我国当前民间借贷的特点、问题及其法律对策》，载《政法论丛》2012年第3期。
② 李仁真、黎四奇：《论金融业务综合化下的有效监管》，载《武汉大学学报》（社会科学版）2001年第5期。

的经济改革开放到入世后的金融业完全开放,金融分业经营和分业监管成为当时我国金融体制改革的重要目标,金融创新推动了"一行三会"金融监管体制的彻底建立,并在这一监管体制基础上又开始了新一轮的金融创新。时至今日,我国金融创新已经达到前所未有的程度,并广泛涉及金融产品与金融服务创新、金融体系与金融机构组织创新、金融市场与金融工具创新以及金融制度与金融监管创新等诸多领域。资产证券化、金融衍生品、互联网金融等"新金融"概念和形式层出不穷,分业经营格局正逐步被日新月异的金融创新所突破,分业监管的监管成本在增高,监管竞争在加剧,在走向混业经营过程中金融监管正面临着新的挑战。目前来讲,监管过度与监管缺位交织存在,尤其是迎来"互联网+"时代以后,线下的金融创新在严格监管中变得举步维艰,而一旦套上"互联网+"、"普惠金融"等华丽外衣,则可能轻易避开严格监管,使金融业务的特许经营制度和信息披露制度形同虚设。因此,金融监管与金融创新的关系需要重新审视。

(二) 互动路径

我们必须看到,经济全球化日益推动着国家权力的变革,其方向是从传统的"善政"走向现代的"善治"。中国金融市场的政府主导特征特别明显,政府通过政策调整和规章修订揭示商业机会,允许市场主体发掘某些商业机会,禁止他们涉足另外一些商业机会。关于金融监管和金融创新之间关系的理论探讨,理论界一直就没有停止过,金融创新对金融法的发展具有促进作用,同时对金融法的约束和保护提出了新的要求,如何把握二者之间的互动路径是研究金融监管改革时需要重点探讨的问题。

有学者经过博弈分析,对金融创新与激励型监管之间的关系进行了研究。其指出,激励型监管可以引导金融机构策略演化为"合规创新"[1],监管机构通过激励型监管政策能够与金融机构的合规创新达成"双赢"效果。激励型监管与合规创新的概念并不难从字面上进行理解,这应成为金融监管与金融创新最良好的互动状态。两者的互动关系实际上是一种引导与被引导的关系,激励型监管政策引导创新,从而有意削弱监管本身的行政强

---

[1] 彭红枫、杨柳明、王黎雪:《基于演化博弈的金融创新与激励型监管关系研究》,载《中央财经大学学报》2016年第9期。

制性。合规创新本身具有内在动力，激励型监管政策又增加了金融创新的外部推动力，二者共同的目标是金融市场的良性稳健发展，也就是"双赢"效果。为此，该学者提出了六点建议：第一，完善法律法规，建立违规创新的"负面清单"；第二，完善金融监管处罚机制、加大规则的强制力依然是监管机构的重要手段；第三，转变监管理念，由单一型、控制型监管逐渐走向激励型监管，鼓励金融机构合规创新，与处罚机制相辅相成；第四，健全金融市场交易规则，压缩金融机构违规创新的获利空间；第五，创新监管体制，提高监管效率，降低监管成本；第六，建立一定的社会舆论机制，促使监管者积极监管。

也有学者从逻辑根源上进行了相应探究。他认为，在成熟市场，定价体系的存在和市场的有效性是金融监管和创新的基本逻辑。[1] 定价体系紊乱的问题，可以说是中国金融体系的核心问题，刚性兑付制度冲淡了风险由投资者自负的原则。另有学者总结了我国当前金融创新和金融监管的特征，即金融资产价格基本不正确，价格背离价值的时间会很长，金融创新过度是常态，市场基本没有自我修复能力，通常意义上的"过度监管"是常态而且是必需的，进而指出我国金融市场与成熟市场之间存在一定差别，也就是我国金融市场缺乏符合市场内在规律的金融风险大小与红利分配比率挂钩的机制[2]。因此，这些学者提出，金融监管与金融创新之间的互动关系需要建立在一个逻辑起点上，这个起点就是定价体系。我国目前金融市场的定价体系紊乱，从而导致金融创新的过度，过度的创新必然带来扭曲的监管政策，金融监管与金融创新由于逻辑起点的丧失而难以形成良性的关系。

我们认为，上述探讨对深刻认识金融监管和金融创新之间的互动路径而言极富价值。金融监管与金融创新具有相互促进、相互影响的互动性，监管本质上是为创新营造趋利避害的外部环境，创新是推动监管发展和完善的动力，两者相互促进，相辅相成。[3] 从机构监管转向功能监管，整个金融监管改革的重心将会发生重大改变，即金融监管会更加注重对金融业务本身的监管，尤其会注重对其中金融工具创新的功能监管。金融工具创新

---

[1] 何佳：《中国金融监管与创新的逻辑》，载《中国金融》2016年第18期。
[2] 阳东辉：《论我国金融监管制度的改革与完善——兼评巴塞尔协议Ⅲ之不足》，载《湖南师范大学社会科学学报》2016年第1期。
[3] 曾筱清著《金融全球化与金融监管立法研究》，北京大学出版社，2005，第94页。

是金融创新中极为活跃的一个领域。从法学角度看,一个金融工具是一组权利和义务的格式化匹配。而从经济学角度看,金融工具又是特定的收益和风险的格式化匹配。这里所谓的"格式化",就是标准化和透明化。这样的金融创新,在创新程度、效益程度、重要程度、节约程度、推广程度和持续程度等方面均易于判断和操作,便于金融市场的资金供求双方相互沟通、取得一致、达成合作、完成交易。激励型监管把合规创新置于重要地位,强调了依法监管和依法创新的基础性地位,指出了进一步加强金融立法、完善金融法制的重要性。虽然说完善金融市场的定价体系,是金融监管与金融创新互动中需要引起重视的内容,但更重要的是,金融监管不能固守成规,而应该在监管改革中实现监管创新,把金融体制改革列为监管创新的最高目标。因此,我们认为,积极推动金融监管立法是实现监管改革与金融创新良性互动的重要路径,鼓励金融创新与控制创新风险应当成为金融监管立法需要坚持的重要原则。

三　监管优化:金融监管改革与分业解构

(一)银行业监管

1. 银行业监管与金融消费者保护

新世纪新形势下,我国银行监管现代化与法治化,是银行业依法监管确定不移的价值目标。有学者指出,毋庸讳言,我国银行监管的规则理念、立法技术、法律协调和监管行为规范诸方面,尚存在缺陷;我国银行监管的法制建设,还不能完全满足现代银行有效监管的发展要求;而且,随着国家治理模式的变迁、政府环境的变化和依法治国建设法治国家方略的推进,我国银行业依法监管事业将面临新的机遇和挑战。为此,需要制定重要审慎经营规则,包括风险监管规则、衔接宏观调控规则、外汇风险规则、金融创新规则以及信息安全规则,推动银行监管质量立法,开展银行业法规清理,进行银行业法规汇编。[①] 有学者提出,从监管层面来看,建立负责系统性风险的金融监管机构成为当前金融监管改革的趋势。因此,他认为

---

① 黄毅著《银行监管法律研究》,法律出版社,2009,第157、205~219页。

应当借鉴后危机时代英美银行监管体系变革的措施,将银行业与其他金融之间进行风险隔离,从而避免系统性金融风险的出现,以削弱影子银行的负面作用。① 也有学者研究了商业银行监管套利问题,认为监管套利是商业银行谋求超额收益的"金融炼金术",常常与金融创新同步进行。然而监管套利会弱化监管的有效性,促进影子银行的发展而积累系统性风险,造成"逐底"式的监管竞争,加剧商业银行的负外部性,因此主张我国应当坚持实质重于形式、激励相容、规则监管与原则监管相统一的原则,进一步优化金融监管体系,促进监管协调,加强对影子银行的审慎监管,在风险防范与金融创新中寻求一个"黄金分割点"。② 还有学者从具体银行监管和风险处置机制方面,指出我国需要建立对系统重要性银行的监管和风险处置机制:一是建立有效识别国内系统重要性银行(D-SIB)的评估方法、标准并实施与其系统重要性相适应的审慎监管标准;二是成立危机管理小组协调 D-SIB 的监管和危机处置;三是危机管理小组针对 D-SIB 的风险状况指导制定有效的处置策略、恢复和处置计划,定期评估 D-SIB 的可处置性;四是对 D-SIB 尽量采取行政主导的市场化方式进行风险处置。③

银行业监管与金融消费者保护密切联系在一起,绝大多数金融消费者的消费对象均为银行业金融机构的金融产品和金融服务,这也就意味着银行业监管的重要目的之一即为金融消费者提供有效保护,并需将其作为衡量银行业监管效果的重要标准之一。从银行业监管角度出发,学者们提出了金融消费者保护的不同建议。有学者认为,理财市场刚性兑付使得银行理财业务偏离正轨,而信任和信赖的缺失是导致刚性兑付的根本原因,因此监管和相关法律制度要治理、创造专业体贴周到、尽心尽责尽职高质量的银行理财服务环境,促进和推动理财服务的公开透明,加强对投资者或金融消费者的保护。④ 有学者则提出监管机构可以借助专业技术,通过对结构型理财产品溢价率的计算,帮助消费者辨识产品亏损概率,并根据计算

---

① 苏洁澈:《后危机时代英美银行监管体系变革》,载《环球法律评论》2016 年第 1 期。
② 梁家全著《商业银行监管套利的法律规制》,法律出版社,2016,第 202~204 页。
③ 许开国、王东著《银行支付不能制度研究》,中国金融出版社,2016,第 206~209 页。
④ 贺绍奇:《银行理财如何回到正轨》,载《当代金融家》2016 年第 7 期。

结果来有针对性地实施不同监管政策。① 也有学者关注到了农村金融消费者权益保护问题,指出银行业应当有更大作为,加强金融知识宣传与业务服务,构建金融消费纠纷 ADR 机制,优化农村金融支付结算环境,满足"互联网+"时代农村多元化的金融需求,切实保障农村金融消费者的利益。② 在农村金融消费者保护方面,也有学者引荐土地银行制度,通过农地存贷、农地抵押贷款和土地债券发行等改善农村金融服务,从而保障农村金融消费者资金的融通。③ 还有学者从存款制度中注意到了金融消费者的保护,结合 2015 年 5 月生效的《存款保险条例》,建议建立以风险为基础的存款保险费率制,限定存款保险的投保对象与投保方式、存款保险标的与承保额,强化中国存款保险基金管理机构的监管职能并完善相关法律法规。④ 也有学者研究了日本的金融监管制度,指出我国设立存款保险基金管理机构意义重大,但仍有亟待完善之处。⑤ 另外有学者从监管模式角度提出,我国在"一行三会"分设金融消费者保护机构的模式属于内设模式,这是对消费者保护最弱的模式。因此,他建议我国建立独立的专门的金融消费者保护机构,即在"一行三会"之外,建立中国的金融消费者保护局。⑥

2. 影子银行监管

影子银行是指游离于银行监管体系之外、可能引发系统性风险和监管套利等问题的信用中介体系,在 2008 年的全球金融危机中扮演着诱发者的角色。美国 2008 年的影子银行体系在整个金融业所占比重与传统的存贷款银行比重几乎相当,二者的区别主要在于影子银行完全脱离监管体系。席卷全世界的金融危机充分说明了影子银行的潜在危害之巨大,系统性风险和监管套利是影子银行的威胁所在。危机过后,各国开始纷纷改革自己的金融监管体制,将影子银行纳入了监管体系之中。

---

① 魏建、许云:《结构型理财产品溢价率与金融消费者保护》,载《西北大学学报》(哲学社会科学版)2016 年第 2 期。
② 杨东、张泽璠:《保护农村金融消费者权益银行业应有更大作为》,载《中国农村金融》2016 年第 13 期。
③ 朱大旗:《论我国土地银行制度的构建》,载《法学杂志》2016 年第 7 期。
④ 李玫、杨东勤:《中国〈存款保险条例〉中道德风险法律问题析评和完善》,载《河北法学》2016 年第 5 期。
⑤ 马一、张敏:《日本民营银行法律规制研究——兼谈对我国民营银行发展的借鉴》,载《区域金融研究》2016 年第 6 期。
⑥ 邢会强著《金融消费者权利的法律保护与救济》,经济科学出版社,2016,第 192~197 页。

2008年金融危机的产生与游离于监管体系之外的影子银行的崩溃密不可分。有学者提出,在后危机时代,国际社会金融监管改革中很重要的一个方面即加强对影子银行的监管。他认为,影子银行对金融体系带来的主要威胁是系统性风险和监管套利,改革现有金融监管法制的重点也在于此。他建议,我国应当积极参与此方面的国际金融法制变革,并适时加强国内法制建设,建立与国际标准相符的影子银行监管法律体系,这既是我国金融监管的客观要求,也是我国积极履行国际承诺和责任的要求。① 也有学者通过对银行破产监管的研究,提出了类似观点。她认为,对影子银行的监管应当注重国际合作,然而在危机时刻,各国监管机构(母国)通常不愿意与他国分享情报,以保护当地债权人利益。因此,在缺乏协调各国利益的机制之下,临时的应急性的合作成为跨国银行监管的常态,各国监管机构打破卡特尔或许能够成为影子银行风险防控的路径之一。②

有学者提出不同看法,指出影子银行具有少监管或不受监管、复杂性、创新性等特征,而我国的金融监管侧重于官方监管,金融机构一出现问题,社会各方都强调加大监管力度,但往往忽视监管效率。因此,针对影子银行监管问题,这些学者建议,在完善官方监管的基础上适度引入市场约束机制,加强信息披露,建立信息共享平台,完善信息评级制度,改造中国银行业特有的股权结构问题,逐步矫正隐性保险制度的不良影响,充分发挥市场监控和市场影响对于政府监管的辅助作用。③

从针对影子银行的治理对策看,有学者提出,应当从宏观审慎监管和微观审慎监管两个层面对我国影子银行体系的风险进行防控,构建我国影子银行体系的宏观审慎监管框架。其中,宏观层面,需将中国人民银行作为监管主体,明确影子银行体系宏观审慎监管范围,并完善影子银行体系宏观审慎监管政策工具;微观层面,要建立影子银行体系微观审慎监管协调机制,加强对影子银行体系风险的识别与监管,明确影子银行体系的风险监管指标及其标准,强化影子银行体系信息披露义务,构建影子银行体系与商业银行间的风险隔离机制,完善影子银行体系的风险内控和行业自律,健全影子银行

---

① 袁达松:《对影子银行加强监管的国际金融法制改革》,载《法学研究》2012年第2期。
② 苏洁澈著《银行破产监管责任研究》,中国政法大学出版社,2016,第97~98页。
③ 潘静、柴振国:《中国影子银行的金融监管研究——运用市场约束优化政府监管》,载《现代法学》2013年第5期。

体系的危机处置和市场退出机制,加强影子银行体系的国际监管合作。[①]

总之,我们认为,金融市场越来越同质化,这无疑又一次放大了系统性风险。影子银行正如其名,一直跟随在金融市场发展的全过程之中,系统性风险和监管套利均应当防范。尽快改革我国现存的金融监管架构,与国际金融监管接轨,加强国际合作,共同应对系统性风险的不良影响,在立足我国影子银行的实践基础上,结合外国的改革经验,形成适合我国的监管理念和监管方案已经刻不容缓。金融消费者作为金融市场的重要构成要素,其合法权益理应受到各方面的保护,无论是监管机构还是银行业金融机构都应当加强金融消费者教育,切实保护金融消费者的利益,这样才能确保银行业的良性循环发展,营造出良好的金融生态环境。

(二) 证券业监管

证券业监管一直以来是金融监管改革和转型的重中之重。一个成功的资本市场,应该是公平、透明、高效的市场。回顾我国的资本市场,股权分置改革最终使得大量国有企业得以上市,中小板、创业板则使得一批优秀的民营企业借力资本市场不断成长。当前我国经济正处在转型升级过程中,从融资角度看更需要一个公平、透明、高效的资本市场提供资金支持。

1. 证券业监管存在的问题与改革对策

有学者指出,我国证券立法仍处于"股票时代","股票化"思维严重,监管制度"碎片化"严重,并认为确立《证券法》的基本法律地位是基础,针对证券品种、监管和市场层次进行差异化的制度设计是基本路径,建立健全资本市场法律体系是保障。[②] 有学者针对2015年6~8月的证券监管风险放大问题指出,我国证券市场存在"人为扰动"和"做-查模式"等不良偏好,证监会作为行政监管者亟须转变措施。[③] 就这一问题,还有学者提出,应当重新认识证券市场的功能,实行稳健的证券监管政策,证券市场

---

① 管斌著《金融法的风险逻辑》,法律出版社,2015,第403~423页。
② 徐聪:《论转轨背景下证券法治逻辑与制度的现代化——兼评〈证券法(修订草案)〉"一读稿"》,载《法学评论》2016年第2期。
③ 王建平:《证券监管"做—查模式"的转型与变革——以2015年6~8月证券监管风险放大为例》,载郭锋主编《证券法律评论》(2016年卷),中国法制出版社,2016,第377~387页。

价格的波动不是证券监管的重点，证券监管机构应当查找中国证券市场存在的深层次问题。[①] 有学者提出了"证券市场公开承诺监管"的概念，认为这一监管体系和制度承袭了我国证券市场监管体制的特征，表现为政府监管强势、自律监管较弱，因此建议《证券法》修改时应注意强化交易所一线监管，将有限的政府监管放在利用公开承诺实施欺诈的行为上。[②] 另有学者认为，场外配资对证券市场的暴涨暴跌起着推波助澜的作用，我国《证券法》应当对场外配资这一民间融资交易做出相应规定，使其运作和监管有法可依。[③] 还有学者指出，证监会信息披露规则存在不足，上市公司被动披露现象较为严重，主动披露积极性不足等问题频出。因此，该学者认为，信息重大性的主客观标准应当予以统一，同时证监会和银监会的合作也应当加强。[④] 也有学者从证券期货市场高频交易的监管方面进行分析，提出了"高频交易监管框架"概念，即由风险监管、行为监管、竞争监管与信息监管这四类监管措施组成高频交易监管框架，并强调我国对高频交易的监管政策选择应当是予以适当的限制或抑制。[⑤] 有学者关注互联网金融产品收益权拆分转让问题，认为应将功能性的证券定义纳入《证券法》中，扩大该法的适用范围，并尽快设立统一的合格投资者标准，严格规范区域性股权市场借助互联网平台等渠道向普通个人投资者销售金融产品的行为，对区域性股权市场应统一设置比场内市场更为严格的个人投资者准入标准。[⑥]

2. 注册制改革

全国人大常委会 2015 年 12 月 27 日通过《关于授权国务院在实施股票发行注册制改革中调整适用〈中华人民共和国证券法〉有关规定的决定》，自 2016 年 3 月 1 日起正式实施。至此，我国证券发行的注册制改革之法律依据问题获得解决。证券发行由核准制转为注册制意义深远，后者是一种更为市场化的股票发行制度，其主要内容是以信息披露为中心，完善信息披露规则，由证券交易所负责企业股票发行申请的注册审核，报证监会注

---

① 乔新生：《重新认识证券市场的功能》，载《证券时报》2016 年 3 月 14 日。
② 杨海静、万国华：《论证券市场公开承诺的监管》，载《证券市场导报》2016 年第 8 期。
③ 赖华子：《证券市场场外配资监管制度研究》，载《法学论坛》2016 年第 3 期。
④ 缪因知：《论证监会信息披露规则的不足》，载《法治研究》2016 年第 2 期。
⑤ 邢会强：《证券期货市场高频交易的法律监管框架研究》，载《中国法学》2016 年第 5 期。
⑥ 郭雳、孙天驰：《互联网平台拆分销售私募债问题探析》，载《证券市场导报》2016 年第 5 期。

册生效；股票发行时机、规模、价格由市场参与各方自行决定，投资者对发行人的资产质量、投资价值自主判断并承担投资风险；监管部门重点对发行人信息披露的齐备性、一致性和可理解性进行监督，强化事中事后监管，严格处罚欺诈发行、信息披露违法违规等行为，切实维护市场秩序和投资者合法权益。在针对该问题的研究上，有学者认为，注册制下应当着眼于信息披露——发行信息披露需要具有真实性、准确性和完整性，建议修订证券法，创设发行责任连带制。① 有学者则指出，实行股票注册发行制度需要具备较高的市场化程度、较为完善的法律保障和投资者保护制度、自律能力较强的市场主体等，而我国在这些方面均存在问题，因此建议我国推行注册制只能分阶段逐步进行，即准备阶段、核准制与注册制并行阶段以及全面实行阶段。② 也有学者认为，发行与交易从联动走向分离后，发行注册的效力不能传导至交易环节，注册制改革不能仅仅围绕发行而应兼顾交易，交易环节另行注册具有必要性，因此建议从"注册主体与注册对象"、"审核主体与审核标准"及"注册程序"三方面构建发行注册与交易注册并重的注册制体系。③ 还有学者从保荐人制度出发，指出注册制改革的目的是放宽对证券市场的行政干预，但市场准入条件的放宽不是对投资者利益的忽视，认为在注册制改革时更要加强证券监管，保荐人制度仍需完善。④ 另有学者从审核监管角度分析，认为修订草案中新的发行监管分权架构体现出比较激进的"市场化"导向，核准制下的"权力型"证监会实现了相当程度的"回缩"与"隐退"，同时认为修订草案中没有设置精细的监督机制来有效约束交易所作为发行审核一线机关可能面临的利益冲突，需要进一步完善相关制度和机制建设。⑤

总的来看，我国证券市场属于新兴市场，证券业监管改革从股票发行制度入手推进市场化进程是一个可喜的进步，体现了新时期简政放权、适

---

① 刘云亮：《注册制下证券发行信息披露责任创新制度研究》，载《证券法律评论》2016年卷，中国法制出版社，2016。
② 杨峰：《我国实行股票发行注册制的困境与路径分析》，载《政法论丛》2016年第3期。
③ 万国华、王才伟：《我国证券市场注册制立法变革应兼顾交易注册》，载《上海金融》2016年第8期。
④ 马一、韩子慧：《我国保荐人制度：制度反思与变革探索——以证券发行注册制改革为背景》，载《海南金融》2016年第7期。
⑤ 冷静：《注册制下发行审核监管的分权重整》，载《法学评论》2016年第1期。

度监管的监管理念，实现了从事前监管转向良好的事中和事后监管，从而解决了发行人与投资者信息不对称的问题。这些年来证券市场发展过程中不断遭遇虚假信息、操纵价格、内幕交易、极限投机等问题，这些问题已严重危害到证券市场自身发展，证券监督管理机构的任务就在于建立公开、公平和公正的市场规则体系，防范和制裁证券市场的违法违规行为，保证证券市场健康发展。显然，注册制改革只是迈出了第一步，伴随未来一系列制度的优化，资本市场配置资源的效率必将逐步提升，未来会有越来越多的优秀企业回归或登陆我国的资本市场，更多的投资者会分享到优质公司的成长利益。无论是从转型升级的角度看，还是从创业创新的路径看，注册制改革无疑成为鼓励"双创"的重大举措，对优化资本市场资源配置和投资者结构，加大对信息披露问题的监管和查处力度具有重要的现实意义。

（三）保险业监管

保险业是经营风险的特殊行业，对社会经济的稳定和人民生活的安定具有重大影响。保险经营与风险密不可分，保险事故的随机性、损失程度的不可知性、理赔的差异性使得保险经营本身存在不确定性。保险业监管往往会以银行业监管和证券业监管为风向标，并结合自身"分散风险"的特点来进行监管改革，围绕机构监管、业务监管、财务监管、保险资金运用监管以及偿付能力监管等进行制度完善。

有学者认为，保险作为经济互助的制度，以危险的存在为制度基础，并以分散危险为制度功能。在危险多样化的现代社会，保险制度越来越重要。为了进一步发挥保险的功能，需要放宽一些管制，比如扩大保险公司经营自主权。但是，管制越放松，带来的风险也越大，所以需要加强监管。在放松管制与加强监管之间应当找到一个平衡点。因此，该学者建议首先由国务院尽快建立金融稳定委员会，监测金融业的系统性风险，对涉及系统性风险的重大问题进行分析、决策，并促进各监管机构与中央银行之间的信息共享和有效合作。其次，中国需要参考英、美、德等国的模式，研究最合适的金融（保险）监管体系。[①] 也有学者针对我国保险资金境外投资

---

① 寺岛美贵子：《保险监管法制的新趋势——放松管制与加强监管》，节选自顾功耘、罗培新著《经济法前沿问题（2015）》，北京大学出版社，2016，第279～290页。

问题进行研究,指出现行保险监管制度存在不足,比如相关保险监管制度还不完善、相关外汇管理制度存在缺陷,应当进一步放松行政管制,持续改进保险监管手段方法,不断提高对保险机构的风险管理要求,进一步改进相关的外汇监管,从而达到放松管制、科学监管的效果。[①] 有学者研究了农业保险,认为农业保险的准公共物品性质决定了我国农业保险只能是政策性保险,而不能走商业化道路,由保监会监管政策性农业保险和一般性商业保险两类不同性质的保险,由于监管目标和理念的差异,将有可能导致政策性农业保险和商业性保险业务之间管理的冲突。因此,他建议建立专门的农业保险监管机构——农业风险管理局,制定科学、合理的农业保险监管规则并确保其被有效遵守。[②] 另有学者运用比较法思维方式,阐述我国保险资金不动产投资的法律监管问题,认为我国保险资金的不动产投资监管目前存在的主要问题有监管立法层级低、配套规范不完善、缺少风险评估和预警体系、保险公司信息披露制度不完善、违法责任缺失等。因此,他建议采取相应的完善措施,包括树立科学、合理的监管理念,扩大监管主体,完善保险公司内部治理,完善具体的监管制度与措施。[③]

从各国保险监管实践看,保险监管通常采用公示主义、准则主义和实体主义三种形式,其中公示主义属于一种松散的监管模式,国家对保险业经营不作任何直接监督和干预,保险人需要按照规定格式和内容将其营业结果定期呈报监管机构并进行公告;准则主义是一种比较严格的监管方式,由政府规定保险业经营管理的一些基本准则,并在形式上监督实施;实体主义是一种严格的监管方式,强调对保险业经营实施全方位监管,从而维护投保人和被保险人利益。[④] 我们认为,保险活动是一种特殊的金融活动,这种特殊性通过保险业的高负债性、广泛的社会参与性以及经营活动的长期持续性等方面体现出来,在资本逐利本性和被保险人弱势地位面前,加强保险业监管已经成为一种国际化趋势。我国保险业监管改革需要顺应这

---

① 吴民许:《我国保险资金境外投资监管制度研究》,节选自尹田主编《保险法前沿》(第3辑),知识产权出版社,2015,第60~72页。
② 何文强著《我国农业保险法律问题研究》,吉林大学出版社,2016,第165~169页。
③ 冯辉:《比较法视野下保险资金不动产投资的法律监管及其启示》,节选自尹田主编《保险法前沿》(第3辑),知识产权出版社,2015,第73~86页。
④ 徐孟洲等著《金融监管法研究》,中国法制出版社,2008,第412~414页。

一趋势，努力追随保险市场的发展步伐，把监管改革的重心放在释放市场活力上，进一步强化有效监管，注重对保险公司偿付能力的评估并统一精算标准，不断提高公众对保险市场的满意度，有效保障投保人和被保险人权益，促进经济和社会稳定。

（四）信托业监管

2001年我国《信托法》出台后，信托业即展现出强劲的发展态势，并在逐渐打破传统分业经营、分业监管的金融体制中迎来混业经营的大信托时代。在现代市场经济中，信托业与银行业、证券业和保险业并称为金融业的四大支柱，其重要性不容小觑。近些年来，学界对于《信托业法》的制定呼声越来越高，信托业监管改革的法治化进程日益加快。

有学者提出，信托业监管的理论基础是信托业务存在风险，易引发市场失灵，而信托业务的独特性决定了其风险的独特性，也导致其监管方式不同于其他金融行业的监管方式——信托业监管的中心在于受托人谨慎义务的履行，从而防范由信息不对称引发的风险。[1] 也有学者从更深层次的理解出发，认为在缺乏信托传统的约束下，通过正确合理的制度塑造和文化培育，努力实现信托业监管内外激励约束相一致，无疑是信托业有序发展的根本前提之一。这意味着信托业监管模式应由利益分置下的机构监管转向利益统筹下的功能监管，而且应当整合分散的监管权能，强调防范系统性金融风险，而不局限于冠以"信托"字样的机构或行业。[2] 另有学者提出，我国信托业监管现在存在若干缺陷，内部监督存在不足，商事信托监管存在冲突，并且信托业立法不完善，因此建议借鉴外国先进信托业监管模式并完善信托业立法，改善银监会对信托业的监管，强化内部监督。同时有学者指出，在我国，制定统一的《信托业法》已经是大势所趋。完善信托业的配套法律法规，更新信托理念，不断改进银监会的监管体制，方

---

[1] 周乾：《信托业监管的理论基础与特殊要求》，载《太原理工大学学报》（社会科学版）2015年第2期。
[2] 龙超、熊俊：《我国信托业监管制度的优化：给予金融危机启示的制度分析》，载《经济问题探索》2010年第9期。

能确保我国信托业乃至金融业的健康稳定科学的发展。① 还有学者对我国信托业监管理念进行展望，认为信托是一种以资产为核心、以信用为基础、以权力为主体、与利益主体相分离的现代财产管理制度，对信托业的监管基本趋势为竞争性监管和协调性监管。金融综合化经营是发展趋势，在我国当前环境下，监管协调是有效控制和防范风险、防范监管套利的重要举措，监管部门的监管协调也将成为未来信托业监管的重要理念。② 有学者提出信托业安全网概念，探讨信托业监管转型，认为风格转换后的信托业监管选择将行业风险控制或防御放在优先位置，成功稳定了信托行业风险及其市场预期，对控制项目风险暴露蔓延、恐慌情绪，稳定金融秩序发挥了至关重要的作用。也有学者建议重新修订《信托法》，增补可以调整营业机构的法规体系，是未来终将面对的问题。③

在现行信托业多头并立的监管格局下，公平竞争的市场监管条件并不充分，这在客观上增加了在政府监管过程中更多的寻租机会，容易导致腐败乃至信托业经营风险的产生和传导效应。我们认为，信托业监管需要确立统一监管理念，信托业监管方法需要向功能监管转变，并尽快制定《信托业法》。④ 这样既有利于有效限制市场过度竞争，促进信托业合法、稳健运行，也有利于保护投资者，维护公众对信托业的信心。以开放的心态，准确清晰地定位《信托业法》，是当前深化我国信托业监管改革的关键所在。对我国而言，《信托业法》是实现信托业有效监管的基本规则系统，其制定必然应面向未来，切合国情，并与国际标准接轨，从而使各类信托机构遵守与境外监管相似的、日趋一致的监管规则。在《信托业法》的制定中，需要将信托业监管权整合集中授予统一的信托业监管机构，实行"单一监管"而不是"多头监管"，并以《信托业法》的名义固定下来，才是优化监管的现实选择。⑤ 此外，我们认为，信托业监管应当对专营和兼营信托业务的金融机构一视同仁，以《信托业法》取代《信托公司管理办法》，这

---

① 潘丹丹：《我国信托业监管体制的缺陷及其完善》，载《安徽广播电视大学学报》2013 年第 4 期。
② 贾希凌、张政斌：《近期中国信托业监管理念评析》，载《云南大学学报》（法学版）2013 年第 3 期。
③ 袁增霆：《信托业安全网与监管转型》，载《中国金融》2015 年第 24 期。
④ 席月民：《我国信托业监管改革的重要问题》，载《上海财经大学学报》2011 年第 1 期。
⑤ 席月民著《中国信托业法研究》，中国社会科学出版社，2016，第 291 页。

是"唯一的立法路径"。《信托业法》具有强行法性质，对《信托法》会起到重要的补充作用。《信托业法》将审慎监管作为基础，必要时可以合理排除《信托法》的相关规定，激励与约束并重，以强化信托业的合规经营、维护市场公平竞争、切实保护投资人利益。①

（五）互联网金融监管

1. 互联网金融的监管政策及其监管立法

互联网金融从起源到发展不过短短几年，却经历了从"天使"到"魔鬼"的演化。② 互联网金融监管制度乃至整个金融监管体制的重新构建已经迫在眉睫。有学者指出，互联网金融创新不能忘记"普惠金融"的初衷，为制度层面的去污名化打好基础③，并给出监管的十六字建议——软法先行、硬法托底、刚柔结合、混合为治。④ 有学者从民间金融这一更高层面指出，民间金融"软法"治理能够针对不同情况区别对待，能够使法的调整与时俱进，能够在共同体内培育创新、友爱的风尚，因此"软法"治理与民间金融具有天然契合性，是民间金融法律治理的时代呼应，但当前民间金融法律治理中存在突出问题，对"软法"治理不够重视，"硬法"规范缺乏体系化、零散粗放，"硬法"规范存在缺失与滞后，治理民间金融（如互联网金融）需"软硬结合"⑤。也有学者着眼于"普惠金融"，认为中国普惠金融的进路是金融民主与法治的主题，应当坚持互联网思维，遵循金融民主这一伦理基础，并建立我国的征信制度。⑥ 有学者透过互联网金融的本质探讨其监管问题，认为互联网金融监管应以互联网金融风险特征、法的目标、行为监管、消费者合法权益保护以及系统重要性为理念，以安全目标、公平目标、效率目标和平等目标作为价值目标，监管能够增强资金端投资者的信心，可以防范市场的逆向选择和道德风险，并具有规模效应。⑦

---

① 席月民：《我国〈信托业法〉的制定》，载《广东社会科学》2012年第5期。
② 许多奇、肖凯：《互联网金融与好的社会》，载《检察风云》2016年第9期。
③ 黄震、龙曙光：《互联网金融常态化回归》，载《财经界》2016年第9期。
④ 黄震：《互联网金融莫忘"普惠金融"初衷》，载《中国经济导报》2016年5月25日。
⑤ 魏敬淼著《民间金融法律治理研究》，中国政法大学出版社，2016，第27~70页。
⑥ 黎四奇：《中国普惠金融的困徒困境及法律制度创新的路径解析》，载《现代法学》2016年第5期。
⑦ 李爱君：《互联网金融的法治路径》，载《法学杂志》2016年第2期。

该学者进一步指出，要明确互联网金融监管主体和职责，合理配置互联网金融监管机构权责的目标，对互联网金融主体具体条件进行监管，减少信息不对称，实行强制信息披露制度，加强对金融消费者权益包括隐私权的保护，并对互联网金融机构的公司治理结构进行特殊设计。① 有学者提出，应当成立国家互联网金融发展监管委员会，统一筹划，并负责互联网金融发展的顶层设计，坚守住不发生系统性风险的底线。② 还有学者指出，分业监管体制存在缺陷，相关监管制度滞后模糊，难以防控互联网金融系统性风险，应当加快金融监管体制改革、完善相关监管规则，进行有效监管。③ 另有学者探讨了"金融法的法典化"问题，指出在"互联网＋"的时代应当编纂统一的《金融服务法》，并形成健全的修订机制，从立法层面为金融监管提供保障。④ 也有学者认为，互联网金融创新的驱动力主要有技术因素、经济因素和制度因素，对互联网金融监管不应当采取"取缔"、"禁止"等传统方式，而是应当基于"疏导"的理念，明确监管主体责任，界定监管边界，提高监管能力，推动金融普惠发展。⑤ 有学者同样指出，可以通过两条路径完善互联网金融挑战下的金融监管——信息工具进路和金融消费者保护进路，简言之，就是必须以金融消费者保护为核心，改变过去审慎监管的模式，更加强调行为监管和功能监管，坚持宏观与微观相结合，加强行业自律。⑥ 有学者具体研究互联网金融竞争监管制度，认为《反不正当竞争法》和《反垄断法》是基本依据，同时应当做出适应性调整，尽快出台互联网金融竞争监管指导意见，并建立相对开放的、虚拟的竞争监管协同机制。⑦ 有学者认为，应从制度立法等层面加强建设，使互联网金融有法可依，加强证监会和银监会的监督作用⑧。另外有学者认为，根据互联网金融的特点，分类进行特许经营许可，并建立适应互联网金融特点的信息披

---

① 李爱君：《互联网金融的本质与监管》，载《中国政法大学学报》2016 年第 2 期。
② 李曙光：《论互联网金融中的法律问题》，载《法学杂志》2016 年第 2 期。
③ 袁达松、张赛文：《论互联网金融系统性风险监管的法律对策》，《领导之友》（理论版）2016 年第 17 期。
④ 邢会强：《论金融法的法典化》，《首都师范大学学报》（社会科学版）2016 年第 1 期。
⑤ 李玉虎：《互联网金融创新与监管体制重构》，载《兰州学刊》2016 年第 8 期。
⑥ 杨东：《论金融领域的颠覆创新与监管重构》，载《人民论坛》2016 年第 11 期。
⑦ 曾威：《互联网金融竞争监管制度的构建》，载《法商研究》2016 年第 2 期。
⑧ 赵浏洋：《互联网金融监管完善对策——以阿里金融为例》，载《人民论坛》2016 年第 5 期。

露制度①。

在互联网金融的监管政策以及监管立法问题上,我们认为,解决互联网金融监管难题,关键在于正确处理好金融监管与金融创新之间的关系。众所周知,我国目前对金融业的监管一直采用两大"撒手锏",其一是金融特许经营制度,其二是强制性信息披露制度。这两大"撒手锏"分别着眼于机构监管和行为监管,旨在解决市场准入问题和信息不对称问题。就互联网金融监管而言,虽然 2015 年 7 月中国人民银行等十部门联合发布了《关于促进互联网金融健康发展的指导意见》,强调鼓励创新,支持互联网金融稳步发展,同时实施分类指导,明确了互联网金融监管责任,并提出要健全制度、规范互联网金融市场秩序,但问题在于,监管政策毕竟代替不了监管法律。互联网金融并未改变金融属性,互联网与金融深度融合是大势所趋,其将对金融产品、金融业务、金融组织和金融服务等方面产生更加深刻的影响。我们认为,全国人大应当通过修法或通过专门立法,把互联网金融监管政策适时转化为监管法律,系统落实"依法监管、适度监管、分类监管、协同监管、创新监管"的原则,继续坚持金融特许经营制度和强制性信息披露制度,在为互联网金融创新留下余地和空间的同时,把互联网金融监管行为全面纳入法治化发展轨道。

2. P2P 监管

我国 P2P 行业经过这些年的蓬勃发展,问题不断暴露出来。一些平台卷款跑路事件频发,网络借贷不断遭遇诚信危机。2016 年 8 月 24 日,中国银监会等四部门联合发布了《网络借贷信息中介机构业务活动管理暂行办法》(以下简称《办法》)。该《办法》的出台,标志着 P2P 行业从无规可循开始走向规范发展。有学者评价说,该《办法》明确了中央和地方、银监会和金融办的"双负责"机制,强化动态事中事后的监管方式,是有里程碑意义的金融监管立法②。

有学者从整个网络融资法律问题出发,认为 P2P 一类的网络融资监管需以网络融资平台监管为中心,注重市场准入门槛设置、负面清单制度构建、市场退出机制构建以及其他辅助制度构造,同时着眼于网络融资交易

---

① 方也媛:《互联网金融法律规制之路径》,载《税务与经济》2016 年第 6 期。
② 杨东、吴涛:《里程碑意义的金融监管立法——评〈网络借贷信息中介机构业务活动管理暂行办法〉》,载《中国社会科学报》2016 年 9 月 14 日。

的征信制度构建、网络融资自己托管制度设置。① 有学者针对英、美两国P2P监管认为,我国应当完善P2P监管的法律规范,完善P2P平台退出机制,建立和完善行业征信体系,使行业自律与国家立法相互补充。② 也有学者根据我国P2P发展情况提出了整治方向,建议建立联动、持续的监管机制,落实专项整治中提出的穿透式监管思路,并指出监管自身也是一把双刃剑,需要结合国情进行政策选择。③ 此外,有学者将P2P监管分为政府监管和全国性行业协会监管两部分,认为政府应当明确监管主体并制定监管规范,全国性行业协会则应当加强平台运作,加强贷前审核,规范信息披露,规范风险保障金机制,搭建债权转让平台。④ 有学者针对P2P校园不良网贷指出,监管要引导金融消费者理性消费。⑤ 在这一问题上,我们认为,大学生分期消费要防止当年的"信用卡之灾"。因此,我们建议强化对P2P或网络小额贷款的监管,同时加强消费教育,积极送法进校园、进课堂,积极发挥学校和学生社团在消费教育方面的补充作用。⑥ 有学者基于互联网银行的研究提出,技术创新和法律政策环境改善是推动我国互联网金融发展的两个主要动力,《商业银行法》《银行业监督管理法》需要全面修订,《支付结算法》等立法也要加快推进,部分P2P网贷平台也要走出灰色地带,转正为互联网银行。⑦ 也有学者研究互联网银行法律规制问题,指出对互联网银行必须从市场准入制度、外部监管制度等多角度进行法律规制。⑧

我们认为,基于我国P2P网络融资的特点,对其监管必须把握依法监管原则、鼓励发展与防范风险原则、行业自律与外部管制相结合原则和投资人保护原则。将P2P网贷平台作为整个网络融资监管的重中之重,通过

---

① 殷华著《网络融资法律问题研究——以金融消费者保护为中心》,法律出版社,2016,第150~174页。
② 黄震、邓建鹏:《英美P2P监管体系比较及启示》,载《中国农村金融》2016年第15期。
③ 杨东:《P2P整治指向》,载《中国金融》2016年第15期。
④ 高祥主编《金融法热点问题研究》(第3辑),中国政法大学出版社,2015,第221~232页。
⑤ 黄震、尹振涛:《治理校园不良网贷需监管更要引导理性消费》,载《法制日报》2016年8月18日。
⑥ 席月民:《大学生分期消费要防止"信用卡之灾"》,载《经济参考报》2016年2月23日。
⑦ 贺绍奇:《中国互联网银行模式、现行政策、法律环境、面临的法律问题及发展趋势》,载《中国市场》2016年第13期。
⑧ 柴瑞娟、周舰:《互联网银行法律规制研究——以市场准入和监管体制为核心》,载《金融发展研究》2016年第5期。

平台监管融资者的资金流向和使用方式，从而保障投资者的合法权益。此外，对于融资平台和投资者均应当进行准入资格的审查，融资平台必须严格按照国家规定的方式设置，加强信息披露监管；投资人则应当满足"理性投资人"的标准，具备一定的辨别金融产品能力，从而在促进P2P网络融资蓬勃发展的前提下，保障其在安全轨道上平稳运行。

3. 第三方支付监管

在我国，"第三方支付机构"指的是提供零售支付服务的非银行机构，相对于银行与支付者而言，其被称为"第三方"。作为互联网支付的一种形式，第三方支付同样属于通过计算机、手机等设备，依托互联网发起支付指令并转移货币资金的服务。近年来，第三方支付机构凭借便利的零售支付业务得到了支付者客户的青睐，发展十分迅猛。尤其是互联网金融的发展，使得第三方支付机构借用互联网手段让支付变得更加人性化、便利化，支付宝、财付通等第三方支付机构平台迅速成为横跨各个领域的大型金融经济体。问题是，在金融创新过程中，第三方支付也同样存在金融风险，比如沉淀资金和不法利用等，从而对我国金融监管形成新的挑战。这里，我们把近年来出台的针对第三方支付机构的监管文件整理成表1。

表1 第三方支付监管文件表

发布时间	监管文件
2010年6月	《非金融机构支付服务管理办法》
2010年12月	《非金融机构支付服务管理办法实施细则》
2011年5月	《关于规范商业预付卡管理意见的通知》
2011年6月	《非金融机构支付服务业务系统检测认证管理规定》
2012年4月	《支付机构反洗钱和反恐怖融资管理办法》
2012年7月	《关于建立支付机构监管报告制度的通知》
2012年9月	《支付机构预付卡业务管理办法》
2012年9月	《中国人民银行关于进一步加强预付卡业务管理的通知》
2012年9月	《单用途商业预付卡管理办法（试行）》
2013年6月	《支付机构客户备付金存管办法》
2013年7月	《银行卡收单业务管理办法》
2014年1月	《涉及恐怖活动资产冻结管理办法》

续表

发布时间	监管文件
2014 年 4 月	《关于加强商业银行与第三方支付机构合作业务管理的通知》
2015 年 7 月	《非银行支付机构网络支付业务管理办法（征求意见稿）》
2015 年 12 月	《非银行支付机构网络支付业务管理办法》

针对第三方支付机构所存在的金融风险，学者们纷纷提出监管意见和建议。在中国人民银行等十部门联合发布的《关于促进互联网金融健康发展的指导意见》中，明确规定互联网支付业务由中国人民银行负责监管。大部分学者认为，第三方支付机构的法律定位不明造成了监管中的实际困难，因此建议明确其法律定位。比如，有学者指出，我国目前将第三方支付机构定位为非金融机构的做法在短期内虽能有效防范风险，但在长期内不利于金融创新的发展，第三方支付机构性质的法律定位与监管体制的错配会逐步降低监管效率。[1] 同样有学者认为，主体法律定位不明确使得第三方支付公司法律身份不明，缺乏相应的准入监管，处于网络运营与金融业务交接的灰色地带。[2] 还有学者认为，我国第三方支付机构监管存在的问题不仅仅停留在立法层次、分类监管方面，在备付金监管、消费者权益保护以及监管与创新关系等重大问题上仍需进一步完善和突破。[3] 有学者提出，第三方支付机构的监管要从三个方面入手，即支付机构必须强化内控自律、监管部门必须严格风险监测、相关部门必须共同做实危机应对。[4] 与之相类似，有学者指出，对第三方支付有效监管的措施应当分为"事前"、"事中"、"事后"三部分，事前监管主要指设置一个第三方支付机构准入门槛，事中监管具体指的是央行及分支机构的监管以及交易记录强制备份等具体措施，事后监管则是消费者保护和风险处置方面的监管措施[5]，这使得这一整套第三方机构监管措施显得更加立体、更有层次。此外，也有学者认为，

---

[1] 包丽红、封思贤：《第三方支付监管机制的国际比较及启示》，载《上海经济研究》2015 年第 11 期。

[2] 李霞：《第三方支付监管的法律困境》，载《中国金融》2010 年第 6 期。

[3] 巴曙松、杨彪：《第三方支付国际监管研究及借鉴》，载《财政研究》2012 年第 4 期。

[4] 方辰：《"守住底线、风险导向"的第三方支付监管思路初探》，载《上海金融》2015 年第 6 期。

[5] 陆磊、刘海二：《第三方支付监管的有效性》，载《中国金融》2015 年第 1 期。

应当结合中国人民银行和银监会有关的信息科技安全管理规定，尽快制定我国统一的第三方支付信息安全管理规范，强化企业和个人电子信息的安全管理。① 还有学者从金融监管与创新二者之间的关系出发，认为第三方支付机构作为新兴事物的一种，应当考虑适当放松监管标准，加强信息披露，使第三方支付行业既在被监控之中，又有一定的发展和创新空间。例如，适当降低准入门槛、备付金适度进行投资、经营范围适当开放等。② 有学者专门针对2015年7月31日的《非银行支付机构网络支付业务管理办法（征求意见稿）》提出，这一办法虽然增强了风险管控，但与互联网经济时代消费者的支付需求以及互联网金融的创新发展趋势有所冲突，需要构建激励与约束相结合的法律监管制度。③

对此，我们综合众多研究者的观点认为，我国第三方支付监管存在监管规定层级低、监管程序不透明、法律定位不准确、金融消费者保护薄弱、沉淀资金监管存在风险等问题。监管机构应当透过第三方支付的现象看到监管问题的本质，针对互联网支付监管的不同对象进行监管调整，重点应加快第三方支付立法，建立透明的监管程序，重构第三方支付机构的法律地位，清晰界定各方的权利义务关系，建立有效的风险隔离机制和客户权益保障机制，加强消费者保护，加强沉淀资金监管。同时，监管机构在监管的过程中要坚持适度监管，要求第三方支付机构向客户充分披露服务信息，清晰地提示业务风险，不得夸大支付服务中介的性质和职能，注意防止扼杀这一新兴业态，通过柔性监管更好地扶持和促进其良性发展。

4. 股权众筹监管

众筹这一概念出现以来，实物众筹、捐赠众筹、债权众筹再到股权众筹等都得到了不同程度的发展。其中，和互联网金融联系最为紧密的就是股权众筹。同P2P网贷平台一样，不法分子将股权众筹平台也当成非法吸收公众存款甚至是非法集资、集资诈骗的"合法手段"，最终造成投资者的重大损失。现有金融监管措施在股权众筹监管问题上显得无能为力，问题仍在于金融监管与金融创新之间没法进行利益的衡量和协调，因而股权众

---

① 朱绩新、章力、章亮亮：《第三方支付监管的国际经验及其启示》，载《中国金融》2010年第12期。
② 吉海芳：《第三方支付的风险监督管理研究》，载《金融理论与实践》2016年第11期。
③ 车云霞：《论互联网支付机构法律监管的完善》，载《理论月刊》2016年第4期。

筹的监管调整也是学者关注的重点问题。

绝大多数学者认为，股权众筹平台作为连接筹资公司和投资者的中介，在股权众筹活动中居于中心地位，是股权众筹监管的核心。因此，有学者建议借鉴国际经验并结合我国实际情况，对股权众筹平台或其运营机构采取许可制，并建立"众筹豁免"机制，使得符合规定条件且通过被许可平台进行股权众筹的可豁免证券监管机构的审核。① 还有学者指出，我国股权众筹融资平台监管的当务之急在于，建立现代的市场信用体系，并且建议政府勇敢地给予股权众筹试错空间，将平台行为作为监管抓手，明确集资门户应当履行的义务和禁止的行为，引导我国股权众筹从私募形式逐渐推进到公募股权众筹形式。② 从"激励"的角度看，有学者认为，应当借鉴美国教授威廉·维克里和英国教授詹姆斯·米尔利斯的"激励相容"委托代理理论，主张在《证券法》修订中体现激励相容的原则，将股权众筹纳入被修订后的《证券法》中，使得股权众筹的监管框架得以进一步明晰，并且将激励相容理论运用于股权众筹平台监管机制、筹资者监管机制和投资者保护机制之中，真正体现股权众筹融资兼顾安全和效率的原则。③ 也有学者从外部和内部两个角度进行分类，认为股权众筹监管制度设计应一方面完善法律制度、信用制度等外部监管制度，另一方面强化平台准入、信息披露、投资限额、资金托管、行业自律等内部监管制度，从而推动我国股权众筹的良好发展。④

除股权众筹平台之外，股权众筹中的投资者保护也是学者们关注的重要问题。有学者从投资者适当性角度出发，指出投资者适当性制度是一项保护投资者的重要制度，我国股权众筹发展必须在构建投资者适当性制度整体构架的基础上，针对股权众筹业态特征，进一步细化具体义务规则。⑤ 有学者更进一步认为，投资者权益保护在当前存在投资理念缺失、法律规

---

① 樊云慧：《股权众筹平台监管的国际比较》，载《法学》2015年第4期。
② 韩国栋、麦志英：《股权众筹融资的监管逻辑及国际经验》，载《宁夏社会科学》2016年第1期。
③ 卜亚：《股权众筹监管经验的跨国比较及启示——基于激励相容视角的分析》，载《华东经济管理》2016年第9期。
④ 张杰、张泽伟、刘丽娟：《完善我国股权众筹融资的监管制度研究》，《经济纵横》2016年第10期。
⑤ 陈晨：《股权众筹投资者适当性制度研究》，载《上海金融》2016年第10期。

定缺失、监管体制乏力、征信系统疏漏等问题,因此在股权众筹监管框架之下,需要确立投资审慎和适度理念,明确立法路线,清理监管思路,贯通征信系统,完善股权众筹投资的制度建设。①

在这一问题上,我们认为,2015年3月国务院办公厅《关于发展众创空间推动大众创新创业的指导意见》中首次将股权众筹纳入官方文件之中,使得股权众筹得到了迅速的发展。2015年也被称为"股权众筹元年"。中国人民银行等十部门联合发布的《关于促进互联网金融健康发展的指导意见》中,明确规定股权众筹融资业务由证监会负责监管。股权众筹分为私募与公募,但无论是私募股权还是公开募股,在互联网金融的大环境之下,都是对传统公司法、证券法的挑战,也是对传统金融监管的挑战,游走于法律的边缘地带。对股权众筹平台的监管和投资人的保护,应成为股权众筹监管的重点,应注意发挥股权众筹融资作为多层次资本市场有机组成部分的作用,更好地服务创新创业企业。我国目前的金融环境决定了私募股权众筹才是更佳的发展方式,只有在运行一定时间并积累一定监管经验过后,公募股权众筹才可能得到发展空间,这也印证了金融监管与金融创新之间的博弈关系,监管不可以过度干预,但是也绝对不能够放弃干预。股权众筹平台本身存在一定风险,而对这类风险的防控就是监管部门的职责所在。如何把握股权众筹的发展,如何协调其与公司法、证券法之间的矛盾和冲突,也是监管部门必须关注的问题。

当然,互联网金融还有互联网基金销售、互联网保险、互联网信托、互联网消费金融等诸多形式,科学合理界定各业态的业务边界及准入条件,落实监管责任,明确风险底线,保护合法经营,坚决打击违法和违规行为,应成为互联网金融监管的关键。

四 结语

经济全球化与金融自由化的发展,使世界各国经济的相互依存度大大提高,科学实施国际化战略已成为各国金融业持续发展的治本之计。从技

---

① 许飞剑、余达淮:《股权众筹视角下投资者权益保护法律问题研究》,载《经济问题》2016年第11期。

术层面而言，金融危机不是自由市场制度的错误，而是监管失误。但是，监管技术手段的失误却来源于监管目标模糊与价值取向失配。金融综合化背景下的金融监管必须着眼于金融生态优化，进行监管目标、价值取向与监管模式的审慎权衡。① 回顾这些年的金融监管体制改革，不得不承认的是，金融全球化改变了中国政府金融监管的基本理念，奠定了金融监管体制改革的法律价值基础。② 只有站在金融监管改革的理论前沿，认真审视我国金融监管体制和金融监管立法，才能找到最为科学、合理的监管改革路径，使改革与法治形成良性互动，在金融全球化中为我国金融市场的稳健发展提供可靠保障。

参考文献

[1] 霍华德·戴维斯（Howard Davies）、大卫·格林（David Green）：《全球金融监管》(Global Financial Regulation: The Essential Guide)，中国银行业监督管理委员会国际部译，中国金融出版社，2009，第4页。

[2] 席月民主编《金融法学的新发展》，中国社会科学出版社，2013，第5页。

[3] 王洛林主编《全球化与中国：理论与发展趋势》，经济管理出版社，2010，第81、82页。

[4] 盛学军：《冲击与回应：全球化中的金融监管法律制度》，《法学评论》2005年第3期。

[5] 席月民主编《金融法学的新发展》，中国社会科学出版社，2013，第308页。

[6] 林俊国著《金融监管的国际合作机制》，社会科学文献出版社，2007，第43页。

[7] 李扬、王国刚、刘煜辉主编《中国城市金融生态环境评价》，人民出版社，2005，第8页。

[8] 徐孟洲等著《金融监管法研究》，中国法制出版社，2008，第164、166、171~172页。

[9] 刘文华、马志毅：《改革中国银行业监管体制的法律与实践》，《法学论坛》2003年第5期。

---

① 程惠霞：《金融监管目标权衡及其模式的递进》，载《改革》2010年第2期。
② 陈甦主编《全球化背景下的中国法治建设》，经济管理出版社，2010，第86页。

[10] 黄积虹、杨丰:《论美国〈金融服务现代化法〉对我国金融监管立法的启示》,《思想战线》2003 年第 6 期。

[11] 焦克源、史正保:《实现中央银行金融监管法制化的逻辑构想》,《兰州大学学报》(社会科学版) 2001 年第 3 期。

[12] 刘铧:《对我国金融监管问题的几点思考》,《求索》2002 年第 5 期。

[13] 王国刚:《金融监管框架改革的重心》,《中国金融》2016 年第 10 期。

[14] 李艳玲:《改进外汇宏观审慎管理》,《中国金融》2016 年第 16 期。

[15] 李成、李玉良、王婷:《宏观审慎监管视角的金融监管目标实现程度的实证分析》,《国际金融研究》2013 年第 1 期。

[16] 闫海:《后危机时代的金融监管体制立法研究——基于宏观审慎监管的革新》,《安徽大学学报》(哲学社会科学版) 2010 年第 6 期。

[17] 马新彬:《宏观审慎政策协调机制》,《中国金融》2016 年第 1 期。

[18] 侯怀霞:《论央行宏观调控功能的法律保障机制》,《社会科学战线》2011 年第 2 期。

[19] 席月民主编《金融法学的新发展》,中国社会科学出版社,2013,第 248 页。

[20] 巴曙松、沈长征:《从金融结构角度探讨金融监管体制改革》,《当代财经》2016 年第 9 期。

[21] 张晓东:《金融监管体制现代化探索:缘起、逻辑与展望》,《金融理论与实践》2016 年第 9 期。

[22] 秦晓:《金融监管体系改革的看法》,《中国金融》2016 年第 13 期。

[23] 王志成、徐权、赵文发:《对中国金融监管体制改革的几点思考》,《国际金融研究》2016 年第 7 期。

[24] 孙美芳:《强化金融混业的功能监管》,《中国金融》2016 年第 5 期。

[25] 贺小丽:《我国金融监管法立法目的条款的问题及完善》,《甘肃社会科学》2016 年第 5 期。

[26] 王国刚:《金融监管框架改革的重心》,《中国金融》2016 年第 10 期。

[27] 席月民主编《金融法学的新发展》,中国社会科学出版社,2011,第 250 ~ 251 页。

[28] 陈振云:《我国金融监管体制改革的法律考量》,《学术研究》2016 年第 9 期。

[29] 张震宇:《完善地方金融监管体制》,《中国金融》2016 年第 1 期。

[30] 郭德香、李海东:《金融改革背景下我国地方金融监管模式研究》,《郑州大学学报》(哲学社会科学版) 2016 年第 5 期。

[31] 刘志伟:《地方金融监管权的理性归位》,《法律科学》(西北政法大学学报) 2016 年第 5 期。

[32] 段志国：《论地方金融监管权的理论逻辑与配置建构》，《宁夏社会科学》2015年第2期。

[33] 刘子平：《功能监管强化视角下的民间金融法律治理研究》，《金融监管研究》2016年第8期。

[34] 郭可为：《中央与地方金融监管体制改革之路》，《金融博览》2015年第9期。

[35] 董宁：《地方金融监管体制改革路径探析》，《征信》2015年第5期。

[36] 席月民：《我国当前民间借贷的特点、问题及其法律对策》，《政法论丛》2012年第3期。

[37] 李仁真、黎四奇：《论金融业务综合化下的有效监管》，《武汉大学学报》（社会科学版）2001年第5期。

[38] 彭红枫、杨柳明、王黎雪：《基于演化博弈的金融创新与激励型监管关系研究》，《中央财经大学学报》2016年第9期。

[39] 何佳：《中国金融监管与创新的逻辑》，《中国金融》2016年第18期。

[40] 阳东辉：《论我国金融监管制度的改革与完善——兼评巴塞尔协议Ⅲ之不足》，《湖南师范大学社会科学学报》2016年第1期。

[41] 曾筱清：《金融全球化与金融监管立法研究》，北京大学出版社，2005，第94页。

[42] 黄毅著《银行监管法律研究》，法律出版社，2009，第157、205~219页。

[43] 苏洁澈：《后危机时代英美银行监管体系变革》，《环球法律评论》2016年第1期。

[44] 梁家全著《商业银行监管套利的法律规制》，法律出版社，2016，第202~204页。

[45] 许开国、王东著《银行支付不能制度研究》，中国金融出版社，2016，第206~209页。

[46] 贺绍奇：《银行理财如何回到正轨》，《当代金融家》2016年第7期。

[47] 魏建、许云：《结构型理财产品溢价率与金融消费者保护》，《西北大学学报》（哲学社会科学版）2016年第2期。

[48] 杨东、张泽璠：《保护农村金融消费者权益银行业应有更大作为》，《中国农村金融》2016年第13期。

[49] 朱大旗：《论我国土地银行制度的构建》，《法学杂志》2016年第7期。

[50] 李玫、杨东勤：《中国〈存款保险条例〉中道德风险法律问题析评和完善》，《河北法学》2016年第5期。

[51] 马一、张敏：《日本民营银行法律规制研究——兼谈对我国民营银行发展的借鉴》，《区域金融研究》2016年第6期。

[52] 邢会强：《金融消费者权利的法律保护与救济》，经济科学出版社，2016，第 192～197 页。

[53] 袁达松：《对影子银行加强监管的国际金融法制改革》，《法学研究》2012 年第 2 期。

[54] 苏洁澈：《银行破产监管责任研究》，中国政法大学出版社，2016，第 97～98 页。

[55] 潘静、柴振国：《中国影子银行的金融监管研究——运用市场约束优化政府监管》，《现代法学》2013 年第 5 期。

[56] 管斌著《金融法的风险逻辑》，法律出版社，2015，第 403～423 页。

[57] 徐聪：《论转轨背景下证券法治逻辑与制度的现代化——兼评〈证券法（修订草案）〉"一读稿"》，《法学评论》2016 年第 2 期。

[58] 王建平：《证券监管"做-查模式"的转型与变革——以 2015 年 6-8 月证券监管风险放大为例》，郭锋主编《证券法律评论》（2016 年卷），中国法制出版社，2016，第 377～387 页。

[59] 乔新生：《重新认识证券市场的功能》，《证券时报》2016 年 3 月 14 日。

[60] 杨海静、万国华：《论证券市场公开承诺的监管》，《证券市场导报》2016 年第 8 期。

[61] 赖华子：《证券市场场外配资监管制度研究》，《法学论坛》2016 年第 3 期。

[62] 缪因知：《论证监会信息披露规则的不足》，《法治研究》2016 年第 2 期。

[63] 邢会强：《证券期货市场高频交易的法律监管框架研究》，《中国法学》2016 年第 5 期。

[64] 郭雳、孙天驰：《互联网平台拆分销售私募债问题探析》，《证券市场导报》2016 年第 5 期。

[65] 刘云亮：《注册制下证券发行信息披露责任创新制度研究》，《证券法律评论》2016 年卷，中国法制出版社，2016。

[66] 杨峰：《我国实行股票发行注册制的困境与路径分析》，《政法论丛》2016 年第 3 期。

[67] 万国华、王才伟：《我国证券市场注册制立法变革应兼顾交易注册》，《上海金融》2016 年第 8 期。

[68] 马一、韩子慧：《我国保荐人制度：制度反思与变革探索——以证券发行注册制改革为背景》，《海南金融》2016 年第 7 期。

[69] 冷静：《注册制下发行审核监管的分权重整》，《法学评论》2016 年第 1 期。

[70] 寺岛美贵子：《保险监管法制的新趋势——放松管制与加强监管》，节选自顾功耘、罗培新著《经济法前沿问题（2015）》，北京大学出版社，2016，第

279~290页。

[71] 吴民许：《我国保险资金境外投资监管制度研究》，节选自尹田主编《保险法前沿》（第3辑），知识产权出版社，2015，第60~72页。

[72] 何文强著《我国农业保险法律问题研究》，吉林大学出版社，2016，第165~169页。

[73] 冯辉：《比较法视野下保险资金不动产投资的法律监管及其启示》，节选自尹田主编《保险法前沿》（第3辑），知识产权出版社，2015，第73~86页。

[74] 徐孟洲等著《金融监管法研究》，中国法制出版社，2008，第412~414页。

[75] 周乾：《信托业监管的理论基础与特殊要求》，《太原理工大学学报》（社会科学版）2015年第2期。

[76] 龙超、熊俊：《我国信托业监管制度的优化：给予金融危机启示的制度分析》，《经济问题探索》2010年第9期。

[77] 潘丹丹：《我国信托业监管体制的缺陷及其完善》，《安徽广播电视大学学报》2013年第4期。

[78] 贾希凌、张政斌：《近期中国信托业监管理念评析》，《云南大学学报法学版》2013年第3期。

[79] 袁增霆：《信托业安全网与监管转型》，《中国金融》2015年第24期。

[80] 席月民：《我国信托业监管改革的重要问题》，《上海财经大学学报》2011年第1期。

[81] 席月民：《中国信托业法研究》，中国社会科学出版社，2016，第291页。

[82] 席月民：《我国〈信托业法〉的制定》，《广东社会科学》2012年第5期。

[83] 许多奇、肖凯：《互联网金融与好的社会》，《检察风云》2016年第9期。

[84] 黄震、龙曙光：《互联网金融常态化回归》，《财经界》2016年第9期。

[85] 黄震：《互联网金融莫忘"普惠金融"初衷》，《中国经济导报》2016年5月25日。

[86] 魏敬淼：《民间金融法律治理研究》，中国政法大学出版社，2016，第27~70页。

[87] 黎四奇：《中国普惠金融的囚徒困境及法律制度创新的路径解析》，《现代法学》2016年第5期。

[88] 李爱君：《互联网金融的法治路径》，《法学杂志》2016年第2期。

[89] 李爱君：《互联网金融的本质与监管》，《中国政法大学学报》2016年第2期。

[90] 李曙光：《论互联网金融中的法律问题》，《法学杂志》2016年第2期。

[91] 袁达松、张赛文：《论互联网金融系统性风险监管的法律对策》，《领导之友》（理论版）2016年第17期。

［92］邢会强：《论金融法的法典化》，《首都师范大学学报》（社会科学版）2016年第1期。

［93］李玉虎：《互联网金融创新与监管体制重构》，《兰州学刊》2016年第8期。

［94］杨东：《论金融领域的颠覆创新与监管重构》，《人民论坛》2016年第11期。

［95］曾威：《互联网金融竞争监管制度的构建》，《法商研究》2016年第2期。

［96］赵浏洋：《互联网金融监管完善对策——以阿里金融为例》，《人民论坛》2016年第5期。

［97］方也媛：《互联网金融法律规制之路径》，《税务与经济》2016年第6期。

［98］杨东、吴涛：《里程碑意义的金融监管立法——评〈网络借贷信息中介机构业务活动管理暂行办法〉》，《中国社会科学报》2016年9月14日。

［99］殷华著《网络融资法律问题研究——以金融消费者保护为中心》，法律出版社，2016，第150~174页。

［100］黄震、邓建鹏：《英美P2P监管体系比较及启示》，《中国农村金融》2016年第15期。

［101］杨东：《P2P整治指向》，《中国金融》2016年第15期。

［102］高祥主编《金融法热点问题研究》（第3辑），中国政法大学出版社，2015，第221~232页。

［103］黄震、尹振涛：《治理校园不良网贷需监管更要引导理性消费》，《法制日报》2016年8月18日。

［104］席月民：《大学生分期消费要防止"信用卡之灾"》，《经济参考报》2016年2月23日。

［105］贺绍奇：《中国互联网银行模式、现行政策、法律环境、面临的法律问题及发展趋势》，《中国市场》2016年第13期。

［106］柴瑞娟、周舰：《互联网银行法律规制研究——以市场准入和监管体制为核心》，《金融发展研究》2016年第5期。

［107］包丽红、封思贤：《第三方支付监管机制的国际比较及启示》，《上海经济研究》2015年第11期。

［108］李霞：《第三方支付监管的法律困境》，《中国金融》2010年第6期。

［109］巴曙松、杨彪：《第三方支付国际监管研究及借鉴》，《财政研究》2012年第4期。

［110］方辰：《"守住底线、风险导向"的第三方支付监管思路初探》，《上海金融》2015年第6期。

［111］陆磊、刘海二：《第三方支付监管的有效性》，《中国金融》2015年第1期。

［112］朱绩新、章力、章亮亮：《第三方支付监管的国际经验及其启示》，《中国金

融》2010 年第 12 期。
［113］吉海芳：《第三方支付的风险监督管理研究》，《金融理论与实践》2016 年第 11 期。
［114］车云霞：《论互联网支付机构法律监管的完善》，《理论月刊》2016 年第 4 期。
［115］樊云慧：《股权众筹平台监管的国际比较》，《法学》2015 年第 4 期。
［116］韩国栋、麦志英：《股权众筹融资的监管逻辑及国际经验》，《宁夏社会科学》2016 年第 1 期。
［117］卜亚：《股权众筹监管经验的跨国比较及启示——基于激励相容视角的分析》，《华东经济管理》2016 年第 9 期。
［118］张杰、张泽伟、刘丽娟：《完善我国股权众筹融资的监管制度研究》，《经济纵横》2016 年第 10 期。
［119］陈晨：《股权众筹投资者适当性制度研究》，《上海金融》2016 年第 10 期。
［120］许飞剑、余达淮：《股权众筹视角下投资者权益保护法律问题研究》，《经济问题》2016 年第 11 期。
［121］程惠霞：《金融监管目标权衡及其模式的递进》，《改革》2010 年第 2 期。
［122］陈甦主编《全球化背景下的中国法治建设》，经济管理出版社，2010，第 86 页。

金融统计内涵、外延与定位的演变趋势

秦 栋[*]

摘 要 本文在总结金融业快速发展、国际金融危机深刻影响、国际金融组织和外国央行统计改革等背景的基础上,对近年来我国金融统计的内涵、外延、服务范围的变化进行了系统归纳。内涵方面,一是调整存贷款统计口径,有利于提高宏观调控的有效性;二是金融创新对广义货币统计口径产生了较大影响,M2与宏观调控的关联性下降。外延方面,一是金融业综合统计取得积极进展,金融业综合统计的必要性也更加突出;二是推出了全面反映金融对实体经济资金支持程度的社会融资规模指标,该指标已经成为我国宏观调控的重要参考指标;三是着手建设互联网金融统计体系,为互联网金融健康发展提供扎实数据基础。服务范围方面,一是从传统的围绕货币政策的职能统计,向既为货币政策服务又为金融稳定服务的全面统计转变;二是从主要满足政府部门数据需求的政府统计,向既为政府决策提供数据信息参考依据,又向全社会提供公共产品的公共统计转变。

关键词 金融统计 宏观审慎 社会融资规模 互联网金融

2008年国际金融危机以来,国内外各界对金融统计的需求不断深化,金融统计的内涵和外延也不断发展,金融统计在服务宏观调控、金融监管、

---

[*] 秦栋,中国人民银行调查统计司经济师,中国社会科学院研究生院财经系博士生。

金融稳定方面的职能更加突出,面临的挑战也不断加大。此外,随着改革开放的不断深入,我国金融统计受到的关注越来越高,金融统计还要为国内外各类市场主体提供更加丰富的信息服务。

一 金融统计的内涵不断发展变化

(一)关于存贷款统计口径的调整

1. 调整背景

近年来,我国信托投资公司、金融租赁公司、汽车金融服务公司以及各类证券、保险业金融机构等非存款类金融机构快速发展。同时,商业银行同业业务蓬勃发展,同业业务创新层出不穷,非存款类金融机构存放在存款类金融机构的资金快速增长,存款类金融机构拆放给非存款类金融机构的资金也快速增长。2010年末,银行业存款类金融机构对其他金融性公司的负债(计入广义货币)为1.3万亿元,对非金融机构及住户的负债(计入广义货币)为66.8万亿元,前者与后者之比仅1.9%。2015年末,银行业存款类金融机构对其他金融性公司的负债(计入广义货币)达到15.1万亿元(比2010年末增长1061%),对非金融机构及住户的负债(计入广义货币)为117.9万亿元(比2010年末增长76%),前者与后者之比达到了12.8%。

从货币的发行和派生的角度看,非存款类金融机构的作用与企业和个人基本相同。作为商业银行的资金来源,非存款类金融机构的存贷款与普通企业和个人的存贷款也没有实质性的区别。按照国际货币基金组织(IMF)的标准,存款类金融机构与非存款类金融机构之间的资金往来要计入存款和贷款。因此,2011年10月,中国人民银行将非存款类金融机构存放在存款类金融机构的资金计入了M2。不过,本次存贷款口径调整前,非存款类金融机构存放在存款类金融机构的资金不计入各项存款,存款类金融机构拆放给非存款类金融机构的资金也不计入各项贷款。

2. 调整内容

在此背景下,为适应我国金融创新的发展和金融产品日益多样化,全面真实地反映金融机构存贷款的发展及变化情况,2015年起中国人民银行调整了金融机构各项存款和各项贷款统计口径，将非存款类金融机构存放在存款类金融机构的款项纳入"各项存款"；将存款类金融机构拆放给非存款类金融机构的款项纳入"各项贷款"。

存款类金融机构包括人民银行和银行业存款类金融机构，其中银行业存款类金融机构包括国家开发银行及政策性银行、国有商业银行、股份制商业银行、邮政储蓄银行、城市商业银行、农村商业银行、农村合作银行、村镇银行、外资银行、民营银行、农村信用社、农村资金互助社和企业集团财务公司。非存款类金融机构包括银行业非存款类金融机构、证券业金融机构、保险业金融机构、交易及结算类金融机构、金融控股公司、特定目的载体、境内其他金融机构及境外同业，其中银行业非存款类金融机构范围涵盖信托投资公司、金融租赁公司、汽车金融服务公司及贷款公司。

3. 相关影响

由于此次调整仅涉及存贷款口径，对货币供应量 M2、社会融资规模、利率等均没有直接影响[①]。此次统计口径调整没有与监管政策挂钩，一是新纳入口径的存款，适用的存款准备金率暂定为零，对准备金的运作没有任何影响；二是银行业监管部门"存贷比"的计算口径并未随之调整，因此对存贷比也没有直接影响。

此次统计口径调整对提高宏观调控的有效性也将产生积极影响。一是统计口径更加科学，可以更加全面、准确地分析监测银行业的资金来源和资金运用情况。例如，2015 年上半年，受股票市场热度较高影响，大量居民和企业存款转至客户交易保证金账户。口径调整前，尽管此类资金仍在商业银行的账户上，仍属于商业银行的资金来源，但不计入各项存款；口径调整后，则计入各项存款。二是统计口径更加全面，有利于提高货币政策有效性。本次统计口径调整前，月末、季末等关键时点，大量非存款类金融机构的存放通过多种同业创新渠道转化为商业银行的存款，造成月末、季末存款规模和资金价格容易出现大幅波动，一定程度上削弱了货币政策效果。调整后，资金在存款类金融机构与非存款类金融机构之间的相互转移不会引起存款规模和资金价格的大幅波动，由此提高货币政策有效性[②]。

---

① 吴雨、刘铮：《央行解读调整存贷款统计口径》，《国际商报》2015 年 1 月 19 日。
② 任代滨：《透析存贷款统计口径调整》，《银行家》2015 年第 4 期。

(二) 关于广义货币统计口径的思考

1. IMF《货币与金融统计手册》对广义货币口径的修订

国际货币基金组织（IMF）于 2000 年颁布了《货币与金融统计手册》（MFSM2000），2008 年又颁布了《货币与金融统计编制指南》（MFSCG2008），二者共同构成了 IMF 货币和金融统计体系的核心框架，成为国际通行的货币金融统计基本方法和原则，也是各国中央银行开展金融统计的主要依据。MFSM2000 和 MFSCG2008 没有给出有关货币的明确定义，而是列出了可包含在广义货币中的金融资产清单，MFSCG2008 中广义货币包含如下项目：存款性公司之外的流通货币、中央政府发行的货币、存款性公司中的存款、非金融公司中的存款（包括电子货币）、存款性公司发行的证券、中央政府发行的证券。

2011 年 11 月，IMF 决定对 MFSM2000 和 MFSCG2008 进行修订，修订后的 MFSMCG 对广义货币的内涵提出了更加明确的界定。MFSMCG 在给出货币定义时首先明确构成货币资产的特征，货币具有四大功能：（1）交换媒介；（2）价值贮藏；（3）核算单位；（4）延期支付标准。并且指出，货币的定义不应该过于规范，而应允许各国根据实践调整，货币统计并非精确科学，各国可有所差异，并对（广义）货币与内涵更广的静态流动性加以区分。MFSMCG 认为，各国可以根据各自实践给出货币资产的清单，但清单中的任一种资产均应符合货币的国际定义，货币总量还应通过相关性检验[①]。

总体看，修订后的新标准充分考虑了经济金融发展对货币总量指标内涵的影响，从功能及构成角度对货币定义进行了讨论，同时总结了各国货币统计的实践经验，反映了经济金融发展对货币统计的影响，更加强调为各国货币统计提供方向性指导。

2. 美国广义货币统计口径修订的做法经验

目前，美国货币供应量层次分为 M1 和 M2。M1 包括流通中现金、非银行机构发行的旅行支票、活期存款和其他支票存款（包括存款机构的可转

---

① 陈梦根、张唯婧：《IMF 对货币与金融统计体系的最新修订解析》，《经济社会体制比较》2014 年第 3 期。

让支付命令账户、自动转账账户、信用合作社的股金提款账户）。M2 包括 M1、储蓄存款（包括货币市场存款账户）、小额定期存款（金额小于 10 万美元的定期存款）和零售货币市场共同基金余额。

历史上美联储多次对货币供应量统计口径进行修订。大的调整包括：1971 年开始编制 M2 和 M3；1975 年开始公布 M4 和 M5；1980 年修订 M1（分别为 M1A 和 M1B），并重新编制 M2 和 M3，放弃 M4 和 M5，新增广义流动性 L；1982 年不再公布 M1A，重新定义 M1B 为 M1；2006 年 3 月不再公布 M3。

美联储修订货币供应量统计口径的主要背景是金融市场发展和金融工具创新。20 世纪 70 年代后，金融创新产生了许多具有较高流动性的新型金融工具，导致传统口径的货币供应量与经济增长、价格水平之间的关系不再像以前那样紧密。实践证明，经过多次口径修订，货币供应量较好地与物价、经济增长保持了密切关系。因此，即便在货币供应量不再充当货币政策中间目标后，美联储仍将各层次货币供应量作为货币政策重点监测指标。

3. 金融创新和金融市场发展对我国广义货币的影响

我国广义货币的口径是与时俱进的。自 1994 年建立货币供应量统计以来，我国分别于 2001 年、2002 年、2006 年和 2011 年对广义货币口径进行过技术性修订和完善。近年来，金融结构多元发展，金融工具不断创新，金融体系日趋复杂，对货币供应量、货币乘数、货币流通速度都产生一定影响。金融创新对货币供应量统计口径的影响主要表现如下。

一是不属于货币供应量口径的金融工具开始承担交易媒介功能。主要包括金融机构的资产管理产品、证券投资基金、货币市场基金、互联网理财等。例如，商业银行开展的表外理财业务，具有较强价值的稳定性，且在刚性兑付的背景下，理财产品对定期存款产生了明显的分流作用。再如，货币市场基金可在 T + 1 甚至 T + 0 回到银行卡账户下用于支付结算，具有很强的流动性，这些类存款产品大多投资于货币市场或债券市场，产品单位份额的价值也比较稳定。近年来，货币市场基金与互联网理财相结合，业务快速拓展，特别是支付宝公司推出的余额宝、腾讯公司推出的财付通，凭借门槛低、收益率高、客户广泛、手续简便、交易快捷的优势吸纳了大量分散、小额客户资金，对活期存款产生了明显分流作用。

二是部分属于广义货币口径的金融工具的流动性进一步提高。例如，个人活期存款纳入广义货币 M2 口径，但不纳入狭义货币 M1 口径。不过，随着近年来支付环境的改善、结算效率的提高，特别是在互联网金融和互联网商业推动下，银行卡项下个人活期存款的流动性大幅上升，具备了狭义货币的特征。流动性提高的产品还有部分定期存款，如通知存款。

二 金融统计的外延更加广阔

2008 年国际金融危机爆发后，国际社会对危机爆发的原因进行了深刻反思，世界主要央行和国际组织一致认为，统计数据信息缺口是危机的重要原因之一。面对日益发展的非银行金融中介、各种创新型金融工具，以及跨市场、跨产品、跨境资金流动风险，原有的货币与金融统计无法准确地反映金融市场的运行状况，对创新性金融工具的风险监测显得无力。因此，危机后各国央行和相关国际组织纷纷采取有针对性的措施，着力完善金融统计体系。

（一）国外央行和国际组织对金融统计外延的反思与实践

1. 国外央行和国际组织对金融统计外延的反思

世界主要央行和国际组织一致认为，2008 年全球金融危机爆发前的数十年里，全球金融市场和金融体系加速融合，高度关联和互动的全球金融体系已经形成。但金融数据信息的统计体系和微观审慎监管框架一样，按照国别、地域或业务领域等不同标准被制度性地割裂开来；不同国家乃至一国内部不同监管部门制定的信息标准差异很大，以至于跨部门以及跨国家的信息整合几无可能，导致主要专注单一机构和单一部门的传统的微观审慎监管理念以及相应的监管框架和风险评估方法逐渐失效。

2009 年 10 月，国际货币基金组织和金融稳定委员会联合向"二十国集团"（G20）财政部长和央行行长会议提交了《金融危机与信息缺口》报告，报告认为现行微观金融统计体系存在统计零散、标准不一的缺陷，无法满足宏观审慎政策对数据信息整合的需求。G20 财政部长和央行行长会议通过了这个报告并形成《"二十国集团"数据缺口协议》。此后，相关国际组织和主要经济体均采取了系列改革措施，极大地丰富拓展了金融统计的外延[①]。

2. IMF 对金融统计外延的改革与拓展

(1) 修订《货币与金融统计手册》

2011 年 11 月，IMF 对 MFSM2000 和 MFSCG2008 进行修订，修订后的 MFSMCG 大幅拓展了金融统计外延。

从统计覆盖的机构和工具范围看，金融部门和金融工具的分类将进一步丰富，由原来主要关注银行业存款性类金融机构业务扩展到保险、证券、货币市场基金、特殊目的实体（SPE）、主权财富基金（SWFs）等非银行金融机构及其创新工具，并将货币市场基金（MMF）从其他存款性公司中分离出来。此外，现行体系的标准报告表式（SRF）未单独反映非银行金融中介机构（如保险公司、养老金、结构性金融工具、对冲基金等机构和工具及其次级分类）数据，不能适应非银行金融中介快速发展的现状，因此 MFSMCG 建议在 SRF 中将非银行金融中介作为备忘项目，以便加强对其的监督和管理。

从统计内容看，由原来主要关注以货币为核心的存款性公司概览扩展到反映整个金融体系活动的金融概览，由原来侧重广义货币统计扩展到信用总量和流动性总量的统计。MFSMCG 还新增了资产负债核算矩阵（BSA-matrix），新修订在标准报告表式（SRF）的基础上，以各部门的资产负债表为起点建立资产负债核算矩阵，该矩阵可以反映任一部门按工具、币种和到期日分类的借方与贷方头寸，目的是分析部门的金融脆弱性及其在经济各部门间的传导机制。

同时，MFSMCG 引入有关广义货币对手方（或来源）的最新理论发展，不仅对从负债角度的广义货币构成给出了说明，而且对从资产角度的货币对手方构成也给出了说明，以便提供更多有关经济发展对货币供给的需求因素说明[②]。

(2) 编制《证券统计手册》

运作良好的证券市场有助于经济保持强劲和可持续增长以及金融稳定。

---

① 王达、项卫星：《静悄悄的金融统计体系革命：意义、进展及中国的参与》，《国际经济评论》2015 年第 4 期。
② 陈梦根、张唯婧：《货币与金融统计国际标准的发展、修订及影响》，《国际经济评论》2015 年第 5 期。

不过，相对于货币和信贷市场，证券市场长期是金融统计的薄弱环节。危机前，国际上没有统一的证券统计标准，各国证券统计数据缺乏可比性。2009年二十国集团批准的《金融危机与信息缺口》所列的20条建议中，其中有4条是关于证券统计的。为此，IMF、国际清算银行、欧洲中央银行于2009年5月、2010年9月和2012年11月，分三次联合公布了《证券统计手册》，范围包括债务证券和股权证券，环节涵盖发行和持有。该手册为世界各国和国际机构编制相关、一致、可比的证券统计数据提供了重要参考[①]。

（3）提高数据共享和标准化水平

数据公布标准有助于统计数据的更及时和更全面的提供，从而促进稳健的宏观经济政策的执行。1996年4月和1997年12月，IMF分别制定完成了数据公布特殊标准（SDDS）和数据公布通用标准（GDDS），由成员国自愿认报。其中，SDDS主要适用于统计基础较好的发达国家，GDDS主要适用于统计基础比较薄弱的发展中国家。

为了指导成员国更加全面、及时地发布经济和金融数据，2012年10月，IMF又发布了数据公布特殊标准的加强版（SDDSPlus），该标准面向数据公布特殊标准所有接受国，但主要针对具有系统重要性金融部门的经济体。SDDSPlus包括九个新增数据类别的标准，接受的国家须承诺在2019年底之前全面遵守。SDDSPlus在各方面都做出了改进，与金融统计相关的主要体现在实体部门和金融部门。对于实体部门，SDDSPlus增加了符合SNA2008标准的新的数据集，用来发布新的部门平衡表。对于金融部门，SDDSPlus在继续关注其他存款吸收机构的同时，也开始逐渐向其他类型的金融机构进行倾斜[②]。

元数据的标准化可以有效降低统计成本、提高统计效率、推进深层次的信息共享。为此，IMF积极致力于元数据的标准化。2011年，IMF与国际清算银行（BIS）、欧盟统计局（Eurostat）、经济合作与发展组织（OECD）、欧洲中央银行（ECB）、联合国（UN）和世界银行（WB）共七

---

① 罗雪飞、彭志明、易清华、毛术文、邹庆华：《国际金融业综合统计主要发展及启示》，《金融发展评论》2015年第10期。

② 罗雪飞、彭志明、易清华、毛术文、邹庆华：《国际金融业综合统计主要发展及启示》，《金融发展评论》2015年第10期。

个国际组织,共同在统计数据和元数据交换标准2.0(SDMX2.0,发布于2005年)的基础上,发布了最新的统计数据和元数据交换标准(SDMX2.1),并积极致力于该标准的推广。该标准在2013年被国际标准化组织(ISO)批准为国际标准。SDMX规定了统计人员在采集、处理和交换统计数据时所使用的统计概念和方法,规范了对外披露统计信息时统计数据的机构范围、地理区域、存流量性质、时间属性、频度以及对外披露信息文件格式等内容,提出了统计数据及元数据交换和共享的标准化格式。它一方面解决了一般性的统计问题,另一方面通过网络服务达到了一种标准化的数据交互[①]。

(4)IMF对金融统计改革与拓展的本质是推进金融业综合统计

从IMF的上述实践看,尽管IMF没有明确提出金融业综合统计的概念,但相关措施旨在扩展统计覆盖面、深化统计内容、提高基础数据的标准化程度、增进数据共享与应用,这些措施与我国提出的建立"统一、全面、共享"的金融业综合统计体系一脉相承,对我国开展金融业综合统计也具有重要参考意义。

3. 美国金融统计改革的主要实践

危机后,美国对金融统计体系进行了深入的改革,主要包含以下三个方面的内容。

第一,在微观领域,建立统计标准化体系。2010年11月,美国首次提出了金融市场构建一个标准化的法人实体识别码(LEI)系统的设想,即为每一家参与金融市场交易的法人实体分配一个独一无二的身份识别码,使用标准化的数字编码,在复杂的金融网络中识别真正参与金融交易的法人机构,并制定一套标准化的数据报送准则。同时,加强金融交易和金融产品的识别,即使用信息管理和人工智能方法对全部金融工具进行分类和标准化定义,将其转化为机器可读的标准化信息,对金融市场上交易的金融产品进行数字化编码,从而提高金融风险监控的及时性和精准度[②]。

第二,在宏观领域,进一步强化中央银行金融统计职能,扩大统计监

[①] 张艳、邓琳莹:《统计数据和元数据交换(SDMX)标准解析及应用研究》,《数字通信世界》2014年第4期。

[②] 王达、项卫星:《静悄悄的金融统计体系革命:意义、进展及中国的参与》,《国际经济评论》2015年第4期。

测范围，建立与宏观审慎监管相匹配的统计体系。美国金融统计工作主要分为货币统计、金融统计和监管统计三个方面。其中，货币统计和金融统计主要由联邦储备体系（FRB）承担，监管统计则由不同监管部门在各自职责范围内分别承担。危机前，美联储仅对部分银行金融机构进行监管统计，对于金融控股公司、银行控股公司等的子公司则通过功能监管机构间接获取报告和统计信息。危机后，美国监管当局意识到，中央银行应当承担宏观审慎监管的责任，相应地，其金融统计职能也须同步加强。受此影响，美国金融统计工作在总体延续以往分散模式的同时，也发生了一些重要变化。主要表现在：一是美联储监管统计范围扩大。统计对象扩展至包括商业银行、金融控股公司、银行控股公司、储贷控股公司、投资银行以及大型对冲或私募基金等在内的所有具有系统重要性的金融机构，其中对银行控股公司的监管统计职责延伸至子公司。二是强化了对新型金融机构和金融创新产品的监管统计。美联储增加了对投资银行的监管统计，证券交易委员会（SEC）也被授权向大型的对冲基金、私募股权基金及其他投资顾问机构收集信息①。

第三，在统计机制方面，加强金融统计数据的协调和共享。美国除现有联邦金融机构监督委员会（FFIEC）主要承担银行业金融机构统计的组织协调外，新设立的金融稳定监督委员会（FSOC）在协调各部门监管的同时，进一步强化金融统计的协调和共享基础，并将协调和共享范围从银行金融统计领域扩展至非银行金融统计领域，不仅美联储须在其指导和监督下进行监管统计和信息共享，SEC和新设立的联邦保险办公室（FIO）也必须按FSOC统一设定的标准和要求采集证券、保险领域监管所需的记录、文件和报告等，并须与之进行信息共享②。

4. 欧元区金融统计改革的主要做法

欧元区金融统计改革的做法与美国类似，从统计标准化、强化金融稳定职能、加强信息共享三个角度，扩展金融统计外延。

一是加强金融统计标准化体系建设。欧洲央行将推进统计标准化纳入中期工作计划的高级优先工作，努力促进共同统计技术在欧元区的使用。

---

① 陈梦根：《金融危机与信息缺口：统计解析》，《统计研究》2014年第11期。
② 毛术文：《国际金融统计的最新发展及其启示》，《统计与决策》2016年第11期。

欧洲国家还积极支持美国 LEI 系统，在相关领域的金融监管中推广 LEI 编码。

二是积极扩大统计监测范围，强化以金融稳定为目的的统计。欧洲央行将进一步发展集中证券数据库、按季及时编制保险公司和养老基金统计数字、强化小额信贷机构的资产负债表和利率统计、定期编制投资基金资产及负债的统计信息、定期汇编金融汽车公司和小额信贷机构证券的统计数据等工作列入高级优先工作。在欧洲央行的中期工作计划中，将进一步发展以金融稳定为目的的统计作为中级优先工作。在 2013 年和 2014 年的工作计划中又将加强金融统计作为防范欧洲系统性风险的需要，并开展金融统计评估。

三是加强金融统计信息共享。在欧洲央行的中期工作计划中，高级优先的第 4 项和第 5 项工作分别是促进统计数据的再利用，尽量减少报告负担；加强与欧洲银行监管委员会（及其相关的分支结构）的合作，促进金融监管和统计需求的协调。2013 年 4 月，欧洲中央银行体系又与欧洲统计系统签署了《关于合作的谅解备忘录》。并将"对迈向一个统一的、综合的，在一个网络中，收集和生产特定欧元区数据的特定新系统进行可行性分析"列入中期工作计划的中级优先工作[1]。

（二）我国金融统计外延拓展实践

1. 金融业综合统计

金融业综合统计是指以金融机构数据元为采集依据、以统计信息标准化为手段，对金融部门的资产、负债、损益以及风险情况的统计。从机构范围看，金融业综合统计是覆盖整个金融部门的统计，既包括银行业金融机构，也包括证券业和保险业金融机构，还包括金融控股公司、融资性金融机构等新型金融机构，甚至包括住房公积金中心、社保中心等对金融部门有重要影响的经济主体。从统计内容上看，既包括资产负债业务，也包括表外业务；既包括存款、贷款、结算等传统业务，也包括衍生产品和结构型产品业务。

金融业综合统计对提高中央银行宏观审慎管理能力，防范和化解系

---

[1] 毛术文：《国际金融统计的最新发展及其启示》，《统计与决策》2016 年第 11 期。

性金融风险具有重要意义。潘功胜（2012）指出，国际金融危机后，各国普遍意识到，中央银行除传统职责外，还要加强宏观审慎管理，防止系统性金融风险。履行好这些职责，金融统计要从传统的围绕货币政策的职能统计，向既为货币政策服务，又要强调金融稳定、为金融监管服务的全面统计转变，构建银行、证券、保险及境内外相互协调的综合金融统计体系。陈雨露（2016）指出，开展金融业综合统计，是金融创新快速发展、货币传导机制发生变化、金融调控面临新的挑战，以及国际金融危机教训反思等背景下的客观需求，是经济金融形势快速发展的必然要求，开展金融业综合统计有助于加强和改善金融宏观调控，维护金融稳定。

在金融创新快速发展、金融风险上升的背景下，开展金融业综合统计的必要性更加突出。近年来，一大批创新型金融产品不断涌现，不少产品设计复杂、边界不清，现有的分业监管模式不能对其进行有效监管，其中蕴含较大风险。同时，这些产品还具备跨市场、跨机构的特点，风险一旦爆发，可能以出其不意的速度和路径快速传播。然而，目前的金融统计体系是在分业监管的格局下形成的，相关部门分别负责各自业务领域的金融统计。中国人民银行负责统计中央银行、商业银行、信用合作社、财务公司、信托公司、租赁公司的金融活动；证券管理部门负责统计证券机构和证券市场的活动；保险管理部门负责统计保险机构和保险市场活动。《人民银行法》第二条明确规定，中国人民银行的职责包括"防范和化解金融风险，维护金融稳定"，但中央银行金融统计范围仅局限于银行业金融机构，对证券、保险、基金等非存款性金融机构和金融控股公司的统计缺失，对货币经纪公司、消费金融公司、担保公司等新型机构的统计监测有限。数据信息的缺失对人民银行有效履行职能带来了严峻挑战，因此加强金融业综合统计是现代金融业快速发展的必然要求，也是防范和化解金融风险的客观需求。

党中央、国务院十分重视金融业综合统计工作，已将金融业综合统计写入十三五规划。2015年10月，习近平总书记在《关于〈中共中央制定国民经济和社会发展第十三个五年规划的建议〉的说明》中进一步指出，要研究和借鉴国外的经验，"统筹负责金融业综合统计，通过金融业全覆盖的数据收集，加强和改善金融宏观调控，维护金融稳定"。近年来，我国金融业综合统计取得了积极进展。2016年4月，人民银行和银监会、证监会、保监会决定在天津、广东、浙江、安徽四省市开展金融业综合统计试点工作，我国金融业综合统计工作进入了新的发展阶段。

金融业综合统计是一项重要的基础性工作，涉及面广，内容复杂。做好金融业综合统计，还需要克服三方面的困难。

一是打通数据来源通道，解决跨机构、跨市场的统计信息收集问题。推进金融业综合统计，需要各部门相互支持配合，建立并协调工作机制，构建金融业综合统计联合工作机制，共同梳理、修订和完善金融业综合统计制度及相关法规，研究制定金融业标准化和综合统计监测框架。

二是提高金融统计标准化水平，筑牢信息共享基础。目前我国各部门金融统计之间、会计核算之间缺乏统一的分类、标准和定义，不能形成协调一致的统计信息体系。推进金融统计标准化，需要从源头上统一和规范统计概念、分类和计值，提高数据同质性，实现数据一次采集、多方共享，从根本上搭建跨部门数据共享桥梁。

三是完善金融统计立法，使金融业综合统计工作有法可依、有章可循。目前人民银行和监管机构从各自职责出发，分别制定了本部门的统计管理规定和办法。一方面它们制定时间较早，相对于当前金融发展情况有所滞后；另一方面各种规定、办法之间缺乏协调，不能全面满足宏观调控和维护金融稳定的信息需求。为此，我国需进一步完善金融统计法规，尽快起草《金融统计管理条例》，增强各金融统计体系间的协调。

2. 社会融资规模统计

社会融资规模是全面反映金融与经济关系，以及金融对实体经济资金支持的总量指标，指一定时期内（每月、每季或每年）实体经济从金融体系获得的全部资金总额。这里的金融体系是整体金融的概念，从机构看，包括银行、证券、保险等金融机构；从市场看，包括信贷市场、债券市场、股票市场、保险市场以及中间业务市场等。社会融资规模由四个部分共十个子项构成：一是金融机构表内业务，包括人民币和外币各项贷款；二是金融机构表外业务，包括委托贷款、信托贷款和未贴现的银行承兑汇票；三是直接融资，包括非金融企业境内股票筹资和企业债券融资；四是其他项目，包括保险公司赔偿、投资性房地产、小额贷款公司和贷款公司贷款。

社会融资规模是金融业综合统计的重要组成部分。编制社会融资规模指标，是开展金融业综合统计工作的先行探索和有益尝试。人民银行于

2010年11月开始研究、编制社会融资规模指标。2010年12月召开的中央经济工作会议首次提出"保持合理的社会融资规模"这一概念。在证券、保险监管部门及有关单位的配合下，人民银行从2011年起正式统计并发布全国社会融资规模流量数据，2014年起开始发布分地区社会融资规模流量，2015年起开始发布全国社会融资规模存量数据，建立了从全国到地方、覆盖存量和流量的社会融资规模统计体系和监测框架。

社会融资规模与货币供应量，分别反映了金融机构资产负债表的资产方和负债方，是一个硬币的两个面。两者具有不同的经济含义，分别从不同的方面反映了货币政策传导的过程。大量统计和计量分析表明，社会融资规模和货币供应量，与货币政策最终目标和操作目标之间存在较强的相关性，两者对货币政策最终目标的影响以及对操作目标的反映大体是一致的。社会融资规模指标公布后，受到了社会各界的广泛关注。2016年，我国首次将社会融资规模余额增速作为宏观调控目标，写入政府工作报告。

3. 互联网金融统计

互联网金融是传统金融机构与互联网企业（以下统称从业机构）利用互联网技术和信息通信技术实现资金融通、支付、投资和信息中介服务的新型金融业务模式。互联网金融包括互联网支付、网络借贷（包括个体网络借贷，即P2P网络借贷，以及网络小额贷款）、股权众筹融资、互联网基金销售、互联网保险、互联网信托和互联网消费金融等7种业态。从长期看，互联网与金融深度融合是大势所趋，将对金融产品、业务、组织和服务等方面产生更加深刻的影响。

完善的互联网金融统计体系是互联网金融统计健康发展的前提。互联网金融本质仍属于金融，没有改变金融风险隐蔽性、传染性、广泛性和突发性的特点。潘功胜（2014）指出，互联网金融组织具有良好的技术背景、创新意识和创新激情，但风险意识、合规意识、消费者权益保护意识还有待加强。互联网金融尚处在快速生长时期，良莠不齐难以避免，如果缺乏行之有效的监管，势必带来严重的风险隐患；但如果管得过严、用力过猛，也会产生负面效应，损伤创新的苗芽。要想同时做到放得开、管得住，必须首先做到理得清，即建立全面、准确、及时反映互联网金融总量、结构以及发展趋势的统计体系。

互联网金融统计数据采集指标体系，可以分为两个层次：一是互联网金融业务总量数据，包括机构的基本信息、资产负债信息和损益信息、各类业务总量信息和产品风险信息等。二是部分业态逐笔明细数据，如 P2P 平台投资人和融资人信息、贷款项目信息、股权众筹融资项目信息等。部分互联网企业的客户备付金和风险准备金等信息也要予以统计。

目前，我国互联网金融统计体系还处于建设阶段。根据中国人民银行调查统计司与中国互联网金融协会相关负责人披露的信息，互联网金融领域将建设高起点的互联网金融统计分析监测大数据系统。从统计范围看，涵盖互联网支付、网络借贷、股权众筹融资、互联网基金销售、互联网保险、互联网信托和互联网消费金融等 7 个业态，以及 7 个业态以外的属于互联网金融的业务。从产生数据的机构看，分为传统的金融机构和互联网企业。金融机构数据不仅包括银行业金融机构数据，还包括证券业和保险业金融机构数据。从统计渠道看，有从银行直接采集的数据，有从其他监管机构共享得到的数据，也有委托中国互联网金融协会代为采集的数据，还有利用现代化手段直接从互联网企业的网站上获取的数据等。在统计方法上，我们不仅进行数据统计，而且开展抽样调查。在时间安排上，首先建立统计标准和统计数据采集指标体系，然后循序渐进地开发系统，采集数据。从数据应用看，一方面加工整理各类信息，建立分析模型，编制互联网金融行业发展指数；另一方面，通过对大数据的挖掘，动态监测行业情况和风险状况。同时，比较完备的数据信息，还可以为互联网金融行业征信业务服务[①]。

作为一种新生事物，完善互联网金融统计体系还任重而道远。有关专家对互联网金融统计的难点进行了深入分析研究。盛松成（2015）指出，由于互联网金融领域创新不断，要准确界定各类新兴的互联网金融机构和业务，统计工作要紧跟这一行业的发展步伐，处理行业内的混业经营等一系列问题，都将面临较大的挑战。徐燕（2015）认为，互联网金融业态与国民经济行业没有一一对应的关系，相关业态涉及国民经济行业的多个领域，难以从行业的角度开展统计；同时互联网金融新业态、新模式层出不穷，很多业态存在无准入门槛、无行业标准、无部门监管的问题，还有些业态突破了法人统计原则，这都加大了互联网金融统计的难度。于海清、贾兵

---

① 盛松成：《关于互联网金融统计监测体系的建设》，《金融时报》2015 年 12 月 3 日。

（2015）认为，互联网金融数据具备大数据的基本特征，分布较为分散，且业务模式多样，监管协调机制不完善，增加了互联网金融统计的困难。

三 金融统计的服务领域不断扩展

（一）金融统计的服务领域随中央银行职能的完善而拓展

金融统计内涵和外延之所以不断深化拓展，根本原因是金融统计的职能和服务领域不断扩展。理论上，金融统计的职能包括为国家和金融部门进行宏观经济决策、监测经济与金融运行情况、金融监管和经营管理提供统计信息和统计咨询意见，为社会公众提供统计信息，进行国际交流和为有关国际金融组织提供信息资料等。在经济建设成为党和国家中心工作的背景下，中央银行货币政策一直在促进经济增长中发挥积极作用。因此，金融统计的诸多职能中，传统上最重要的职能是服务货币政策决策。不过，国际金融危机后中央银行防范金融风险、维护金融稳定的职能明显加强，近年来在经济下行和金融创新的影响下，我国金融风险也呈上升趋势。危机后国际社会一致认为，防范金融风险从根本上说是中央银行的基本职能，但中央银行传统的货币政策目标过于关注价格稳定和经济增长，对防范金融风险的关注不够；监管部门传统的微观审慎监管也不能有效防范金融风险。因此，中央银行必须加强宏观审慎管理，以维护金融稳定、防范金融风险。相应履行好这些职责，金融统计要从传统的围绕货币政策的职能统计，向既为货币政策服务，又要强调金融稳定、为金融监管服务的全面统计转变（潘功胜，2012）。上文列举的金融统计内涵的发展变化，主要是为了更好地服务货币政策决策；而金融统计外延的扩展，主要则是为了更好地服务宏观审慎管理。

（二）金融统计为社会提供多层次全方位服务的水平进一步提高

除了货币政策和宏观审慎管理外，金融统计的服务范围还包括国家其他经济社会管理事物，如宏观调控与金融监管，以及区域经济社会管理事务，同时还要为金融市场参与者、社会公众以及相关国际组织提供数据信息服务。近年来，我国金融统计不断拓展，金融统计为国内外社会各界提供数据信息服务的能力不断增强。

一是不断丰富金融统计产品，为社会各界提供更全面的统计信息。从中国人民银行自 1948 年开始编制第一张统计报表以来，金融统计报表已由当初为计划资金部门统计"两张表"，发展到集货币信贷统计、监管统计、金融市场统计、经济景气调查和经济金融分析预测等于一体的多元化统计调查监测体系；由仅仅掌握银行业信贷收支信息，发展到不仅掌握银行业资产负债信息，还掌握金融市场、资金流量、物价指数、企业财务、居民预期等多方面信息[1]。

二是不断扩大金融统计服务覆盖面。目前金融统计的服务范围，已经从传统中央银行和中央政府，拓展至监管部门、宏观调控相关部门、地方政府、国内金融机构、企事业单位以及国际组织等。例如，2014 年起开始发布的地区社会融资规模，可以准确反映金融体系对特定地区的资金支持情况以及一个地区资金配置的能力，对地方政府宏观调控和地方企事业单位决策有重要参考意义。再如，涵盖股票市场、债券市场、货币市场、外汇市场信息的金融市场统计，提供了大量高频准确的信息，对促进金融市场健康发展、保护金融市场参与者利益起到了重要作用。

三是 2015 年中国正式采纳数据公布特殊标准（SDDS）。SDDS 主要包含以下四个方面的规定性：指标与数据；公众获取；数据诚信；数据质量[2]。SDDS 需要报告本国的主要宏观经济和金融数据、生产和发布这些数据的过程以及对数据的诠释，包括核心统计数据，以及生产和公布这些数据的说明，且 SDDS 对数据的频率和时效性有较高的要求。采纳 SDDS 符合中国进一步改革和扩大对外开放的需要，有利于提高宏观经济统计数据的透明度、可靠性和国际可比性；有利于进一步摸清宏观经济家底，为国家宏观经济决策提供及时准确的依据；有利于国际社会和公众对中国经济的深入了解，提升中国参与全球经济合作水平。

（三）关于金融统计服务定位的思考

金融统计属于政府统计范畴。包括金融统计在内的政府统计为谁服务

---

[1] 潘功胜：《加快推进金融业综合统计　夯实金融宏观调控和审慎监管基础》，《金融时报》2012 年 9 月 19 日。

[2] 王娟：《SDDS 对一个国家的统计体系意味着什么》，《中国统计》2015 年第 5 期。

呢？计划经济体制中，政府统计显然是为政府服务的，政府是统计数据的唯一用户，多数统计数据是保密的，社会公众能够了解到的统计信息非常有限。其中，金融统计主要服务全国范围的宏观调控，其传统的服务对象主要是中央政府和中央银行。随着我国改革开放的深入和社会主义市场经济体制的确立，我国政府统计的职能也发生了变化，但总体来说，统计理念的变革滞后于经济体制的改革，政府统计的主要服务对象还是政府本身。这与SDDS、GDDS把"统计信息作为公共产品、归全体社会成员平等共享"的理念是相悖的。政府统计虽是政府行为，但统计数据不能为政府所垄断。政府在行政管理过程中产生的信息，也是一种公共产品，理应属于全体公民所有。除少数涉及国家安全和利益的信息外，政府有义务向全体公众提供统计数据[1]。因此，金融统计服务的主体，不仅包括中央政府及其组成部门，还要包括地方政府、企业、个人等社会主义市场经济的各类参与主体，以及相关国际组织。

与发达国家相比，我国金融统计除了服务货币政策和宏观审慎管理的能力有待加强外，在满足全社会多层次数据需求方面还有一定差距。

1. 数据公布滞后期较长，数据发布时点不确定

数据及时性方面，目前，"一行三会"按职责公布相关领域的金融统计数据，其中中国人民银行数据公布时间较早，一般在月后15日内公布上月主要金融数据；但"三会"公布数据的时间一般较晚。例如，月度的银行监管统计指标一般要在次月下旬才能发布，证券市场、保险市场的月度数据一般在次月下旬甚至隔月上旬才能发布。

发布时点方面，发达国家大多建立了比较完善的金融数据发布日历，我国国家统计局也建立了数据发布日历，但金融数据尚未建立数据发布日历，也没有明确的时间规律。以2016年为例，各月证券业、保险业统计数据的发布时点差距较大，相邻两个月数据发布的时间间隔，从15天到49天不等。

数据发布不及时、更新不规律，给包括政府部门、研究机构、市场机构在内的各类数据使用者带来较多不便。例如，国家统计局在核算季度国

---

[1] 柳杰民：《从GDDS、SDDS谈中国政府统计服务的走向》，《南京财经大学学报》2006年第5期。

内生产总值时，由于不能及时获取相关指标数据，只能采用错月数据[①]推算金融业增加值，影响了核算的准确性。

2. 数据指标体系不完善

一是既有指标数据发布频率较低。例如，我国银行业监管部门按月发布商业银行资产负债表，但美联储、日本央行都实现了按周发布商业银行资产负债表。再如，银行业信贷资产质量数据的发布频率为季度，在金融风险上升、不良贷款增长较快的背景下，季度数据可以刻画趋势，但不能及时反映信贷资产质量的动态变化情况，因此有必要缩短周期、提高数据的及时性。

二是统计服务下沉不够，区域性统计数据有待完善。目前我国的金融统计数据主要还是为中央政府提供信息服务，对地方政府特别是基层政府信息需求的回应有待加强。例如，在金融统计数据集中后，部分专项报表的报送范围缩小至市级以上，导致县域人民银行分支机构无法从《金融统计监测管理信息系统》中获取辖区金融机构的相关数据，如"大中小企业贷款统计表"、"中长期贷款按实际投向统计月报表"等表格；再如，基层金融统计部门难以统计地方特色产业融资、异地金融机构本地信贷投放、投资担保公司业务状况等数据，不利于全面了解金融与地方经济结合情况。

总之，随着金融改革开放的不断深入以及金融与实体经济关联的不断加强，我国金融统计受到的关注度越来越高。金融统计相关部门应当加强合作，顺应市场需求，为国内外各类市场主体提供更加及时、准确、丰富的信息服务。

参考文献

[1] 陈梦根：《金融危机与信息缺口：统计解析》，《统计研究》2014年第11期。

[2] 江海、朱燕涛、吕晓星、陈凡芸、雷志强：《构建互联网金融统计监测体系探讨》，《上海金融》2014年第12期。

[3] 任代滨：《透析存贷款统计口径调整》，《银行家》2015年第4期。

---

① 即一季度采用1~2月数据，前两季度采用1~5月数据，前三季度采用1~8月数据，全年采用1~11月数据。

[4] 赵建超：《大数据背景下金融统计未来的发展方向》，《中国统计》2015 年第 4 期。

[5] 张伟、吴春晓：《县域小额贷款公司金融统计制度执行中存在的问题及建议》，《北方金融》2015 年第 5 期。

[6] 徐燕：《互联网金融统计方法探索》，《调研世界》2015 年第 7 期。

[7] 王达、项卫星：《静悄悄的金融统计体系革命：意义、进展及中国的参与》，《国际经济评论》2015 年第 4 期。

[8] 陈梦根、张唯婧：《货币与金融统计国际标准的发展、修订及影响》，《国际经济评论》2015 年第 5 期。

[9] 吴雨、刘铮：《央行解读调整存贷款统计口径》，《国际商报》2015 年 1 月 19 日。

[10] 康小合、刘庭兵、史永立：《应构建互联网金融统计监测体系》，《金融时报》2015 年 11 月 20 日。

[11] 盛松成：《建立统一全面共享的金融业综合统计体系》，《中国金融》2012 年第 7 期。

[12] 杨光乾：《基层央行金融统计工作的问题及建议》，《金融科技时代》2012 年第 5 期。

[13] 罗建设、史惠文：《基层央行金融统计工作现状和完善建议》，《华北金融》2012 年第 10 期。

[14] 牛娟娟、潘功胜：《建立统一全面共享的金融业综合统计体系》，《金融时报》2014 年 4 月 25 日。

[15] 潘功胜：《加快推进金融业综合统计 夯实金融宏观调控和审慎监管基础》，《金融时报》2012 年 9 月 19 日。

[16] 杜晓春、张春梅：《涉农贷款金融统计制度问题研究》，《吉林金融研究》2016 年第 1 期。

[17] 罗雪飞、彭志明、易清华、毛术文、邹庆华：《国际金融业综合统计主要发展及启示》，《金融发展评论》2015 年第 10 期。

[18] 商玉芳、魏兰兰：《金融统计工作中存在的问题及建议——以衡水市为例》，《河北金融》2016 年第 2 期。

[19] 蒋玉娟、尹振涛：《金融业综合统计立法建议》，《中国金融》2016 年第 9 期。

[20] 陈雨露：《社会融资规模与金融业综合统计》，《中国金融》2016 年第 9 期。

[21] 陶诚：《构建金融业综合统计体系》，《中国金融》2016 年第 9 期。

[22] 杨子明、孙涛：《金融统计指标的国际经验》，《中国金融》2016 年第 9 期。

[23] 毛术文：《国际金融统计的最新发展及其启示》，《统计与决策》2016 年第

11 期。
[24] 叶文辉：《国际金融业综合统计变革及启示》，《金融理论探索》2016 年第 4 期。
[25] 汪豪威：《金融统计数据质量管理的国际借鉴与中国实践》，《时代金融》2016 年第 27 期。
[26] 高小虹：《基层央行金融统计工作存在的问题和建议》，《金融经济》2014 年第 2 期。
[27] 陈梦根、张唯婧：《IMF 对货币与金融统计体系的最新修订解析》，《经济社会体制比较》2014 年第 3 期。
[28] 于海清、贾兵：《互联网金融统计监测体系怎么建》，《当代金融家》2015 年第 10 期。
[29] 盛松成：《关于互联网金融统计监测体系的建设》，《金融时报》2015 年 12 月 3 日。
[30] 周琰、庞东梅：《中国互联网金融协会：加快构建互联网金融统计监测和风险预警体系》，《金融时报》2016 年 7 月 15 日。
[31] 张艳、邓琳莹：《统计数据和元数据交换（SDMX）标准解析及应用研究》，《数字通信世界》2014 年第 4 期。
[32] 柳杰民：《从 GDDS、SDDS 谈中国政府统计服务的走向》，《南京财经大学学报》2006 年第 5 期。
[33] 罗良清、胡晓琳：《中国采纳数据公布特殊标准的相关问题研究》，《统计与决策》2016 年第 3 期。

综述篇

人民币国际化：定量研究述评及政策建议

邹静娴　张　明[*]

摘　要　人民币国际化在 2009 年至 2015 年上半年取得长足进展，但在 2015 年下半年至今发展速度明显放缓。人民币国际化相关数据的逐渐积累，以及为了回应一系列新的问题与挑战，都使得对人民币国际化进行系统、细致的定量研究变得日益重要。本文着重从货币国际化的影响因素、在岸－离岸市场间联动关系以及货币国际化对国内货币政策的影响这三个方面梳理了迄今为止的相关实证研究结果，并在此基础上对如何进一步推进人民币国际化提供了政策建议。

关键词　人民币国际化　定量分析　影响因素　在岸－离岸市场联动

一　引言

2008 年全球金融危机的爆发，使得中国政府充分认识到在对外贸易与国际投资中过分依赖美元的风险。从 2009 年起，中国政府开始以三管齐下的方式推动人民币国际化实践：一是鼓励在对外贸易与投资中使用人民币进行计价与结算；二是努力发展人民币离岸金融市场；三是中国央行通过

---

[*] 邹静娴，北京大学国家发展研究院博士研究生；张明，中国社会科学院世界经济与政治研究所国际投资研究室主任、研究员。

与其他央行签署双边本币互换协议来向外部市场提供额外的流动性。在2009年至2015年上半年间，人民币国际化在上述三个维度均取得显著进展。截至2015年6月底，中国有1/4以上的对外贸易采用人民币进行结算，境外离岸人民币规模超过两万亿元，中国央行已经与20多家央行签署总额超过3万亿元的双边本币互换协议。然而，2015年下半年至今，人民币国际化的发展速度显著放缓，例如人民币结算占中国对外贸易结算总额的比重有所下降、离岸人民币存量明显下降等。事实上，人民币兑美元升值预期逆转为贬值预期，在人民币国际化进程的放缓中扮演了重要角色。

迄今为止的人民币国际化研究仍以定性研究为主，定量研究较少。不过，随着时间的推移，人民币国际化的相关数据不断累积，在此基础上开展的定量研究也越来越多。我们认为，要更加准确地理解当前人民币国际化的动力机制、发展脉络与发展前景，需要更加系统与细致的定量研究。因此，对迄今为止的定量研究进行梳理与述评，有助于我们在未来更好地开展相应研究。

迄今为止关于人民币国际化的定量研究文献，可以大致分为三类：第一类是针对货币国际化影响因素的跨国定量研究。事实上，这也是研究人民币国际化的第一批文献。由于国内数据匮乏，不得不通过跨国面板分析来梳理国际经验。第二类是针对人民币离岸市场与在岸市场的互动关系的研究，这类研究随着人民币离岸市场的发展壮大而变得越来越热。第三类是针对人民币国际化对中国国内货币政策的影响与冲击的研究。事实上，近年来，人民币跨境流动已经对中国国内货币政策实施构成了显著的约束。本文将对上述三类文献进行梳理与评价。

二 货币国际化程度的影响因素研究

从国际货币的主要职能出发，可引申出相应的定义及度量。实证上，常见的货币国际化测度指标往往是基于单一职能。鉴于国际货币职能可能在不同阶段各有侧重，也有学者尝试结合多变量构建综合性指标。在货币国际化的影响因素方面，实证研究大致可分为两类：一是基于美元、英镑、日元等主要国际货币的历史经验进行的事实梳理，二是利用跨国面板数据进行的回归分析。无论是哪种方法，都对人民币国际化有一定借鉴意义。

但同时也必须意识到，任何货币的国际化进程都有其特殊的历史背景，盲目套用别国经验，可能对未来人民币的国际化路径产生误导。

（一）国际货币的定义及度量

在谈及货币国际化的影响因素之前，需要对国际货币进行定义。Cohen（1971）率先指出，只要一国货币在该国之外发挥职能，就可称为国际货币。Kenen（1983）进一步将国际货币职能划分为记账单位、交易媒介和价值储藏，并区分了私人和官方部门用途（见表1）。第一，就计价单位这一职能而言，私人部门主要将国际货币用于账面资产的标价以及在国际贸易中进行计价，而官方则多用于货币锚或基准货币，尤其多见于那些本币币值不稳定的国家。国际货币的第二个主要功能就是交易媒介，尤其是作为私人部门商品、货物交换中的交易货币。官方机构则主要将其用于外汇市场干预以及为国际收支缺口进行融资。第三是价值储藏职能。国际货币既可以作为私人部门资产配置中的资产货币，也可以是一国央行的储备货币。

表1　国际货币的三种职能

职能	私人部门	官方部门
计价单位	计价货币	货币锚
交易媒介	交易结算	汇率干预
价值储藏	投资	储备货币

资料来源：Kenen（1983）。

从国际货币的职能出发，可以衍生出实证分析中用于度量一国货币国际化程度的指标。其中，与计价单位职能相关的最常见指标有两个：一是对外贸易中计价币种结构，二是国际债券标价货币份额（Goldberg and Tilley，2005；Lim，2006）。交易媒介职能一般以一国货币与其他货币交易量在外汇市场交易总量中占比衡量（Kenen，2002，2003；丁一兵和钟阳，2012）。价值储藏职能则最常以外汇储备份额衡量（Eichengreen，1998；Chinn and Frankel，2008；孙海霞和谢露露，2010；元惠萍，2011；韩剑，2011）。除了以单一职能度量，还有学者尝试结合上述多种职能，构造综合代理变量以衡量一国货币的国际化程度（李稻葵和刘霖林，2008）。李瑶（2003）基于本币境外流通范围、本币境外流量和本币储备占比，构造了

"货币国际化指数"。在此基础上，人民币国际化研究课题组（2006）进一步加入了货币在国际贸易中支付数量指数，在国际贷款市场、国际债券市场和直接投资方面的计价数量指数，构建了2002年主要货币的国际化综合指数。其结果显示，如果将美元国际化的水平定义为100，那么欧元的国际化程度接近40，日元为28.2，而人民币仅为2。

（二）货币国际化的影响因素：跨国实证研究

关于国际货币地位影响因素，概括起来主要有五大类。

一是经济和贸易规模。经济体量较大国家在发行货币上具有规模效应，可以有效降低交易成本，有助于国际货币发挥计价、交易等职能。Chinn and Frankel（2007）通过实证分析欧元出现前（1973～1998年）国际储备货币份额的决定因素，试图回答欧元是否终将取代美元国际地位这一问题。他们发现经济、贸易总量等基本面因素对于一国货币占全球储备货币比重有显著影响。Bacchetta 和 Wincoop（2002）利用微观层面数据研究发现，市场份额及产品间的差异度是决定计价货币选择的两个主要因素。钟阳和丁一兵（2012）对美元国际地位的影响因素进行了实证分析，发现一国与美国的实际进出口贸易额越大或一国外汇市场越发达，相应对美元的需求量越大。丁一兵和钟阳（2013）基于分国别的双边经贸数据对货币国际化的影响因素进行了分析，发现双边贸易份额和两国间地理距离是两大重要影响指标。

二是金融市场和金融体系。首先，发达的金融市场可以为市场参与者提供多种融资、保值增值等服务。其次，具有深度和良好流动性的证券二级市场能够保证市场参与者有效规避损失。这是因为市场参与者很少长期持有国际货币余额，而是将其投资于可流动的资产，因此具有流动性的二级市场十分重要（元惠萍，2011）。Chinn and Frankel（2007）用股市市值占 GDP 比重、股市换手率、债券市场市值占 GDP 比重等多个指标衡量了一国金融市场深度，发现发达的金融市场对于一国货币在国际储备货币中的份额有显著影响。

三是货币公信力。国际货币的计价和价值储藏职能，其核心在于对内、对外价值的稳定，其中对内价值可以用货币发行国的通货膨胀率、真实利率、贸易顺差等指标预测，而对外价值则可以发行国的汇率年均升值幅度、汇率波动幅度度量。Adebiyi（2005）在研究欧元的货币需求时发现，欧元的汇率变动是影响境外欧元需求的重要因素。李稻葵和刘霖林（2008）梳理了世界上7种主要货币的国际化经验，其实证结果表明，除了一国经济规模占世界经济比重外，该国的汇率稳定性、经济开放度和资本市场规模均会对该国货币在各国央行外汇储备中占比产生显著影响。

四是网络外部性及货币使用惯性。货币需求（流动性）具有自我强化特性，也就是说，当使用这种货币的交易双方越多时，供需匹配等待时间越短，银行所需持有的货币库存量也越小，这可以有效降低市场交易成本，促使更多的交易者使用该货币，这也正是国际货币具有使用惯性的原因所在（Greenspan，2001①）。Chinn and Frankel（2007）实证结果显示，国际储备货币占比的前后惯性高达近90%。马丹和陈志昂（2010）的实证研究表明网络外部性是奠定美元国际地位的重要因素。孙海霞和杨玲玲（2010）运用面板离散选择模型对货币国际化的决定因素进行实证分析，发现国际货币的历史惯性对一国货币的国际地位影响显著。

五是政府意愿。赵锡军和宋晓玲（2009）对各主要货币国际化的历史进程进行了梳理，认为政府意愿在推动一国货币国际化进程中具有举足轻重的作用。不过对此也有不同观点。高海红和余永定（2010）指出，国际货币的历史经验表明，货币国际化主要是由市场力量推动，而非人力所能实现。因此，不建议政府将人民币国际化作为一项政策目标。

（三）人民币国际化的相关实证研究

针对人民币国际化的实证研究也大多从以上这五大类因素着手。马荣华和唐宋元（2006）对人民币境外流通因素进行了分析，发现按重要性排序依次为：我国经济总量在世界经济总量占比、人民币汇率以及我国通胀率。蒋先玲等（2012）基于误差修正模型，发现汇率预期波动将显著影响境外的人民币需求，而国内的货币政策和汇率变动对境外人民币需求影响并不显著。李超（2010）采用微观贸易数据，从我国的贸易全球份额、贸易区域结构、产品差异度等多维度检验了人民币国际化的贸易基础。结果发现，人民币国际化具备一定的贸易基础，但也存在一系列不利因素，如

---

① https://www.federalreserve.gov/boarddocs/speeches/2001/200111302/.

对外贸易总体竞争力不强、出口市场高度集中、原材料和能源资源对外依赖度高、以加工贸易为主、外资企业主导的贸易主体结构等。

(四) 小结

现有研究结果表明，强大的经济实力，兼具深度、广度的金融市场，以及稳定的币值，是一国货币国际化的基本面因素。同时，由网络外部性带来的使用惯性也会使货币国际化进程滞后于经济发展。就人民币国际化而言，普遍认为当前人民币已经具备一些有利条件，例如：经济规模不断扩大、贸易在全球占比不断上升、外汇储备充裕、通胀率低、币值较为稳定、政治军事等综合实力稳步提升。但同时也存在一系列制约因素，包括资本项目管制、金融市场不够发达、对外贸易结构不尽合理、汇率制度不够完善、美元惯性及政治障碍等。

未来，相关的实证研究还可以在以下方面有所改进。一是在加总数据的基础上，更多挖掘不同贸易伙伴、产品间的异质性。举例来说，首先，在人民币跨境贸易结算中，东盟国家和欧美等国对人民币的需求在动因和推动难度上均存在较大差异。其次，对回归结果应避免过度解读：第一，回归上的显著性只说明相关性，而非因果性，并且变量间还可能存在反向因果的关系。白晓燕和邓明明 (2013) 的实证研究表明，一国货币的国际化对该国经济增长、金融市场的发展和币值稳定均有显著影响。第二，在进行多变量回归时，一些变量不显著，并不一定是因为它们不重要，很可能的原因是各解释变量间 (GDP、贸易量、金融发展程度等) 高度相关。第三，对相关性的过分解读可能导致因果倒置。李扬 (2014) 驳斥了收支逆差是人民币国际化的前提条件的观点。他认为贸易赤字将本国 (地区) 货币源源不断地推向世界，是以这些货币已经成为国际货币为前提，而非结果。

三 在岸、离岸人民币汇率市场的联动效应

金融危机充分显示了金融市场间的联动关系，这种联动效应主要体现在两方面：一是报酬溢出效应，二是波动溢出效应。其中，报酬溢出效应也被称为均值溢出效应，即一个金融市场上的价格变动带动另一个市场的

价格发生变化，统计上反映为两组资产价格收益率序列间存在 Granger 因果关系。波动溢出效应指一个金融市场的波动引发另一个金融市场波动，统计上指两组资产价格收益率方差间的 Granger 因果关系（于孝建和菅映茜，2011）。

（一）香港离岸市场兴起前，在岸即期、远期和离岸 NDF 市场间的联动性研究

在香港离岸人民币市场建立之前，国内有关实证研究多聚焦于在岸人民币即期（CNY）、在岸远期汇率（DF）与离岸人民币无本金交割远期（NDF）汇率之间的关系。

1. 在岸即期汇率与离岸 NDF 汇率之间的关系

黄学军和吴冲锋（2006）考察了 2003 年 4 月至 2006 年 4 月间在岸即期汇率和 1 月、1 年期 NDF 汇率间的价格引导关系。他们发现汇改后在岸即期市场本土信息优势凸显，表现为即期汇率和 1 月期 NDF 汇率之间存在双向因果关系，同时即期汇率单向引导 1 年期 NDF 汇率。徐剑刚等（2007）以 2005 年 7 月至 2006 年 6 月间在岸即期汇率和离岸 NDF 汇率为研究对象，发现两个市场间不存在波动溢出效应，但离岸 NDF 市场对在岸即期汇率有单向的价格溢出效应，作者认为这反映了汇改之后境外因素已经开始影响人民币即期市场。李晓峰和陈华（2008）基于 2006 年 8 月至 2007 年 8 月数据，考察了 CNY 和 12 个月期 NDF 汇率间的报酬和波动效应，发现 12 个月的 NDF 汇率对于 CNY 有显著的报酬溢出效应，但没有明显波动效应。

2. 在岸远期与离岸 NDF 汇率之间的关系

王曦和郑雪峰（2009）分 4 个时间段检验了 2006 年 9 月至 2008 年 6 月间在岸远期汇率（12 个月期）和离岸 NDF 汇率之间的信息传导关系。结果显示尽管从 2007 年下半年起，在岸远期市场开始能够对离岸市场价格产生一定引导作用，但从总体上看，始终是离岸 NDF 汇率影响在岸价格。戎如香（2009）对 2006 年 11 月至 2008 年 9 月间多种期限的在岸远期价格（3 个、6 个和 12 个月）和离岸 NDF 价格进行了实证分析，也发现整体上是离岸 NDF 汇率变动引导在岸远期汇率变动，但两者间的相互作用正不断加强。

3. 综合考察在岸即期、在岸远期和离岸 NDF 汇率之间的关系

代幼渝和杨莹（2007）基于 2005 年 7 月至 2007 年 3 月数据，发现在岸即期和在岸远期汇率均对离岸 NDF 汇率具有明显引导作用。吴轶（2009）考察了 2005 年 8 月至 2009 年 3 月间在岸即期、3 个月期在岸远期和离岸 NDF 汇率间的联动关系，发现 NDF 汇率对在岸即期和远期汇率均存在显著均值溢出和波动溢出效应。严敏和巴曙松（2010）对 2006 年 11 月至 2010 年 1 月间在岸即期、在岸远期和离岸 NDF 汇率间的联动关系进行了实证研究，发现虽然存在在岸即期对离岸 NDF 市场的波动溢出效应，但离岸 NDF 的价格引导力量强于在岸的即期和远期市场，处于市场价格信息中心地位。

对上述结果进行小结，可以看出大部分实证结果都更加支持离岸 NDF 市场对在岸即期、在岸远期市场的价格引导作用。这反映了 NDF 市场由于受到管制相对较少，对信息的反应速度、幅度均大于在岸市场，因而处于信息中心地位。

但同时也有一些实证研究得到了相反的结论，即在岸市场相比离岸 NDF 市场更具价格信息优势（如：代幼渝和杨莹，2007；黄学军和吴冲锋，2006）。由于这些研究使用的数据普遍较早，因此这种在岸市场的本土信息优势可能是由于早期在岸-离岸市场的相对隔离造成的。对此，代幼渝和杨莹（2007）给出了一种解释，即在岸市场参与者主要是中资银行，它们部分就是国有或是国家控股的，这类银行的高管任免也很大程度上受政府影响。基于这些原因，在岸市场上的这些银行一方面会更快接收到中央意图，另一方面也更愿意贯彻央行的"窗口指导"命令。相比之下，离岸市场参与者都是国际知名的外资银行。相比中资银行，他们不具有信息优势，但其套利活动是建立起在岸远期和离岸 NDF 市场联系的渠道。信息传递的方式是由中资银行首先将信息流入在岸市场，然后通过外资银行的套利活动传导至离岸市场。但随着在岸、离岸市场间的交易限制的放松，中资银行的信息垄断地位不断下降，价格信息中心逐渐转移至离岸 NDF 市场。

无独有偶，在岸-离岸市场间引导关系的转换也出现在其他一些国家的相关研究中。例如 Park（2001）研究了韩国在 1997 年汇改前后韩元即期汇率与 NDF 汇率之间的关系，结果表明，开放之前在岸即期对 NDF 汇率有明显均值溢出效应，但开放之后均值溢出方向变为由 NDF 市场到在岸即期市场。Chung & Yang（2000）也发现 1999 年韩国放开 NDF 市场交易限制后，韩国离岸 NDF 市场信息得以更快速地传导至在岸即期市场。另一具有参考意义的研究来自王凯立和吴军奉（2006），他们发现在禁止台湾法人进入新台币 NDF 市场前，NDF 与即期汇率相互影响。而在放开准入门槛之后，两者间的联动关系变为 NDF 单向影响即期汇率。

（二）香港离岸市场兴起后，在岸即期、离岸即期和离岸 NDF 间的联动关系

2010 年 7 月，中国人民银行与香港人民币业务清算行中银香港签订了新修订的《香港银行人民币业务的清算协议》后，取消了企业将港元兑换成人民币的上限，同时允许香港人民币存款在银行间往来转账，自此香港离岸人民币市场开始迅速发展。相应的实证研究的范围也拓展至离岸人民币即期汇率（CNH），其中又以 CNY、CNH 和 NDF 三个市场间的联动研究居多。除此之外，也有将在岸远期、离岸可交割远期等市场纳入考察的[①]。囿于篇幅限制，本文只着重梳理 CNY、CNH 和 NDF 市场间的联动关系。

从实证结果看，对于 CNY 和 CNH 间的价格引导关系并无定论。例如：He Dong（2011）发现 CNY 实际上起到了"锚"的作用，是 CNH 的格兰杰成因，尤其是当 CNH 走弱时，市场力量会使其向 CNY 靠拢。类似的结论还包括贺晓博和张笑梅（2012）的，他们也发现 CNY 价格单向引导 CNH 价格。但 Cheung & Rime（2014）的研究结果却显示 CNY 和 CNH 间的价格引导关系存在反转，即由 CNY 单向引导 CNH 转变为后者单向引导前者。

尽管 CNY 和 CNH 价格间的引导关系并不确定，但在综合考察 CNY、CNH 和 NDF 三个市场时，一个较为一致的发现是 NDF 的市场信息中心地位正逐渐被取代。Ding 等（2014）发现 CNY 和 CNH 价格间不存在价格引导关系，但 CNY 单向引导离岸 NDF 价格。伍戈和裴诚（2012）的研究显示 CNY 是 CNH 的格兰杰因，同时 CNY 和 CNH 市场均对 NDF 市场产生显著影响。吴志明和陈星（2013）研究发现 CNY 对 CNH 和 NDF 均有显著报酬溢出效应，同时 CNH 对 CNY 和离岸 NDF 波动效应显著。

上述结果表明，香港离岸人民币市场的兴起削弱了此前离岸 NDF 市场的价格信息中心地位。取而代之的，是在岸、离岸即期市场对 NDF 市场影响力日渐提升。一个可能的原因是，随着 CNH 市场的发展，越来越多的离岸市场投资者开始由 NDF 市场转向 CNH 市场。这是因为相比于 NDF 市场

---

① 见邓观明（2010）、贺晓博和张笑梅（2012）、徐晟等（2013）。

不可交割的特点，CNH 可交割的特性更能满足投资者的需求。而单独考察 CNY 与 CNH 的联动性，多数研究结果显示 CNY 的市场影响力更大，表明 CNY 市场在人民币汇率定价权上仍占有优势。这既可能源于 CNY 市场在市场容量上的绝对优势，也可能与 CNH 市场的价格决定机制相关。因为 CNH 市场的人民币供给主要来自跨境贸易人民币结算，而境外参加行从境内获得人民币的成本与当日 CNY 中间价密切相关（伍戈和裴诚，2012）。

（三）小结

通过梳理在岸、离岸汇率间联动关系实证研究的结果，可以看出早期当在岸、离岸市场相对封闭的时候，信息更多是由在岸市场传导至离岸 NDF 市场，作用机制可能是先由中资银行率先将信息导入在岸市场，然后外资银行通过套利活动逐渐将信息导引至离岸市场。之后，随着管制的逐渐放松，离岸市场的价格发现作用越发凸显，开始出现离岸 NDF 汇率引导在岸价格的情形。但随着香港离岸人民币市场的建立，离岸 NDF 的市场影响力有所下降，而在岸、离岸即期市场的信息中心地位不断上升，其中又以在岸即期价格更具主导性，这背后对应着市场参与者在汇率产品配置上的行为变化。

下一步，相关实证研究可在以下几方面推进：一是使用更为近期的数据。8·11 汇改，新的汇率定价机制形成，这一系列汇率市场的重大改革无疑为相关实证研究提供了绝佳的实验契机。在这些外在冲击发生前后，有关市场联动变化及调整的研究无疑都是有意义的。二是深入挖掘不同联动机制背后市场参与主体的变化。不同市场，不同期限、种类的汇率衍生品间表现出的联动关系差异，背后更本质的原因是不同性质市场参与者（如机构和个人投资者、中资和外资银行）在心态、诉求、交易限制等方面的差异，理解不同主体行为间的异质性能够使央行的政策更具针对性。三是考虑市场间联动性随汇价差扩大而发生结构性变化的可能。王芳等（2016）指出当离岸与在岸汇价差较小，处于"均衡区制"时，在岸汇率对两市汇率的引导作用更强，离岸汇率的自我调整有能力重建在岸与离岸汇率的均衡关系。而当离岸与在岸汇率价差较大，处于"偏离区制"时，在岸汇率失去引导作用，离岸市场表现出均值回归特性而在岸汇率表现出"追涨杀跌"特性，两个市场的人民币汇率走势分离，此时需要央行进行干预。但是文中对"均衡区制"的定义存在一定模糊性。

四 人民币国际化对我国货币政策的影响

人民币国际化在给中国带来一系列潜在收益的同时，也不可避免地会影响到我国货币政策的有效性。下面我们主要从央行对货币存量的管理、监测、度量以及货币政策独立性等三方面进行文献梳理。

（一）央行对于货币存量管理和监测的难度加大

随着离岸市场的不断发展，许多学者表达了对货币管理有效性的担忧。裴平和张谊浩（2005）认为离岸市场发展导致人民币外流，这既使得货币供应量难以度量，也让货币政策的中介目标更难决定。张明（2011）指出离岸人民币回流机制下，离岸价格对在岸市场价格的影响会被显著放大。不仅如此，离岸人民币市场形成的基础货币及相应产生的国内货币供应量，还会因境外资金在境内的具体存放形式而产生变化。伍戈和杨凝（2013）将境外资金在境内的存放形式划分为四大类（清算行模式、代理行模式、NRA模式以及央行货币互换模式），指出当人民币流出境外后，若通过NRA账户模式存放境内，则不会影响境内货币供应量。但如果是以清算行或是代理行模式存放境内，却会造成境内货币供应量收缩，这说明如果不区分境外资金在境内的具体存放形式而笼统地进行货币总量估算，其结果可能是有问题的。

（二）离岸市场的发展增加了货币度量的复杂性

离岸市场的发展会催生出一系列技术性问题，包括如何定义离岸市场货币的存款准备金率、如何估计离岸市场的货币乘数、如何界定不同层次的货币总量等。对这些问题，可供参考的国际经验主要源自欧洲美元市场。目前尽管对欧洲美元市场的研究仍有较大分歧，但也形成了几个基本性共识（伍戈和杨凝，2013）：一是欧洲美元银行在美国银行体系的美元存款可以视为欧洲美元体系的存款准备金，由此派生出整个欧洲美元体系的存款总量，而回流境内的那部分欧洲美元则代表了欧洲美元体系的存款漏损；二是尽管欧洲美元体系的准备金率很低，但由于存款漏损严重，因此真正的货币乘数并不大，这就否定了欧洲美元市场会无限扩张的担忧。基于这些研究成果，伍戈和杨凝（2013）计算了截至2011年底人民币离岸市场的基础货币和货币乘数。结果显示离岸市场对应的货币乘数仅为1.53，远低于同期境内货币乘数（3.79）。尽管从货币乘数来看，离岸市场对货币供应量的影响目前尚属可控，但离岸市场发展对货币政策有效性的影响仍不容小觑。

考虑到我国目前人民币跨境支付和清算体制的特殊性，在定义我国货币口径时并不能照搬基于欧洲美元市场的研究结果，因此目前还有一些尚未达成共识的细节问题。例如：存款类金融机构的同业存款，包括境外金融机构在境内银行的同业存款，是否应纳入货币供应量统计？根据2011年人民银行对货币供应量统计口径的第三次调整结果，这部分存款是不计入人民币货币供应量统计的。但杨凝（2012）认为，由于这部分存款的支付清算功能明显，尤其是境外机构人民币特殊/专用账户的存款可以通过购买境内主体证券而迅速转化为境内货币供应，因此可以考虑将其纳入境内货币供量。在这些统计口径上的分歧，就更增加了央行在货币调控上的难度。

（三）央行的货币政策独立性下降

首先，随着货币国际化进程的推进，许多传统政策工具都可能在效果上大打折扣。例如，当央行想要执行紧缩性货币政策时，提高利率本是常见的手段，但这么一来可能吸引资本进一步流入，外汇占款增多，相应基础货币投放增加，有悖于紧缩的货币政策。其次，汇率政策工具也会受限。一国货币想要国际化，币值的稳定和坚挺是保证该国货币声誉的必要条件。这就意味着，人民币不能大幅贬值或频繁波动，但这可能与中国内外平衡的目标相冲突。沙文兵和刘红忠（2014）基于SVAR模型，实证分析了人民币国际化与人民币汇率及汇率预期之间的动态关系，结果发现人民币国际化程度的加深不仅会引起人民币升值，还会强化人民币升值预期。此外，特里芬难题（Triffin，1960）也告诉我们，要想保证一国货币币值的稳定和坚挺，就要求该国保持长期的贸易顺差。但作为一种国际结算和储备货币，贸易逆差又是必需的，这两个要求间的矛盾性曾在美元国际化过程中真实上演过，未来也会横亘在人民币国际化的进程中。

央行货币独立性的下降，还体现为本国货币政策会更大程度上受到国外需求的影响。例如，当人民币有明显升值预期时，外币会通过多种渠道流入境内，并最终转化为人民币存款或贷款，削弱央行对货币总量的调控能力。一个典型的例子就是，2010年第1季度至2011年第3季度间，由于存在强烈的人民币升值预期，在人民币跨境贸易结算中出口实收人民币金额远低于进口实付人民币金额，这种现象也被形象地比喻为"跛足"的人民币跨境贸易结算（张明，2011a）。对此，张斌（2011）的估算表明，截至2010年5月，由跛足的人民币跨境贸易结算导致的额外外汇储备增加高达1230亿~1384亿美元。张明（2011b）的估算显示，由跛足的人民币跨境贸易结算导致的外汇储备增加占到了同期外汇储备增量的五分之一。

不仅如此，为了防止因外汇占款增长过快导致的人民币过度投放，央行往往还会通过提高存款准备金率、发行央票等措施进行对冲，以回收流动性。在此过程中，由于冲销的力度、效果难以被央行精确掌控，因此可能出现冲销不足或是冲销过度的情况。梅鹏军和冯科（2012）对人民币国际化进程中的货币冲销效果进行了实证研究，他们发现人民币国际化进程中，为实现最优的货币政策效果，央行不仅应对外汇流入进行冲销，还要对人民币净流出进行反冲销。如果不进行反冲销，将实际上造成"过度冲销"。据他们估算，自2000年至2011年底，央行实际过度冲销的规模为5138亿元，这意味着当时的货币供应量是低于最优水平的。

货币国际化不仅会导致央行货币独立性被动下降，事实上，作为一个负责任的国家，还必须主动将自身货币政策的外溢性考虑在内。这就意味着，在人民币国际化后，中国在制定国内货币政策时必须更多考虑对周边国家的可能影响，而这也可能导致与本国内、外目标相矛盾的情形。

（四）小结

货币国际化，尤其是离岸市场的发展，势必对我国货币政策提出新的挑战。在实证研究上，对货币政策影响的测度是难点所在。当我们说"货币政策失效"，或"冲销过度/不足"时，隐含的假设是我们知道何谓"恰当"的货币政策或货币总量。但事实上，这很难估计。即便如此，一些基本的统计描述仍有助于政策讨论的落地。例如，很多学者都对离岸市场发展对在岸市场产生的冲击表达了忧虑。但从伍戈和杨凝（2013）估算的货币乘数这一指标来看，目前离岸市场对货币供应产生的影响尚属可控，无须过分担心。另外，在一些统计口径、概念的定义上，应本着务实的态度，不必拘泥于欧洲美元等发达国家离岸市场的惯例。比如，在对不同层次的货币供应量进行定义时，可以基于我国离岸市场货币的具体存放形式、清算功能发挥程度自行决定。

五 结论与政策建议

国际货币的计价单位、交易媒介和价值储藏这三大职能决定了经济体量、金融市场发展程度、货币公信力等基本面因素将是货币国际化的根基所在。此外，货币使用的网络外部性和惯性，以及政府主观推动力量，也会对货币国际化速度产生重大影响。比照其他主要货币发行国的历史经验，当前人民币国际化具备诸多有利因素，如不断扩大的经济体量以及较高的货币公信力，但一些自身缺陷（如金融市场发展的滞后，以及资本项目管制等）和其他国家对传统国际货币的使用惯性会制约人民币国际化进程。

市场准入限制的逐步放开，以及香港离岸市场的快速发展，对汇率市场的价格形成机制以及货币政策产生了深远影响。在香港离岸市场形成之前，针对在岸市场和离岸 NDF 市场的研究发现，价格信息中心经历了由在岸向离岸 NDF 市场转移的过程。一般认为离岸 NDF 市场受到管制更少，对价格的反应更迅速、剧烈，因此这种价格引导关系的变化反映了在岸－离岸市场间融合程度的提高。但香港离岸市场的迅猛发展又使得价格信息中心逐渐从离岸 NDF 市场转向在岸和离岸即期汇率市场，这背后可能对应着市场参与者在产品配置上的调整。货币国际化加大了对货币总量的监测、统计和调控的难度，同时降低了货币政策的独立性，种种新出现的困难与挑战也需要更多进一步的实证研究。

尽管基于跨国数据的实证分析对人民币国际化具有启发意义，但也必须意识到，各主要货币的国际化过程都具有其特殊的历史背景，比如美元的国际化得益于两次世界大战，而日元的国际化则在很大程度上是被迫实现的。此外，美元、英镑、欧元、日元等主要货币国际化时，对应的经济状况均达到了发达经济体水平，而中国现在仍处于中等收入阶段。不仅如此，基于多国历史数据得出的结论未必适用于任何国家。例如，文献中一般认为充足的外汇储备有助于维护一国的货币公信力，但日本国际储备中畸高的外汇储备占比对日元国际化产生了显著的负面影响（白钦先和张志文，2011）。这都意味着脱离具体现实，盲目套用其他发达国家经验有可能会误导未来人民币国际化进程。

参考文献

［1］代幼渝、杨莹：《人民币境外 NDF 汇率、境内远期汇率与即期汇率的关系的实证研究》，《国际金融研究》2007 年第 10 期。

［2］邓观明：《人民币在岸远期汇率与 NDF 汇率相互关系的实证研究——兼评人民币在岸远期市场的定价权》，《华东经济管理》2010 年第 24 期。

［3］丁一兵、钟阳：《货币国际化的影响因素：基于交换结构矩阵的实证研究》，《国际经贸探索》2013 年第 6 期。

［4］高海红、余永定：《人民币国际化的含义与条件》，《国际经济评论》2010 年第 1 期。

［5］韩剑：《人民币国际化的潜力及障碍》，《中国经济问题》2011 年第 6 期。

［6］贺晓博、张笑梅：《境内外人民币外汇市场价格引导关系的实证研究——基于香港、境内和 NDF 市场的数据》，《国际金融研究》2012 年第 6 期。

［7］黄学军、吴冲锋：《离岸人民币非交割远期与境内即期汇率价格的互动：改革前后》，《金融研究》2006 年第 11 期。

［8］蒋先玲、刘微、叶丙南：《汇率预期对境外人民币需求的影响》，《国际金融研究》2012 年第 10 期。

［9］李超：《中国的贸易基础支持人民币区域化吗？》，《金融研究》2010 年第 7 期。

［10］李稻葵、刘霖林：《人民币国际化：计量研究及政策分析》，《金融研究》2008 年第 11 期。

［11］李晓峰、陈华：《人民币即期汇率市场与境外衍生市场之间的信息流动关系研究》，《金融研究》2008 年第 5 期。

［12］李扬：《离岸与在岸市场的联动关系》，《中国金融》2014 年第 21 期。

［13］李瑶：《非国际货币、货币国际化与资本项目可兑换》，《金融研究》2003 年第 8 期。

［14］马丹、陈志昂：《全球经济失衡与美元的国际地位》，《数量经济技术经济研究》2010 年第 1 期。

［15］马荣华、唐宋元：《人民币境外流通原因的实证分析》，《当代财经》2006 年

第 9 期。

[16] 梅鹏军、冯科：《人民币国际化的"货币互换式"特征与货币政策过度冲销》，《上海金融》2012 年第 9 期。

[17] 裴平、张谊浩：《人民币外溢及其经济效应》，《国际金融研究》2005 年第 9 期。

[18] 人民币国际化研究课题组：《人民币国际化的时机、途径及其策略》，《中国金融》2006 年第 5 期。

[19] 戎如香：《人民币在岸远期市场和离岸 NDF 市场关系的实证研究》，《当代财经》2009 年第 1 期。

[20] 沙文兵、刘红忠：《人民币国际化、汇率变动与汇率预期》，《国际金融研究》2014 年第 8 期。

[21] 孙海霞、谢露露：《国际货币的选择：基于外汇储备职能的分析》，《国际金融研究》2010 年第 12 期。

[22] 孙海霞、杨玲玲：《货币国际化进程影响因素研究——基于外汇储备职能的实证分析》，《上海财经大学学报》2010 年第 12 期。

[23] 王芳、甘静芸、钱宗鑫、何青：《央行如何实现汇率政策目标——基于在岸 - 离岸人民币汇率联动的研究》，《金融研究》2016 年第 4 期。

[24] 王凯立、吴军奉：《台湾即期，远期和无本金交割远期外汇交易关联性研究——NDF 市场关闭政策分析》，《经济论文（中国台湾省）》2006 年第 34 期。

[25] 王曦、郑雪峰：《境内外人民币远期汇率信息传导关系的演变：一个实证分析》，《国际金融研究》2009 年第 11 期。

[26] 吴轶：《人民币衍生产品市场的计量经济分析——在岸与离岸市场的动态关系》，复旦大学毕业论文，2009。

[27] 吴志明、陈星：《基于 MGARCH - BEKK 模型的境内外人民币汇率动态关联性研究——来自香港离岸人民币市场成立后的经验证据》，《世界经济与政治论坛》2013 年第 5 期。

[28] 伍戈、裴诚：《境内外人民币汇率价格关系的定量研究》，《金融研究》2012 年第 9 期。

[29] 伍戈、杨凝：《离岸市场发展对本国货币政策的影响——一个综述》，《金融研究》2013 年第 10 期。

[30] 徐剑刚、李治国、张晓蓉：《人民币 NDF 与即期汇率的动态关联性研究》，《财经研究》2007 年第 33 期。

[31] 徐晟、韩建飞、曾李慧：《境内外人民币远期市场联动关系与波动溢出效应研究——基于交易品种、政策区间的多维演进分析》，《国际金融研究》2013 年

第 8 期。

[32] 严敏、巴曙松：《人民币即期汇率与境内外远期汇率动态关联——NDF 监管政策出台之后》，《财经研究》2010 年第 36 期。

[33] 杨凝：《货币供应量统计口径演变历程及其影响》，《中国货币市场》2012 年第 2 期。

[34] 于孝建、菅映茜：《人民币隔夜利率互换境内外市场联动效应研究》，《上海经济研究》2011 年第 10 期。

[35] 元惠萍：《国际货币地位的影响因素分析》，《数量经济技术经济研究》2011 年第 2 期。

[36] 张斌：《次序颠倒的人民币国际化进程》，中国社会科学院世界经济与政治研究所国际金融研究中心，财经评论系列，No. 2011036，2011。

[37] 张明：《人民币国际化的最新进展与争论》，《经济学动态》2011 年第 12 期。

[38] 张明：《人民币国际化：基于在岸与离岸的两种视角》，中国社会科学院世界经济与政治研究所国际金融研究中心，工作论文系列，No. 2011W09，2011b。

[39] 赵锡军、宋晓玲：《全球金融危机下的人民币国际化：机遇与挑战》，《亚太经济》2009 年第 6 期。

[40] 钟阳、丁一兵：《双边贸易、外汇市场规模、网络外部性与美元的国际地位——基于国别（地区）市场的实证研究》，《经济评论》2012 年第 1 期。

[41] Adebiyi, A. M. (2005), "Broad Money Demand, Financial Liberalization and Currency Substitution in Nigeria", In 8th Capital Markets Conference, Indian Institute of Capital Markets Paper.

[42] Bacchetta, P., & E. Van Wincoop (2005), "A Theory of the Currency Denomination of International Trade", *Journal of International Economics* 67 (2): 295 - 319.

[43] Cheung, Y. W. & D. Rime (2014), "The Offshore Renminbi Exchange Rate: Microstructure and Links to the Onshore Market", *Journal of International Money & Finance* 49: 170 - 189.

[44] Chinn, M. D. & J. A. Frankel (2008), "The Euro May over the Next 15 Years Surpass the Dollar as Leading International Currency", National Bureau of Economic Research Working Paper, No. 13909.

[45] Chinn, M. D. & J. A. Frankel (2007), *Will the Euro Eventually Surpass the Dollar as Leading International Reserve Currency?*, University of Chicago Press.

[46] Chung, C. S. & D. Y. Yang (2000), "Appropriate Exchange Rate Regime in Developing Countries: The Case of Korea", Finance Working Papers, No. 21756.

[47] Cohen, B. J. (1971), "Future of Sterling as an International Currency", *Internation-

al Affairs 48 (1): 61 - 267.

[48] Ding, D. K., Y. Tse & M. R. Williams (2014), "The Price Discovery Puzzle in Offshore Yuan Trading: Different Contributions for Different Contracts", *Journal of Futures Markets* 34 (2): 103 - 123.

[49] Eichengreen, B. (1998), "The Euro as a Reserve Currency", *Journal of the Japanese and International Economies* 12 (4): 483 - 506.

[50] Goldberg, L. S. & C. Tille (2008), "Vehicle Currency Use in International Trade", *Journal of International Economics* 76 (2): 177 - 192.

[51] He, D. (2011), "One Currency Two Markets: Causality and Dynamic between the CNY and CNH markets", HKMA Working Paper.

[52] Kenen P. (1983), "The Role of the Dollar as an International Currency", Occasional Papers, No. 13.

[53] Lim E G. (2006), "The Euro's Challenge to the Dollar: Different Views from Economists and Evidence from COFER (Currency Composition of Foreign Exchange Reserves) and Other Data", IMF Working Papers, No. 06 (153).

[54] Park, J. (2001), "Information Flows between Non-deliverable forward (NDF) and Spot Markets: Evidence from Korean currency", *Pacific-Basin Finance Journal* 9 (4): 363 - 377.

[55] Robert T. (1960), "Gold and the Dollar Crisis: The Future of Convertibility", *International Affairs* 37 (1): 251 - 256.

经济新常态下中国货币金融学研究进展*

——基于2011~2016年经济类重要学术杂志的统计分析

李 原 汪红驹**

摘 要 近年来,中国经济进入"新常态",我国货币金融学研究在研究主题、研究内容上与时俱进,为把握新常态提供了金融学理论支撑。本文以2011年1月至2016年12月为研究时间段,选取了13种在经济学和金融学领域影响力比较大的中文学术期刊,运用文献计量方法对货币金融学相关论文的研究动态进行统计分析,并介绍了货币政策、金融发展、金融体制改革和金融监管等研究领域取得的新进展,也为更好地"适应新常态、顺应新常态和引领新常态"提出了我国货币金融学未来的研究方向。

关键词 经济新常态 货币金融学 文献计量

---

* 本文受国家社科基金重大项目(项目号:15ZDC010)和中国社会科学院财经战略研究院创新工程项目"推动我国供给侧改革的货币金融政策创新"的资助。
** 李原,中国社会科学院研究生院财经系博士生;汪红驹,中国社会科学院财经战略研究院研究员。

一 引言

(一) 中国经济进入"新常态"

2008年国际金融危机后,主要经济体面临经济增速下滑、失业率上升、债务负担沉重等历史性挑战,各国货币当局通过量化宽松货币政策和宏观审慎监管政策尽力促进经济恢复增长、保持宏观经济稳定。与此同时,受经济全球化红利减少、人口红利消失、生产成本尤其是劳动力成本上升、资源再配置效应下降、潜在经济增长率下移等中长期结构性因素的影响,叠加产能过剩、投资收益率下降、出口拉动作用短期周期性因素,中国经济进入"新常态"。习近平总书记指出:"当前,我国经济发展呈现速度变化、结构优化、动力转换三大特点。适应新常态、把握新常态、引领新常态,是当前和今后一个时期我国经济发展的大逻辑。"[①] 保持宏观经济平稳增长和推进经济结构转型升级是经济新常态下宏观政策的主要目标。

在经济新常态背景下,金融与实体经济之间的关系成为学术界乃全社会关注的焦点。金融如何服务实体经济可以说涉及了货币金融学几乎所有的领域,面对日益明显的经济金融化趋势,货币金融学研究也需要根据认识新常态、把握新常态和引领新常态的客观要求拓展研究主题和研究内容,以更好地指导金融实践。那么近年我国货币金融学研究的整体态势如何?新常态下货币金融学研究方向主要在哪些方面?哪些研究成果对于经济新常态下的政策实践具有重要指导意义?本文第一部分以2011年1月至2016年12月为研究时间段,选取了13种在经济学和金融学领域影响力比较大的中文学术期刊,对货币金融学相关论文的研究动态进行统计分析;第二部分从四个方面介绍近年国内货币金融学研究领域的重要进展,旨在揭示经济新常态下我国货币金融学为解决现实问题做了哪些探索,为未来把握和引领金融新常态提供基础性支持;第三部分为总结与展望,立

[①] 2014年12月中央经济工作会议习近平总书记提出"认识新常态,适应新常态,引领新常态,是当前和今后一个时期我国经济发展的大逻辑"。2015年10月底习近平总书记关于《中共中央关于制定国民经济和社会发展第十三个五年规划的建议》的说明中,又提出"十三五"时期我国经济发展必须适应新常态、把握新常态、引领新常态。

足现实问题，对比国际学术界的研究前沿，提出未来国内货币金融学研究的发展方向。

（二）关于本文文献计量的几点说明

1. 期刊选择

综合考虑《中文社会科学引文索引（CSSCI）来源期刊和收录集刊（2017－2018）目录》、《北大中文核心期刊目录（2017年版）》和中国社会科学院2014年度发布的《中国人文社会科学核心期刊目录》，选出了具有较高影响因子且在上述期刊目录中排名靠前的期刊，本文选取《经济研究》、《世界经济》、《管理世界》、《财贸经济》、《经济学（季刊）》、《经济学家》、《经济评论》、《经济科学》、《财经研究》、《南开经济研究》、《金融研究》、《国际金融研究》和《金融评论》等13种中文学术期刊。其中前10种综合性较强，涉及经济学、管理学等各领域研究内容，后3种专业性更强，主要关注货币金融学研究相关领域。总体而言，以上13种学术期刊上刊发的货币金融学相关论文基本可以代表目前我国货币金融学研究领域的前沿动态。

2. 时间选择

本文选择研究2011年1月至2016年12月间在上述期刊发表的论文。这个时间包含了完整的"十二五"时期，又对2016年"十三五"开局之年给予了关注，且包含中国经济进入"新常态"的前后时间段，具有较强参考价值。

3. 论文筛选

本文所有原始数据来源于"CNKI中国知网"中国知识资源总库。笔者从13种期刊2011年1月至2016年12月发表的论文中筛选出3800篇货币金融学领域研究类文章作为研究样本。本文中的货币金融学是指"宽口径"的金融学，融合了传统货币银行学与现代金融学，主要包括以下内容：微观金融领域中的金融工具与金融市场，尤其是金融资产定价和公司金融等；宏观金融领域中的货币供求、货币均衡、货币政策、金融风险与金融监管、金融与经济发展，以及国际金融等（杨秀萍，2012）。为提高分析精确度，首先按照以上货币金融学的界定标准剔除了非货币金融类论文，其次剔除了会议讲话、观点综述、征文启事、招聘简章、书评等非学术性文章，所有统计数据均经过了人工识别和修正。

二 金融学研究的基本态势

按照上述条件挑选出的 3800 篇论文中，从发表年度、研究方向、引用情况等方面来看，经济新常态下我国货币金融学研究呈现数量平稳、质量提升、反映现实需求等特点。

（一）货币金融学研究规模整体平稳，研究质量逐步提升

从货币金融类论文的样本数据分析，近年来我国货币金融类论文的整体产出数量呈现平稳态势。2011~2016 年 13 种期刊每年刊发的货币金融学研究方向的论文数量均在 600 篇左右，波动不大（见图 1）。在高影响因子期刊中的发文比例能够显示出研究的质量和水平。由于《金融研究》、《国际金融研究》和《金融评论》主要关注金融学领域研究，所以对前 10 种综合性学术期刊的货币金融学论文数量占比进行了研究。由于期刊定位以及各阶段学术界关注的热点问题不断变化，10 种期刊货币金融学论文占比存在一定差距且有一定波动，《管理世界》中货币金融类论文比重相对最小，但占比基本超过 10%，《南开经济研究》货币金融学论文占比持续走高接近 42%，《财贸经济》货币金融论文占比最平稳，基本在 20% 左右，说明近些年货币金融学研究在经济学领域处于热门且十分重要的地位，且研究质量较高。2016 年大部分期刊的货币金融论文占比有所上升，说明 2016 年金融领域热点频出，学术界对货币金融领域的关注度上升。

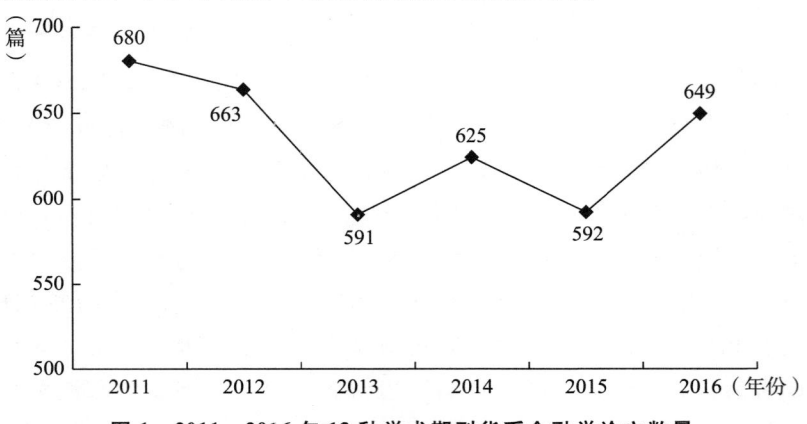

图 1　2011~2016 年 13 种学术期刊货币金融学论文数量

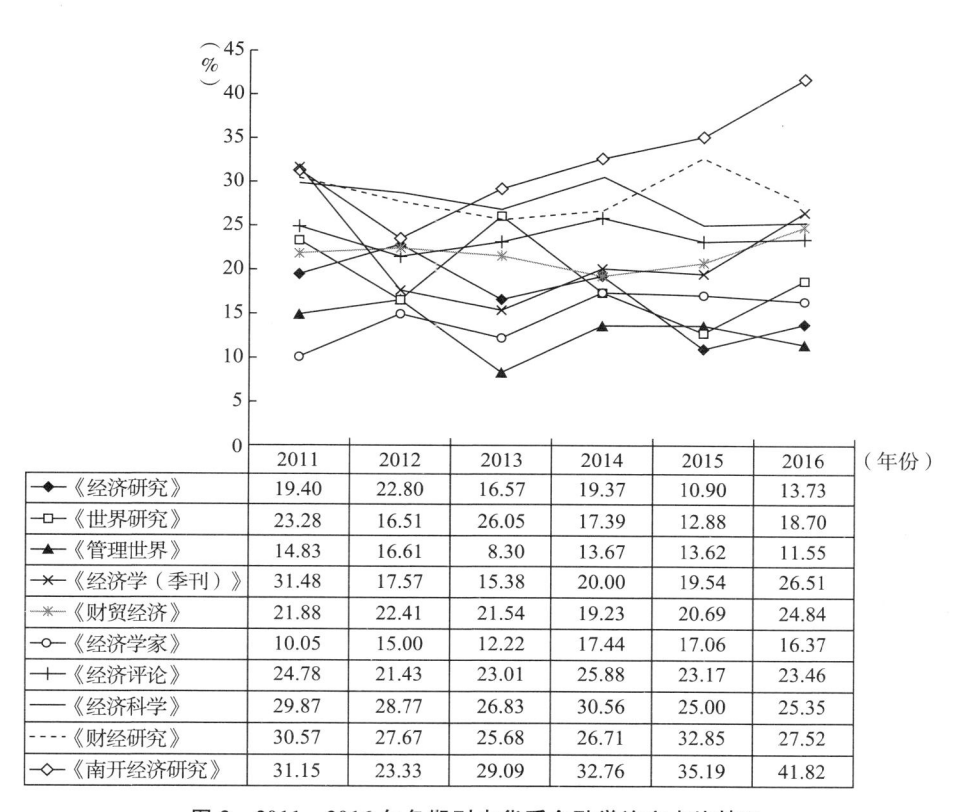

(年份)	2011	2012	2013	2014	2015	2016
◆《经济研究》	19.40	22.80	16.57	19.37	10.90	13.73
□《世界研究》	23.28	16.51	26.05	17.39	12.88	18.70
▲《管理世界》	14.83	16.61	8.30	13.67	13.62	11.55
✕《经济学（季刊）》	31.48	17.57	15.38	20.00	19.54	26.51
＊《财贸经济》	21.88	22.41	21.54	19.23	20.69	24.84
○《经济学家》	10.05	15.00	12.22	17.44	17.06	16.37
＋《经济评论》	24.78	21.43	23.01	25.88	23.17	23.46
―《经济科学》	29.87	28.77	26.83	30.56	25.00	25.35
----《财经研究》	30.57	27.67	25.68	26.71	32.85	27.52
◇《南开经济研究》	31.15	23.33	29.09	32.76	35.19	41.82

图2 2011~2016年各期刊中货币金融学论文占比情况

（二）货币金融学者关注方向比较集中

被引频次和下载频次能够揭示论文的质量，反映出论文在学术界的影响力和关注度，同时也可以在一定程度上显示出学者在货币金融领域集中关注的研究方向。3800篇论文中高被引频次和高下载频次论文重合度较高，有4篇论文均在前10名之列。其中《互联网金融模式研究》被引频次和下载频次均排名第一，且远高于其他论文，可以说为我国互联网金融研究奠定了基础，具有很大影响力（见表1）。此外，企业投融资行为和影子银行方面的论文被引频次和下载频次均比较高，这反映了在经济新常态下，我国金融业虽然急速扩张，金融创新层出不穷，但资金"脱实向虚"趋势明显，实体经济部门的企业投融资约束问题严峻，相应地要求学术界更加关注如何进一步深化金融改革以营造适度货币金融环境。

表 1 货币金融学研究领域被引频次和下载频次前 10 位的论文

序号	题名	作者	文献来源	发表时间	被引频次	下载频次
按被引频次降序排列						
1	互联网金融模式研究	谢平 邹传伟	金融研究	2012/12	1980	130563
2	内部控制在公司投资中的角色：效率促进还是抑制？	李万福 林斌 宋璐	管理世界	20011/2	372	11388
3	影子银行的信用创造功能及其对货币政策的挑战	李波 伍戈	金融研究	2011/12	314	12719
4	风险投资对上市公司投融资行为影响的实证研究	吴超鹏 吴世农 程静雅 王璐	经济研究	2012/1	308	21058
5	金融政策对金融危机的响应——宏观审慎政策的形成背景、内在逻辑和主要内容	周小川	金融研究	2011/1	307	9642
6	美国利率市场化改革对银行业的影响	肖欣荣 伍永刚	国际金融研究	2011/1	299	13616
7	风险投资背景与公司IPO：市场表现与内在机理	张学勇 廖理	经济研究	2011/6	295	10659
8	信息不对称、融资约束与投资—现金流敏感性——给予市场微观结构理论的实证研究	屈文洲 谢雅璐 叶玉妹	经济研究	2011/6	284	11773
9	金融发展、融资约束与企业研发投入	解维敏 方红星	金融研究	2011/5	279	8641
10	商业信用：替代性融资，还是买方市场？	陆正飞 杨德明	管理世界	2011/4	256	4709
按下载频次降序排列						
1	互联网金融模式研究	谢平 邹传伟	金融研究	2012/12	1980	130563
2	互联网金融监管的必要性与核心原则	谢平 邹传伟 刘海二	国际金融研究	2014/8	192	25018

续表

序号	题名	作者	文献来源	发表时间	被引频次	下载频次
3	风险投资对上市公司投融资行为影响的实证研究	吴超鹏 吴世农 程静雅 王璐	经济研究	2012/1	308	21058
4	美国互联网金融的发展及中美互联网金融的比较——基于网络经济学视角的研究与思考	王达	国际金融研究	2014/12	74	19854
5	电子商务、银行信贷与中小企业融资——一个基于信息经济学的理论模型	赵岳 谭之博	经济研究	2012/7	113	16633
6	政府？市场？谁更有效——中小企业融资难解决机制有效性研究	郭娜	金融研究	2013/3	118	16140
7	影子银行与货币政策传导	裘翔 周强龙	经济研究	2014/5	69	14732
8	金融知识、投资经验与家庭资产选择	尹志超 宋全云 吴雨	经济研究	2014/4	42	13896
9	美国利率市场化改革对银行业的影响	肖欣荣 伍永刚	国际金融研究	2011/1	299	13616
10	影子银行的信用创造功能及其对货币政策的挑战	李波 伍戈	金融研究	2011/12	314	12719

（三）货币金融学研究热点反映现实需求

论文的关键词是对文章主题和重点的提炼，因此出现频次最高的关键词很大程度上代表了货币金融研究领域的重点和热点问题。笔者从知网中导出样本文献的题录信息，并运用 CiteSpace 软件对关键词进行了频次统计，对重复的关键词进行了合并，并对关键词的节点中心度[①]进行了统计，以考察该研究对象在学术研究领域所处的中心位置和重要程度。

---

① CiteSpace 软件中 Centrality 节点中心度是指其所在网络中通过该点的任意最短路径的条数，衡量节点在整体网络中所起的连接作用，中心度大的节点往往是网络中的关键节点。

表2 货币金融学论文关键词出现频次及中心度

序号	关键词	出现频次	中心度	序号	关键词	出现频次	中心度
按出现频次降序排列							
1	货币政策	225	0.64	13	信息不对称	33	0.05
2	金融发展	99	0.28	14	金融稳定	31	0.11
3	经济增长	86	0.19	15	人民币国际化	30	0.07
4	融资约束	82	0.24	16	对外直接投资	28	0.02
5	通货膨胀	79	0.09	17	金融监管	26	0.04
6	金融危机	63	0.14	18	经济波动	25	0.06
7	商业银行	55	0.07	19	互联网金融	23	0.01
8	公司治理	50	0.14	20	影子银行	21	0.02
9	人民币汇率	45	0.09	21	机构投资者	19	0.05
10	系统性风险	40	0.06	22	盈余管理	18	0.04
11	利率市场化	37	0.03	23	股票市场	16	0.02
12	外汇储备	34	0.09	24	实际汇率	15	0.16

表3 2011~2016年不同年份出现频次前10位关键词

序号	2011	2012	2013	2014	2015	2016
出现频次前10位的关键词						
1	货币政策	货币政策	货币政策	货币政策	货币政策	货币政策
2	通货膨胀	通货膨胀	通货膨胀	融资约束	融资约束	系统性风险
3	金融发展	公司治理	经济增长	金融发展	互联网金融	经济增长
4	经济增长	经济增长	金融发展	人民币汇率	经济增长	融资约束
5	系统性风险	金融危机	系统性风险	系统性风险	金融发展	利率市场化
6	金融危机	金融发展	商业银行	商业银行	人民币汇率	影子银行
7	商业银行	商业银行	经济周期	经济增长	利率市场化	盈余管理
8	公司治理	外汇储备	金融危机	金融危机	商业银行	金融稳定
9	人民币汇率	机构投资者	人民币国际化	通货膨胀	信息不对称	互联网金融
10	外汇储备	人民币汇率	直接投资	商业信用	普惠金融	商业银行

从表2和表3可以看出，货币金融学研究领域的重点关注内容与经济新常态下的突出问题相吻合。具体来说，出现频率在前24位的关键词，可以概括为以下五大方面。

一是经济新常态下的货币政策研究。2008年金融危机后，国际经济进入深度调整期，各国普遍实行量化宽松货币政策，而随着世界各经济体复苏程度不同，各地货币政策也开始出现分化：美国结束量化宽松货币政策进入加息通道，欧洲和日本则依然实行宽松货币政策。在外部经济金融环境错综复杂的情况下，我国国内经济下行压力依然存在，资本市场动荡不安，市场流动性的注入拉升了全社会杠杆率，货币政策如何调控受到货币金融学研究领域的极高关注。立足现实，对货币政策的研究尝试解决以下几个问题：货币政策的目标如何定位？采用什么货币政策工具和调控方式更加有效？如何调控不会导致新的市场扭曲？怎样保持国家货币政策的独立性？

二是经济新常态下的金融发展理论。在经济新常态下，实体经济投资收益率下降，资金在金融体系内部流转，却很少进入实体经济，造成金融部门资金过剩，实体经济严重缺乏资金、融资成本居高不下。面对货币"脱实向虚"趋势，近年来金融发展理论主要关注以下几个问题：金融发展是否能够促进经济的发展？金融发展与经济发展有何关系？怎样解决企业融资约束问题？金融创新怎样能够为经济注入新活力？这些根本上都是为了回答经济新常态下金融业发展的一个中心问题：如何处理好虚拟经济和实体经济之间的关系。

三是经济新常态下的金融体制改革研究。目前我国金融业效率偏低，将储蓄转化为投资的能力不足，存在严重的资金错配问题。为了应对后危机时代国际经济复苏乏力、国内经济进入"新常态"的局面，我国必须进行金融体制改革以适应经济形势的变化和发展战略的调整。近年来货币金融学术领域旨在解决如何通过改革实现金融服务实体经济的根本目标，包括金融体制改革的方向是什么？如何推进利率市场化？怎样选择人民币国际化路径？

四是经济新常态下的金融风险研究。面对金融危机的国际传导以及国内经济新常态下的结构性减速，防控风险不仅是我国金融体系的重要目标，也是国民经济宏观调控的主要目标。同时，伴随着技术革新带来金融创新蓬勃兴起、金融体制改革逐步进入深水区、宽松货币政策造成社会杠杆率攀升以及经济旧常态中积累的各种问题逐渐暴露，研究的问题主要包括新常态下我国系统性金融风险有哪些特点，从国家资产负债表角度如何衡量我国国家债务和地方政府债务风险、企业债务风险、影子银行给我国金融业发展带来了哪些风险等。

五是经济新常态下的金融监管研究。面对金融危机国际传导带来的风险、国内金融杠杆的日益提高，以及2014年之后金融创新尤其是互联网金融快速发展带来的监管难题，如何防控风险尤其是系统性金融风险成为我国金融行业面临的重要问题。为维护我国的金融安全和稳定，经济新常态下金融监管研究重点聚焦如下：怎样进行宏观审慎监管？怎样看待影子银行？如何对待地方政府和金融机构的高杠杆问题？

三 经济新常态下货币政策研究

通过对样本论文的分析可知，货币政策作为关键词出现频率和中心度最高，表明货币政策研究处于中心位置，与货币金融学其他研究主题有很强的相关性，新常态下学术界高度重视宏观货币均衡。2008年至今，我国货币政策大致经历了稳健货币政策—紧缩货币政策—宽松货币政策—稳健货币政策的演变。虽然我国的货币历史悠久，但是货币政策的理论与实践仅20余年，在调控宏观经济方面尚不成熟。完善货币政策目标体系、创新货币政策工具、优化政策工具组合、转变政策调控方式、畅通政策传导渠道和提高政策效率是我国面临的新挑战。在中国经济增长结构性矛盾凸显背景下，货币政策承担为稳增长、促改革、调结构、惠民生和防风险营造中性适度货币环境的责任，政策实践的需求使得货币政策方面的研究大量涌现。近几年关于货币政策的研究基本都体现了货币政策从数量型调控向价格型调控的趋势，研究内容主要集中在以下三方面：一是新常态下我国货币政策的目标选择、工具选取、传导机制以及执行效果；二是考察货币政策的有效性；三是研究美国、欧洲和日本等国应对经济危机的货币政策以及对中国的影响与借鉴。

在货币政策体系研究方面，学术界的观点经历了从货币政策单一目标向多重目标转变。王国刚（2012）指出我国货币政策的最终目标是保持币值稳定，且在不断实践中逐渐确立了"新增贷款"作为货币政策中间目标，虽逐步成熟但仍有缺陷，建议未来将人民币汇率纳入中间目标的调控范畴以保证人民币"对内"和"对外"币值双稳定。郭红兵、陈平（2012）认为市场利率是我国通货膨胀目标制下最优的调控工具，需要进一步畅通利率传导机制来扭转央行调节的被动局面，为我国货币政策从"数量型"转为"价格型"调控提供了理论依据。与以上通货膨胀目标制的观点不同，汪川（2015）提出在经济新常态下，货币政策最终目标除了稳定币值外，还增加了维护金融稳定的目标，因此货币政策工具相应出现了常备借贷便利（SLF）、押补充贷款（PSL）和中期借贷便利（MLF）等中短期结构性定向调控工具，我国亟须更新货币政策调控框架并增强央行调控的独立性，以防范期限错配导致的资金配置扭曲风险。马勇、陈雨露（2014）的研究回答了如何增强货币政策有效性和独立性的问题，分析得出经济开放度的提高在带来全球化收益的同时也降低了我国货币政策的有效性和独立性，预见了我国超货币供给和信用扩张刺激产出的模式难以为继，建议运用利率、汇率政策和宏观审慎监管多政策组合为改革营造适度的货币金融环境。在研究国外货币政策方面，李自磊、张云（2013）基于实证证实危机后美国量化宽松货币政策对我国通胀水平造成很大冲击，由于美国向世界注入大量流动性，国际大宗商品价格上升引发国内通胀率上升、人民币升值和出口萎缩。美国新总统上台后，"美国优先"的民粹主义抬头，如何在新的历史阶段建设中美新型大国关系的总体框架下，减少美国货币政策负外部性对我国的影响是未来需要解决的问题。

四 经济新常态下金融发展问题研究

金融发展理论属于发展经济学范畴，主要研究金融发展与经济增长之间的关系，金融体系在经济发展中的作用，以及建立怎样的金融体系以更好地促进经济增长。发达的金融体系可以通过降低社会融资成本、提高资本配置效率、分散风险和鼓励技术创新来促进经济增长。中国金融业发展到现阶段，已经不能完全适应新常态下经济社会发展的要求，资源配置效率低，融资结构不平衡，金融机构格局不合理，金融创新乏力，金融如何发展才能发挥对经济增长的促进作用是经济转型期亟须回答的问题。

（一）经济新常态下的金融发展与经济增长关系问题

金融发展与经济增长之间的关系是金融发展理论的核心问题。目前多数学者认为金融发展与经济增长之间存在关系，且随着经济的持续增长不断深化。Patrick（1966）提出了金融双模式理论：需求跟随型金融发展，即金融发展是实体经济发展的结果，依附于经济发展；供给引导型金融发展，即金融发展对经济增长有着自主的积极影响。我国在经济"旧常态"下，主要遵循"需求跟随"的金融发展模式，产业对资金的需求动员储蓄转化为投资支持经济增长；当经济步入"新常态"，我国金融业迅速扩张和加速深化，"供给引导"发展模式将占主导，金融业对实体经济的支持作用会更加凸显。可以说，对金融发展和经济增长关系的研究为当前金融体制改革提供了理论前提。近年来学者主要注重研究如何使金融发展成为新常态下稳增长、调结构的突破口。

新常态下强调全要素生产率是经济增长的源泉，货币金融学学者则深入探究了金融发展对经济增长根本动力即创新的作用。解维敏、方红星（2011）研究发现地区金融发展提高了企业R&D投入，从微观角度证实了在没有地方政府干预的前提下，金融发展能够改善资源配置，促进全要素生产率提高。与其结论不同的是，何诚颖等（2013）指出贷款规模扩大不利于长期经济增长，而源头在于其抑制了全要素生产率的提高，原因是我国实行的金融控制政策限制了资金流向，导致社会资源错配，验证了过去的金融制度确实存在缺陷。二者结论虽有不同，但都强调了政府对资金流向的干预会阻碍创新。不单纯考察经济增长速度，马轶群、史安娜（2012）着眼于金融发展对经济增长质量的作用，发现中国金融业发展短期虽然能够提高产出水平、加快经济发展速度、促进产业结构完善，但长期来说会导致居民收入差距扩大、产业结构失衡和环境污染加剧，尤其会对过去的需求拉动型经济产生负面作用。张慕濒、孙亚琼（2014）关注我国金融资源供给增加引发的经济金融化问题，认为经济金融化没有提高金融资源配置效率，反而造成了金融资源在企业间的错配和产业间的错配：一方面银行不重绩效重规模的信贷思路导致国有企业资金充足而民营企业资金短缺；另一方面通过上市获得资金的企业在利润的驱使下，将资金投入房地产市场和资本市场而非主营实体业务，导致了金融资源产业错配。以上研究均为我国实行供给侧结构性改革和金融体制改革提供了理论依据。

（二）经济新常态下的融资约束问题

企业融资约束，是指企业由于难以获得外源融资而不能实现最优投资的情况，是公司金融理论的重要内容，属于微观金融领域。但企业是宏观经济的微观基础，其融资约束问题已经制约我国经济转型升级，可以纳入金融发展问题研究范畴。上文提到已有的研究表明目前我国金融市场效率偏低，原有的金融模式会导致资金在企业间错配，也就造成在目前的经济新常态下，实体部门资金周转放慢，企业融资困难，部分金融机构"懒贷"、"惜贷"问题严重，使处于转型升级阶段急需资金进行研发投入的企业雪上加霜。新常态下金融业的关键是正本清源，真正发挥为金融部门、为实体经济提供资金融通的功能，更好地为企业尤其是中小企业、民营企业、高新技术企业和服务业企业提供优质金融服务，解决目前企业融资难和融资贵问题。近年关于融资约束的研究主要集中在企业融资约束的原因及解决方法上。

在我国融资约束形成机理方面，屈文洲等（2011）认为信息不对称是引发企业融资约束的主要因素，发现融资约束与投资—现金流敏感性之间的关系类似微笑曲线：信息不对称程度高，外源融资成本高于内源融资，融资约束程度越高，缺乏资金进行投资所以对现金流依赖强；信息不对称程度低，公司资金充裕，容易过度投资或非理性投资，对现金流依赖程度也较高。邓可斌、曾海舰（2014）发现不同于发达经济体市场摩擦引起的融资约束，我国融资约束是受政府干预所致的系统性风险，企业融资渠道与生产效率、创新能力均无关，资金充裕与否均不会激发企业进行技术创新，为减少政府对经济的干预提供了理论支持。在如何解决企业融资难问题方面，于蔚等（2012）倾向政治关联，在阐明微观作用机理基础上指出民营企业家通过参政议政建立的政治关联，能够树立企业的优质形象并使之更易获得银行信贷、优惠政策和产权保护，缓解民营企业融资约束问题。与之不同，邓建平、曾勇（2011）则倾向金融关联，在实证基础上认为民营企业通过聘请有金融机构背景的人士建立金融关联，有利于企业建立信誉、搭建融资桥梁、进行科学投资，比政治关联能更有效地缓解民营企业融资约束。郭娜（2013）则认为市场手段更有效，通过问卷调查分析发现，相较于协助与银行进行沟通或提供补贴等政府手段，市场手段中信用担保机构对缓解融资难有积极作用，主张采用提高担保机构数量和质量、完善信用评级机制等市场手段来缓解中小企业融资难问题。以上研究为解决我国民营企业融资难提供了建设性意见，但都是从非正式制度的角度出发，只有在金融市场化程度低的地区，企业才会倾向依靠非制度因素。解决融资约束的根本手段还是要完善我国金融体制，并进行有益的金融创新。

（三）经济新常态下金融创新问题

这里的金融创新问题，是指在经济新常态下，金融业如何通过技术、平台、理念和模式创新，为未来金融发展注入新动能：一方面使金融业服务群体更加广泛、渠道更加多元、方式更加便捷；另一方面发挥金融业在提高经济发展质量方面的作用，为实现产业结构的转型升级和经济的可持续发展提供助推剂。近几年新兴的互联网金融、普惠金融和绿色金融等，丰富了金融业服务模式，成了货币金融学领域新的研究热点。

1. 互联网金融

互联网金融是在金融领域植入互联网思维，为客户提供多元化、个性化和便捷化的金融服务，在经济新常态下成为金融业一个新增长点和未来发展趋势。从关键词分析来看国内互联网金融研究开始于 2012 年底，从 2014 年开始学术界对互联网金融的关注呈现爆炸式增长。2013 年被称为中国互联网金融的发展元年，截至 2016 年初，中国互联网金融的市场规模已达到 12 万~15 万亿元，互联网金融用户数量超过 5 亿人（杨东、文诚公，2016）。互联网金融是一柄双刃剑，一方面带给投资人和融资人便捷的投融资体验，另一方面带来了新的互联网金融风险，可能导致"金融脱媒"愈演愈烈。经过几年的粗放发展，2016 年政府工作报告明确要"规范发展"互联网金融，标志着互联网金融进入规范发展阶段。现阶段对互联网金融的研究主要集中在分析互联网金融发展的原因及内在属性特点、发展模式和发展趋势以及互联网金融风险和对互联网金融的监管上。

谢平、邹传伟（2012）是国内学术界最早系统研究互联网金融的学者，通过构建模型证明互联网金融颠覆了传统模式，减少了中间环节和信息不对称，降低了资金融通成本，提高了效率。王达（2014）从资金供求双方相互交织形成金融业网络的视角出发，认为互联网金融很难从根本上颠覆传统金融机构，因为中国虽比美国具有更复杂的发展背景和更大的规模效应，但互联网金融引发的金融技术性脱媒不构成关键威胁。曾建光（2015）利用搜索引擎大数据来研究互联网金融资产定价机制，发现受金融机构资质、经理人投资风格、市场供求状况、金融平台差异及性别等因素影响的风险感知度，会正向影响期望风险补偿，进而影响资产定价。总之，互联网技术的发展不仅催生了互联网金融等新业态，改变了人们的生产生活方式，还为学术研究提供了新视角和新方法。目前，我国互联网金融研究远远落后于迅猛发展的互联网金融实践，众多中国特色的理论与现实问题需要学术界加快研究。

2. 普惠金融

由于金融排斥的普遍存在，联合国在 2005 年正式提出"普惠金融"这一概念，"普惠金融，是指能有效、全方位地为社会所有阶层和群体提供服务的金融体系，实际上就是让所有老百姓享受更多的金融服务，更好地支持实体经济发展。"（郭田勇，2015）普惠金融目前已成为发展经济学、制度经济学、福利经济学等学术领域的重要前沿议题（星焱，2015）。在政策实践方面，全球 50 多个国家都制定了普惠金融发展战略。Mandira 和 Jesim（2011）的研究发现，一国金融普惠程度受经济社会发展水平、收入水平、平等程度、文化程度和城镇化率等因素的影响，发展中国家金融普惠程度较低，应尤为重视。我国已于 2013 年明确提出"发展普惠金融"，并于 2015 年制定了《推进普惠金融发展规划（2016 – 2020）》，实施普惠金融发展战略。普惠金融与我国"共享发展"的内涵相契合，在经济进入新常态背景下，发展普惠金融对解决目前金融资源企业间错配、产业间错配、区域间错配有重要意义。

我国关于普惠金融的研究始于 2007 年，2014 年进入研究成果的快速增长期，主要集中在如何发展普惠金融上。郭田勇、丁潇（2015）对普惠金融进行国际比较，认为我国普惠金融发展水平和发达国家相比有很大差距，银行服务覆盖面窄、金融科技化滞后、信贷可得性不高，应通过增加居民收入、普及金融教育、推进城镇化和推广科技化手段等方式提高普惠金融发展质量。李苍舒（2015）则对我国普惠金融进行了省际比较，发现经济发展水平差异使普惠金融发展程度从东到西呈阶梯状排列，并根据区域特点提出了提高互联网普及率、完善征信系统、调整经济结构等针对性发展方案。何德旭、苗文龙（2015）聚焦我国普惠金融制度的构建，认为由于我国发展战略、央地政策矛盾、金融市场垄断和风险评估失真等问题造成金融排斥，实现普惠金融不能单纯依靠持久的金融救助和政策补贴，而应建立一个法制健全、技术先进、市场分层、鼓励竞争、资源优化的普惠金融制度。总体来看,发展普惠金融就是要降低服务门槛,扩大受众范围,拓展业务渠道。但是目前改善社会整体福利难免牺牲金融机构的利益,这种类似公共品提供职能很难让金融机构自发承担,这也是目前推进普惠金融的困境所在,如何破解这一难题是学术界应该关注的议题。

3. 绿色金融

绿色金融,又称低碳金融或可持续金融,是旨在减少温室气体排放的各种金融制度安排和金融交易活动的总称(王元龙,2011)。20世纪90年代末,金融开始介入环境保护与治理,绿色金融不仅能够鼓励环保产业的发展,还能对造成环境污染的企业给予经济制约。绿色金融在中国属于新兴领域,经济新常态下"去污染化"是我国面临的一个阵痛点,发展绿色金融是支持绿色发展、助力低碳经济的有力手段,也是应对国际金融挑战和参与国际金融改革的有效途径。

目前,国内绿色金融研究主要集中在碳金融领域和绿色证券、绿色保险、绿色信贷领域,学者普遍认为应该由政府主导推进绿色金融。王元龙等(2011)系统地阐释了在我国建立绿色金融体系的构想,包括健全中国特色的绿色金融制度,发展以碳交易市场为先导的绿色金融市场,开发原生类和传统衍生绿色金融工具,培育中介和政策类绿色金融机构,完善绿色金融协调监管。该设想为指导未来中国20年内如何发展绿色金融提供了参考框架。在碳金融市场研究方面,杜莉、李博(2012)指出,对接低碳产业政策是碳金融效用最大化的核心路径,应该构建统一多层次交易平台,引导碳金融通过杠杆作用淘汰落后产能,促进低碳产业、绿色经济的发展和清洁生产技术的提高。我国关于绿色金融领域的研究刚刚起步,以定性研究为主,定量研究缺乏,形成一套完整的研究框架和理论模型是未来需要努力的方向。

五 经济新常态下金融体制改革研究

很多研究和事实表明,我国过去的金融体制已经不能适应经济新常态的要求:货币对内和对外的"价格"没有完全放开,社会资产价格存在扭曲,融资效率偏低;货币政策传导机制不畅;人民币国际化进程没有完成,国际贸易结算受制于人。想要充分发挥金融在经济从旧常态向新常态转变过程中的引领和支撑作用，就要进行金融体制改革。金融体制改革的根本目标是金融能够更好地服务实体经济，国内金融市场高效稳定，在国际金融市场上拥有自主权和话语权。实现以上金融改革的目标需要我国金融业加快推进市场化、国际化和法制化的改革进程。由于金融法制化研究主要属于法学研究范畴，所以这里主要介绍国内关于利率市场化、人民币汇率形成机制和人民币国际化方向的研究进展。

（一）经济新常态下的利率市场化研究

在经济进入新常态的背景下，依靠利率干预来熨平经济波动、促进经济增长会带来资源配置效率低等负面影响，进行利率市场化改革、发挥市场在金融资源配置中的决定性作用是我国经济体制改革尤其是金融体制改革的题中应有之义。当前我国利率市场化进程已经走到了最后阶段，即存款利率市场化的放开。利率市场化对于提高资金使用效率、优化金融资源配置、抑制金融脱媒有重大意义。但这对我国商业银行来说是一个挑战，如何应对利差减少并主动转型是一个关键问题。在改革背景下，国内研究主要关注如何推进利率市场化进程，如何处理利率市场化进程与汇率制度改革进程的关系，以及利率市场化对微观经济主体和宏观经济产生的影响。

在利率市场化路径研究方面，学者基本认为应该遵循渐进式依次序改革模式。肖欣荣、伍永刚（2011）通过借鉴美国利率市场化改革的经验，指出银行在利率市场化影响下净利差会下降，竞争加剧，业务多元并趋向"全能"，建议我国利率市场化改革选择"先长期后短期、先大额后小额"的渐进式路径以减小对银行业的冲击。纪洋等（2015）构造利率双轨制模型，他们的研究同样发现，放开存款利率上限会提高存款利率、降低贷款利率，为了缓冲对银行利润的冲击和大量资本外流，建议按照"放开存款利率上限、降低银行准入门槛、开放资本账户"的次序进行金融改革。与之相似，胡小文、章上峰（2015）也探讨了不同金融改革之间的互动，为了减少货币政策和技术对宏观经济的冲击，建议按照"利率市场化、汇率市场化、资本账户开放"的次序协调推进改革。在研究利率市场化的影响方面，学者分别从正反两方面指出了利率市场化的影响。金中夏等（2013）肯定了经济新常态下推进利率市场化改革的决策，证实利率完全放开将有利于我国宏观经济：名义存款利率有利于降低投资比重、提高消费比重，改善经济结构；有利于疏通货币政策传导机制，减少宏观经济波动。郭琪、彭江波（2015）则从反面阐释了利率市场化可能引发的风险，表示利率市场化会引起金融资产价格波动，叠加期限错配和货币错配因素，甚至导致系统性金融风险，其中企业和金融部门承担最大的风险成本，他们提出建立风险与责任相匹配的市场主体风险缓释机制的建议，对金融监管提出了更高要求。

（二）经济新常态下的人民币汇率及人民币国际化研究

"人民币汇率"从 2015 年开始频繁成为学术讨论热点，这一方面缘于在国际经济增速降低、世界经济格局调整的情况下，推动人民币国际化才能够为新常态下企业"走出去"提供服务、增加我国国际货币主导权和国际金融市场规则制定的话语权；另一方面，"8·11"汇改之后逐步形成的"收盘价 + 篮子货币"机制，能否消除美元加息通道开启引发的人民币贬值预期呢？学术界就人民币应该贬值还是保持稳定一直存在争论：人民币贬值能够刺激出口但会引发资金外流，在美国企图用"汇率操纵国"标签施压时，人民币汇率形成机制走向何方考验当局智慧。相应地，这一阶段学者主要关注人民币汇率形成机制的改革方向和人民币国际化战略如何推进。

对于央行是否应该维持人民币汇率稳定，姚宇惠、王育森（2016）持肯定态度，在对人民币均衡汇率进行测算后发现 2011 年以来我国人民币汇率确实存在高估，虽然宽松货币政策和资本外流加大了人民币贬值压力，但央行应适度干预，谨防人民币贬值幅度严重偏离均衡，保持汇率基本稳定。而余永定、肖立晟（2016）则认为应该打破"害怕汇率浮动"的惯性思维，在经济基本面没有根本好转、国际贸易出现逆差的情况下，建议让人民币逐步有控贬值，以保持货币政策独立、外汇储备稳定和资本项目适度开放。学术界对于汇率形成机制改革的争论只是反映了激进派和保守派之间的不同观点，央行不能放任自由而应适当干预以防止人民币大幅偏离均衡区间仍是两派学者的共识，毕竟现实存在央行对外汇市场"不想干预却不得不干预"的局面。关于人民币国际化进程，学者认为国际市场对人民币价值稳定的信心和国内金融市场的深化是决定因素，在国内经济下行、美国加息的背景下，学者对于该继续还是暂停人民币国际化也存在较大争论。李艳军、华民（2016）认为应该暂停进一步推进人民币国际化，因为目前境外人民币需求有限、我国优质商品和资产供给乏力、国内金融环境脆弱，强行推进人民币国际化会加大人民币贬值风险，甚至引发金融危机。林乐芬、王少楠（2016）则认为得益于"一带一路"倡议，人民币国际化可以继续推进，因为"一带一路"倡议可以通过贸易与投资增加境外人民币需求，推进人民币从区域化实现国际化，建议通过"对外投资与贸易→经济互动→资本项目有序开放"的路径内外配合逐步实现人民币国际化。

（三）经济新常态下金融风险研究

习近平总书记指出，金融稳则经济稳，金融安全是经济平稳健康发展的重要基础。在近年高杠杆、高波动和高风险的市场环境下，维护国家金融安全在经济新常态下已经上升为一个国家战略。要维护我国金融安全，首先要正确认识和识别存在金融风险隐患的领域，尤其是经济新常态下出现的新型金融风险，守住不发生系统性金融风险的底线；其次是科学防范风险，加强金融监管，不断提高我国金融业的整体竞争能力、抗风险能力和可持续发展能力。面对我国不容乐观的金融安全形势，近年来学术界格外重视在金融风险和金融监管领域的研究，为维护我国金融安全做出了巨大努力。

金融风险是指企业或个人未来收益的不确定性，包括宏观金融风险和微观金融风险。学术界过去主要关注微观金融风险中的金融市场风险、信用风险、金融产品风险和市场流动性风险等。然而，在金融危机的国际传导以及国内经济新常态下的结构性减速背景下，我国金融业需要警惕许多新的风险，包括系统性金融风险、国家债务和地方政府债务风险、企业和金融机构高杠杆风险等，尤其要高度警惕不良资产、债券违约、影子银行、互联网金融等累积风险。为正确识别金融风险，近年学术界在研究我国系统性金融风险特点、从国家资产负债表角度衡量我国国家债务和地方政府债务风险，以及探讨影子银行风险作用机理方面取得了重大进展。

1. 经济新常态下的系统性风险研究

系统性风险是指会对一个国家整个金融市场或者宏观经济产生巨大冲击、造成重大损失的风险，往往由一个事件触发进而传染整个金融系统乃至实体经济。2008年美国次贷危机引发的全球金融危机具有高溢出性和快扩散性的特征，促使世界各国开始重视金融系统性风险，而不仅仅关注单个金融机构或者某一投资行为的风险。与传统的研究观点不同，危机后学术界开始探讨系统性风险的内生性、累积性和多渠道传播性。我国进入"三期叠加"的经济新常态后，金融深化加速推进、社会杠杆率飙升、新旧产能转换、资金结构性错配等方面均积累了系统性风险隐患。近年我国学术界深入探究系统性风险的测度方法和传染机制，以探索如何建立有效的系统性风险防范机制。

在系统性风险度量方面，大多数学者采用资本市场数据测度金融机构对系统性风险的边际贡献：范小云等（2011）利用系统性期望损失（SES）、边际期望损失（MES）法得到对系统性风险的边际贡献由大到小依次为证券公司、保险公司、银行；白雪梅、石大龙（2014）则采用CoVaR法测度风险后发现，我国银行业金融机构对系统性风险的总贡献显著高于其他金融机构。以上两个结论并不矛盾是因为前者关注边际风险贡献率，后者考察总风险贡献率，且二者均提出要谨防规模小、盈利高、杠杆高的金融机构积累的系统性风险。关于系统性风险传染机制方面，苟文均等（2016）探究债务杠杆对系统性风险的累积和传导机制，构建CAA模型指出当债务杠杆较高时，风险向债务类资产较多的金融部门积累，危机后我国金融机构和企业债务高企的情况需高度警惕。目前理论研究还存在很多不足，尚未完全衡量宏观经济对整体系统性风险的影响，缺乏前瞻性、预测性和可行性，还不能完全满足国家监管实践的需求。

2. 经济新常态下的影子银行风险研究

影子银行是20世纪70年代发达国家放松金融管制后金融创新的产物，不同国家具有不同形式，其发展伴生着复杂的金融衍生品，是发挥银行信用中介职能的非银行金融机构。虽然影子银行在资金融通方面发挥了一定积极作用，但鉴于其游离于监管体系之外，无节制的高杠杆经营没有得到有效遏制，最终导致泡沫破裂，引发美国次贷危机。次贷危机促使发达国家政府不得不正视影子银行的风险问题。不同于发达国家以监管套利为特征的发达的影子银行体系，中国的影子银行产生于21世纪初，更多为商业银行为绕过金融监管和利率管制开展融资业务的延伸，是金融脱媒的重要载体。金融危机之后我国学术界也开始重视影子银行风险问题，包括怎样认识影子银行及其对货币政策调控、金融稳定等宏观经济层面和银行金融机构等微观主体造成的影响等。

学术界普遍认为影子银行的发展会滋生风险，周莉萍（2012）分析称影子银行转移信用风险的过程中会产生其他风险，激发潜在的系统性风险。关于影子银行对货币政策的冲击作用，李波、伍戈（2011）认为影子银行的信用创造功能使实际货币供应量被低估，进而削弱数量型货币政策工具的效用，其增加杠杆带来的资产泡沫也会进一步增加货币政策调控难度。裘翔、周强龙（2014）则进一步通过 DSGE 模型验证了影子银行的上述作用机理，证明影子银行通过降低高风险企业总借贷成本，使资金在低风险与高风险企业间错配，削弱了央行缩紧信贷的政策效果，进一步降低了金融中介系统的效率。影子银行对金融稳定的冲击也不容忽视，刘超、马玉洁（2014）研究发现影子银行的发展能够提供多元化投资方式以提高资金使用效率、促进金融发展，但是其期限错配和高杠杆特征不利于我国的金融稳定。关于影子银行对银行体系的影响，毛泽盛、万亚兰（2012）发现影子银行规模对银行体系稳定性的影响是先正后负的，即影子银行起步发展时有利于弥补融资缺口，但盲目壮大发展后与传统银行的摩擦会损害银行系统稳定性，目前我国影子银行规模已经超过阈值，需加以警惕。李丛文、闫世军（2015）通过实证研究进一步指出，相较于国有商业银行，我国股份制银行和城市商业银行稳定性受影子银行的冲击较大，需要监管部门重点防范。总的来说，由于我国影子银行大多是商业银行的延伸且没有大规模资产证券化业务，所以并没有美国影子银行的高风险特征，但还是需要规范发展以维护金融安全、促进金融发展。

3. 主权债务风险和地方政府债务风险

2008 年国际金融危机之后，各国债务负担和杠杆率大幅提高，欧洲出现的主权债务危机冲击了政府"大而不倒"的观念，提醒我们除了对金融体系内部各种风险进行监管之外，在经济增速放缓背景下国家各级政府作为债务人的风险也需要得到关注。政府债务按照举债主体可以分为主权债务和地方政府债务，主权债务风险主要由国家资产负债表来衡量，而地方政府债务数据的不透明使得估算地方政府债务风险比较困难。近年来学术界从国家资产负债表角度对于我国主权债务和地方政府债务风险的测算做出了有益探索，为化解政府债务尤其是地方政府债务风险提出了宝贵意见。

由于技术复杂、资料烦琐，目前我国官方没有发布国家资产负债表和地方政府资产负债表。中国社会科学院于 2011 年成立了资产负债表课题组，发布了比较完整的历年中国国家资产负债表[1]，对我国国家资产的规模与结构进行分析，无论是按宽口径还是按照窄口径来计算，我国主权债务资产均为正值，表明我国政府有足够的能力应对债务风险。[2] 除了对国家资产负债表的编制分析外，课题组还关注地方各级政府的资产负债情况，提出要高度警惕中国经济转型期各级地方政府的杠杆率偏高且近年来隐性债务激增的情况，建议重置政府存量资产、重塑中央地方财政关系、创新城市化融资机制，以节约地方政府利息支出、缓解"短借长用"资金错配问题。至于为什么近年来地方政府债务高企，许多学者认为预算软约束是关键原因。王永钦等（2016）认为中央对地方政府违约的救助预期和对预算外收入的默许等预算软约束会造成地方债被"国家化"，进而正向激励有中央背书的地方政府借债。建议建立一个有效的地方政府债券市场以将债务显性化、市场化，同时减少中央的隐形补贴与担保，变"软约束"为"硬约束"。王义中、何帆（2011）建议分别编制政府部门、金融部门和非金融部门的资产负债表，并将其纳入金融监管框架中，因为金融危机会影响国家、金融机构和企业的资产负债变化，当普遍存在货币错配和期限错配情况时，危机将被放大。在政府杠杆率急速上升的背景下，理顺央地财政关系、编制政府资产负债表以明晰债务风险是关键，需要学术界和政府当局加以重视并尽早落实。

六 经济新常态下金融监管研究

金融监管理论总体上是按照从自由到管制、放松管制、重新管制这一主线发展的。正如前文所述，我国金融体系日益复杂，金融机构业务规模迅速扩张、经营模式趋于多元，金融产品层出不穷，利率市场化和金融国际化进程加快，金融风险出现新形式和新特点，但金融监管深度和广度的拓展却远不及金融体系的发展速度，造成部分监管真空区域。2008 年金融

---

[1] 李扬、张晓晶等：《中国国家产负债表 2013：理论、方法与风险评估》、《中国国家资产负债表 2015：杠杆调整与风险管理》和《中国主权资产负债表及其风险评估》。
[2] 2015 年底，按宽口径计算，中国主权资产总计 229.4 万亿元，主权负债 126.2 万亿元，资产净值为 103.2 万亿元。按窄口径计算，主权资产为 146.9 万亿元，主权资产净值为 20.7 万亿元。

危机暴露出监管缺位问题之后，包括我国在内，世界主要经济体都提出进行宏观审慎监管，扩大金融监管覆盖面。国内关于金融监管的研究主要集中在如何进行宏观审慎监管，以及监管怎样应对影子银行、互联网金融等金融模式的发展与创新。

对于如何对影子银行进行监管，学术界普遍认为宜"疏"不宜"堵"，逐步实现"穿透式"监管。朱孟楠等（2012）利用拓展后的最优资本监管模型分析指出，为优化社会总福利，建议正确引导和规范我国的影子银行，对传统银行和影子银行的监管实行"此消彼长"方式，在促进金融稳定的同时发挥影子银行在金融体制改革中的积极作用。随着互联网金融风险因素逐步暴露，互联网金融监管问题受到关注。谢平等（2014）提出了互联网金融信息科技风险和"长尾"风险会对社会造成更强的负外部性，发展不成熟期仍存在大量信息不对称和交易成本，必须进行审慎监管和行为监管，在对互联网金融机构进行分类监管的同时还要加强监管协调。俞林等（2015）运用博弈论研究方法为监管研究开辟了新思路：构建互联网金融参与主体之间的博弈模型，从两两博弈中提出通过设置市场准入门槛、完善信用披露与惩罚制度、建立风险监测和管理制度对互联网金融进行监管。对于未来我国金融监管改革方向，学术界存在不同观点，一派认为应该继续实行分业监管，张晓朴、卢钊（2012）认为我国目前还不具备实施混业经营的条件，过早整合监管可能会带来金融风险和隐性成本，建议进一步完善分业监管协调机制，创新金融监管模式；另一派则认为在大资管时代，存在多头监管和交叉监管情况，应该实行综合金融监管，但就如何整合"一行三会"和由哪个机构统一领导综合金融监管依然没有定论。不过，无论监管模式是分业还是混业，加强防范系统性金融风险、构建宏观审慎监管框架已是共识。马勇、陈雨露（2013）将金融体系纳入 DSGE 模型进行分析，指出宏观审慎政策应该采用更简单清晰的规则：货币政策关注物价稳定，信贷政策盯住社会融资总量，金融监管根据信贷的投放情况进行调整，三者协调配合控制方向和力度以提高政策效率。

七　总结与展望

通过对 2011 年至 2016 年货币金融学领域在国内 13 种学术期刊刊文的

计量统计与分析可以看到，近年来货币金融研究领域围绕金融与实体经济关系这一主线，为解决如何增强货币政策调控有效性、金融发展怎样稳增长调结构、金融体系改革方向和途径，以及如何加强金融监管化解金融风险等问题做出了重大贡献。尤其是 2012 年中共十八大确定中国金融发展的基调为"稳健改革"以后，货币调控、人民币国际化、利率市场化和监管机构改革等有关国内金融充分市场化和涉外金融有限全球化的研究领域受到重点关注。

在研究方法上，中国学者主要是在西方经济学和货币金融学的理论指导下进行研究，以传统的数量模型和实证研究为主要工具，其中 DSGE 模型（动态随机一般均衡模型）尤其受到学者的偏爱，2008 年金融危机后受西方学术界的启发，将内生性金融因素纳入宏观经济框架研究可以说是宏观金融研究领域的革命。值得注意的是，由于中国存在企业异质性、中国经济波动阶段性等情况，照搬包括 DSGE 模型在内的西方模型研究中国金融问题容易造成模拟分析结果偏差。目前国内论文基本都是应用已有模型来解释我国货币金融问题，而对货币金融学领域数量经济模型理论与方法的发展与创新却很少，未来需要有奠基性、创新性、符合中国现实的货币金融学理论方法探索研究。互联网技术的进步使得大数据蓬勃发展，未来大数据金融研究有广阔的发展前景，大样本时代丰富了投资者行为、资本资产定价、金融市场效率甚至货币政策效果研究等众多领域的研究方法和基础数据，能够促进金融学与心理学、地理学、神经学等多学科交叉，学者要抓住这个未来我国金融学研究超越发展的突破口。

近年来，国内学者在货币金融学领域的研究成果丰富，对推动学术进步和指导政策实践都具有重大意义。但需要强调的是，学术研究不能仅停留在理论层面，选题来源于现实问题、结论有利于金融发展、建议服务于政策实践应该成为未来我国货币金融学研究的指导思想。金融学学者应该肩负起"内部监督人"和"决策建议人"角色，及时揭露经济金融活动中诸如货币政策效率不高、货币资金"脱实向虚"、金融改革路径不明、金融安全隐患重重等扭曲现象，并就这些问题进行深入探究以有效化解现实困境。

货币政策研究方面，近年国内学者的研究主要集中于如何选取货币政策目标体系以发挥更好的调控效果，但在衡量货币政策对宏观经济形成的冲击效果时却缺乏精准，对于金融危机后非常规货币政策的影响研究明显落后，进而导致货币政策有效性的判断有失偏颇。选取衡量货币政策冲击的指标、突破传统模型中的变量限制、结合不同统计频率数据进行研究以及增强模型的预测能力是未来学术研究应着重努力的方向。

金融发展理论方面，除了关注金融对经济发展的影响，还要思考 Luigi Zingales（2015）提出的问题：金融能否造福社会？未来研究不仅要关注经济领域，还应着重关注金融发展对收入差距、区域不平衡、城镇化进程等社会问题的影响机理，探索金融发展怎样能够促进社会平等、缩小贫富差距。此外，中国新兴的互联网金融庞大的客户群体是未来中国金融可能实现弯道超车的助力因素，研究不应只局限于金融风险问题，研究怎样制定互联网金融领域的行业标准、如何提升我国互联网金融效率和促进金融普惠化更具有现实社会意义。

在经济新常态下，进行金融体制改革已经成为共识，但是其中汇率及人民币国际化问题却一直是学术界争论的焦点，争论的根本原因其实是国家开放程度与市场稳定程度之间的矛盾。在国内经济下行、国际贸易受挫和金融发展不稳的情况下，学术界之前探讨的以人民币跨境贸易结算模式推进人民币国际化会受到制约。而"一带一路"峰会的召开标志着人民币国际化进入一个新阶段，学术界未来应重点关注国际投融资货币模式在推进人民币国际化方面是否存在可行性及优越性。同时，人民币国际化不仅是经济问题，也涉及我国的外交战略，从国际政治经济学视角研究人民币国际化会得到更全面客观的结论。

习近平总书记强调，金融安全是国家安全的重要组成部分，是经济平稳健康发展的重要基础，而准确判断风险隐患是保障金融安全的前提。构建一个涵盖宏观层面和微观层面的金融安全衡量指标体系是目前学术界的首要任务。其次，上到宏观审慎监管体系的监管主体、政策工具和监管模式等顶层设计，下到金融机构从事前到事后的完整内部监管制度，都需要学术界进行深入分析以更好地指导政策实践。最后，对于社会高杠杆问题，学术界要注重衡量"去杠杆"手段对金融市场流动性及投资者预期造成的冲击，避免防风险节奏和力度不当而催生新风险。

参考文献

[1] Mandira, S. & P. Jesim (2011),"Financial Inclusion and Development", *Journal of International Development* 23 (5): 613 - 628.

[2] Patrick H. T. "Financial Development and Economic Growth in Undeveloped Countries" [J]. *Economic Development and Cultural Change*, 1966, 34 (4): 174 - 189.

[3] Zingales, L. (2015), "Does Finance Benefit Society?", 2015 American Finance Association Working Paper.

[4] 杨秀萍:《货币金融学》,科学出版社,2012。

[5] 王国刚:《中国货币政策目标的实现机理分析:2001 - 2010》,《经济分析》2012 年第 12 期。

[6] 郭红兵、陈平:《中国货币政策的工具规则和目标规则——"多工具,多目标"背景下的一个比较实证研究》,《金融研究》2012 年第 8 期。

[7] 马勇、陈雨露:《经济开放度与货币政策有效性:微观基础与实证分析》,《经济研究》2012 年第 3 期。

[8] 汪川:《"新常态"下我国货币政策转型的理论及政策分析》,《经济学家》2015 年第 5 期。

[9] 李自磊、张云:《美国量化宽松政策是否影响了中国的通货膨胀?——基于 SVAR 模型的实证研究》,《国际金融研究》2013 年第 8 期。

[10] 解维敏、方红星:《金融发展、融资约束与企业研发投入》,《金融研究》2011 年第 5 期。

[11] 何诚颖等:《金融发展、TFP 抑制与增长源泉——来自中国省际面板数据的证据》,《经济学家》2013 年第 5 期。

[12] 马轶群、史安娜:《金融发展对中国经济增长质量的影响研究——基于 VAR 模型的实证分析》,《国际金融研究》2012 年第 11 期。

[13] 张慕濒、孙亚琼:《金融资源配置效率与经济金融化的成因——基于中国上市公司的经验分析》,《经济学家》2014 年第 4 期。

[14] 屈文洲、谢雅璐、叶玉妹:《信息不对称、融资约束与投资—现金流敏感性——基于市场微观结构理论的实证研究》,《经济研究》2011 年第 6 期。

[15] 邓可斌、曾海舰:《中国企业的融资约束:特征现象与成因检验》,《经济研究》2014 年第 2 期。

[16] 于蔚、汪淼军、金祥荣:《政治关联和融资约束:信息效应与资源效应》,《经济研究》2012 年第 9 期。

[17] 邓建平、曾勇:《金融关联能否缓解民营企业的融资约束》,《金融研究》

2011 年第 8 期。

[18] 郭娜：《政府·市场·谁更有效——中小企业融资难解决机制有效性研究》，《金融研究》2013 年第 3 期。

[19] 杨东、文诚公：《互联网金融风险与安全治理》，机械工业出版社，2016。

[20] 谢平、邹传伟：《互联网金融模式研究》，《金融研究》2012 年第 12 期。

[21] 王达：《美国互联网金融的发展及中美互联网金融的比较——基于网络经济学视角的研究与思考》，《国际金融研究》2014 年第 12 期。

[22] 曾建光：《网络安全风险感知与互联网金融的资产定价》，《经济研究》2015 年第 7 期。

[23] 郭田勇、丁潇：《普惠金融的国际比较研究——基于银行服务的视角》，《国际金融研究》2015 年第 2 期。

[24] 星焱：《普惠金融的效用与实现：综述及启示》，《国际金融研究》2015 年第 11 期。

[25] 李苍舒：《普惠金融在中国的实践及前景》，《金融评论》2015 年第 6 期。

[26] 何德旭、苗文龙：《金融排斥、金融包容与中国普惠金融制度的构建》，《财贸经济》2015 年第 3 期。

[27] 王元龙等：《中国绿色金融体系：构建与发展战略》，《财贸经济》2011 年第 10 期。

[28] 杜莉、李博：《利用碳金融体系推动产业结构的调整和升级》，《经济学家》2012 年第 6 期。

[29] 肖欣荣、伍永刚：《美国利率市场化改革对银行业的影响》，《国际金融研究》2011 年第 1 期。

[30] 汪昌云：《现代西方汇率理论与实证研究综述》，《国际金融研究》2003 年第 11 期。

[31] 纪洋、徐建炜、张斌：《利率市场化的影响、风险与时机——基于利率双轨制模型的讨论》，《经济研究》2015 年第 1 期。

[32] 胡小文、章上峰：《利率市场化、汇率制度改革与资本账户开放顺序安排——基于 NOEM – DSGE 模型的模拟》，《国际金融研究》2015 年第 11 期。

[33] 金中夏、洪浩、李宏瑾：《利率市场化对货币政策有效性和经济结构调整的影响》，《经济研究》2013 年第 4 期。

[34] 郭琪、彭江波：《基于市场风险缓释的利率市场化研究》，《金融研究》2015 年第 7 期。

[35] 姚宇惠、王育森：《人民币均衡汇率的再研究：1998 – 2015》，《国际金融研究》2016 年第 12 期。

[36] 余永定、肖立晟：《论人民币汇率形成机制改革的推进方向》，《国际金融研究》2016年第11期。

[37] 李艳军、华民：《人民币国际化：继续前行还是暂停推进》，《财经科学》2016年第1期。

[38] 林乐芬、王少楠：《"一带一路"进程中人民币国际化影响因素的实证分析》，《国际金融研究》2016年第2期。

[39] 范小云、王道平、方意：《我国金融机构的系统性风险贡献测度与监管——基于边际风险贡献与杠杆率的研究》，《南开经济研究》2011年第4期。

[40] 白雪梅、石大龙：《中国金融体系的系统性风险度量》，《国际金融研究》2014年第6期。

[41] 苟文均、袁鹰、漆鑫：《债务杠杆与系统性风险传染机制——基于CCA模型的分析》，《金融研究》2016年第3期。

[42] 周莉萍：《论影子银行体系国际监管的进展、不足、出路》，《国际金融研究》2012年第1期。

[43] 李波、伍戈：《影子银行的信用创造功能及其对货币政策的挑战》，《金融研究》2011年第12期。

[44] 裘翔、周强龙：《影子银行与货币政策传导》，《经济研究》2014年第5期。

[45] 刘超、马玉洁：《影子银行系统对我国金融发展、金融稳定的影响——基于2002－2012年月度数据的分析》，《经济学家》2014年第4期。

[46] 毛泽盛、万亚兰：《中国影子银行与银行体系稳定性阈值效应研究》，《国际金融研究》2012年第11期。

[47] 李丛文、闫世军：《我国影子银行对商业银行的风险溢出效应——基于GARCH－时变Copula－CoVaR模型的分析》，《国际金融研究》2015年第10期。

[48] 朱孟楠等：《影子银行体系的监管问题——基于最优资本监管模型的分析》，《国际金融研究》2012年第7期。

[49] 李扬等：《中国主权资产负债表及其风险评估（下）》，《经济研究》2012年第6期。

[50] 王永钦、陈映辉、杜巨澜：《软预算约束与中国地方政府债务违约风险：来自金融市场的证据》，《经济研究》2016年第7期。

[51] 王义中、何帆：《金融危机传导的资产负债表渠道》，《世界经济》2011年第3期。

[52] 谢平、邹传伟、刘海二：《互联网金融监管的必要性与核心原则》，《国际金融研究》2014年第8期。

［53］俞林、康灿华、王龙：《互联网金融监管博弈研究：以 P2P 网贷模式为例》，《南开经济研究》2015 年第 5 期。

［54］张晓朴、卢钊：《金融监管体制选择：国际比较、良好原则与借鉴》，《国际金融研究》2012 年第 9 期。

［55］马勇、陈雨露：《宏观审慎政策的协调与搭配：基于中国的模拟分析》，《金融研究》2013 年第 8 期。

图书在版编目（CIP）数据

中国金融服务理论前沿.7／汪红驹，王朝阳主编
.--北京：社会科学文献出版社，2018.4
（中国经济科学前沿丛书）
ISBN 978-7-5201-1380-9

Ⅰ.①中… Ⅱ.①汪… ②王… Ⅲ.①金融-经济理论-研究-中国 Ⅳ.①F832

中国版本图书馆 CIP 数据核字（2017）第220972号

·中国经济科学前沿丛书·
中国金融服务理论前沿（7）

主　　编／汪红驹　王朝阳

出 版 人／谢寿光
项目统筹／邓泳红　陈　颖
责任编辑／桂　芳

出　　版／社会科学文献出版社·皮书出版分社（010）59367127
　　　　　地址：北京市北三环中路甲29号院华龙大厦　邮编：100029
　　　　　网址：www.ssap.com.cn
发　　行／市场营销中心（010）59367081　59367018
印　　装／三河市龙林印务有限公司
规　　格／开　本：787mm×1092mm　1/16
　　　　　印　张：16.75　字　数：272千字
版　　次／2018年4月第1版　2018年4月第1次印刷
书　　号／ISBN 978-7-5201-1380-9
定　　价／79.00元

本书如有印装质量问题，请与读者服务中心（010-59367028）联系

▲ 版权所有 翻印必究